Entre la jeunesse et la sagesse

Catalogage avant publication de Bibliothèque et Archives
nationales du Québec et Bibliothèque et Archives Canada
McGarrigle, Anna
   [Mountain city girls. Français]
   Entre la jeunesse et la sagesse : l'album de famille des sœurs McGarrigle
   Traduction de : Mountain city girls.
   ISBN 978-2-89077-727-9
   1. McGarrigle, Anna. 2. McGarrigle, Jane. 3. McGarrigle, Kate. 4. Chanteurs
- Canada - Biographies. 5. Compositeurs - Canada - Biographies. I. McGarrigle,
Jane. II. Titre. III. Titre : Mountain city girls. Français.
ML420.M145A3 2016   782.42164092'2   C2016-940547-8

COUVERTURE
Photo de Jane, Anna et Kate McGarrigle : © Randy Saharuni
Graphisme : Antoine Fortin

INTÉRIEUR
Mise en pages : Michel Fleury

À moins d'indication contraire, toutes les photographies
proviennent de la famille McGarrigle.

Titre original : *Mountain City Girls*
Éditeur original : Random House Canada,
filiale de Penguin Random House Canada Limited
© 2015, Anna McGarrigle et Jane McGarrigle
© 2016, Flammarion Québec pour la traduction française

ISBN 978-2-89077-727-9
Dépôt légal : 2ᵉ trimestre 2016

Imprimé au Canada
www.flammarion.qc.ca

Anna et Jane McGarrigle

Entre la jeunesse et la sagesse

L'album de famille des sœurs McGarrigle

Traduit de l'anglais (Canada)
par Rachel Martinez

Flammarion
Québec

ANNA
Pour tous ceux qu'on aime, vivants et disparus

JANE
À mes petites-filles, Gabrielle et Islay McMillan

LATRÉMOUILLE

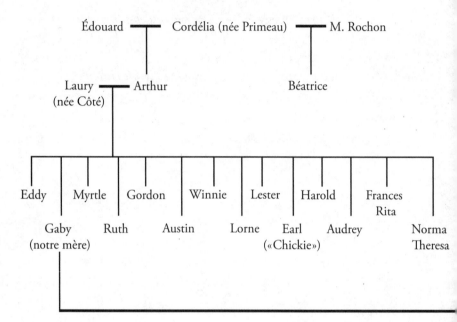

Édouard ——— Cordélia (née Primeau) ——— M. Rochon

Laury ——— Arthur   Béatrice
(née Côté)

Eddy   Myrtle   Gordon   Winnie   Lester   Harold   Frances
                                                        Rita
Gaby   Ruth   Austin   Lorne   Earl   Audrey   Norma
(notre mère)   («Chickie»)   Theresa

McGARRIGLE

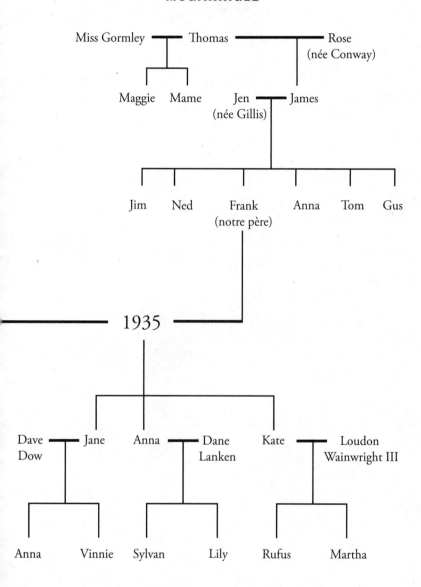

Miss Gormley — Thomas — Rose (née Conway)

Maggie Mame   Jen (née Gillis) — James

Jim Ned Frank (notre père) Anna Tom Gus

1935

Dave Dow — Jane   Anna — Dane Lanken   Kate — Loudon Wainwright III

Anna Vinnie   Sylvan Lily   Rufus Martha

Avant-propos

Le proverbe *Nul n'est prophète en son pays* n'est pas toujours vrai. Nous l'avons constaté récemment lorsque la famille McGarrigle a été honorée par la Ville de Saint-Sauveur. Le village de Saint-Sauveur-des-Monts où nous avons grandi fait maintenant partie d'une municipalité de plus de dix mille habitants, et l'ancienne école Marie-Rose où nous avons étudié a depuis longtemps cédé la place au parc Georges-Filion (en hommage à un ex-maire qui a lui aussi fréquenté Marie-Rose). On y a installé une scène extérieure pour accueillir des spectacles qui a été officiellement baptisée « Scène McGarrigle » lors d'une cérémonie tenue par un chaud après-midi de juillet 2015.

C'était une sensation étrange de nous retrouver avec Rufus et Martha, les enfants de Kate devenus adultes, à l'endroit même où s'élevait autrefois notre école primaire, pour écouter des représentants du milieu culturel faire l'éloge de la famille McGarrigle. Étrange, en effet, mais nullement désagréable. Nous avons reconnu dans la foule des visages surgis de notre enfance et quelques intrépides sont venus nous saluer pendant le vin d'honneur qui a suivi.

Après la cérémonie, nous sommes retournés à la maison, toute proche, pour enlever nos vêtements chics, puis nous avons pris place dans le méchant Range Rover noir de Rufus. Il donnait un spectacle ce soir-là dans le cadre du Festival des Arts de Saint-Sauveur et nous sommes montées sur scène avec lui. Nous avons interprété plusieurs chansons de Kate, mais aucune n'a eu plus de signification pour nous qu'*Entre Lajeunesse et la sagesse* qui symbolisait en quelque sorte le parcours que nous avions revécu plus tôt dans la journée à l'endroit même où il avait commencé. Cette chanson, dont les paroles furent composées par Philippe Tatartcheff, a d'ailleurs inspiré le titre français de ce livre.

Nous trouvons encore bizarre de voir au-dessus de la scène, en grosses lettres cursives noires, notre nom de famille que les bonnes sœurs de Marie-Rose prononçaient «Mégarégueule» avec beaucoup de mal. Comme nous aurions voulu nous appeler Fortin ou Chartier! Nous aurions tant aimé porter un patronyme typique des Laurentides que tout le monde aurait pu articuler avec aisance! Nous sommes maintenant résignées à conserver notre nom… plus que jamais.

Introduction
I am a Diamond

En juin 2012, deux ans après que le cancer eut prématurément emporté notre sœur Kate, le festival Luminato de Toronto a organisé un spectacle en son honneur au Massey Hall. Le producteur Joe Boyd a réuni, avec l'aide de Catherine Steinmann, une trentaine d'invités spéciaux, de musiciens et de membres de la famille. C'est lui qui avait réalisé les deux premiers disques de Kate et Anna parus chez Warner : *Kate & Anna McGarrigle* (coproduit avec Greg Prestopino en 1975) et *Dancer with Bruised Knees* (1977). Il avait aussi mis en scène deux autres concerts – à Londres et à New York – pour rendre hommage à notre sœur et à sa musique.

ANNA : Le spectacle présenté au Massey Hall a eu un succès retentissant. Pour que tout soit parfait, il aurait suffi que Kate se pointe en flottant sur la scène, qu'elle empoigne son banjo et qu'elle nous chante *Red Rocking Chair*, une complainte des Appalaches qui mettait en valeur son *frailing* entraînant. Avec son sens inné du rythme, notre sœur était la barreuse de la chasse-galerie McGarrigle*. Ses enfants, Rufus et Martha Wainwright, ont animé la soirée avec beaucoup de chaleur et les musiciens de l'orchestre avaient tous, à un moment ou à un autre, travaillé avec Kate et moi, certains durant de nombreuses années, comme Chaim Tannenbaum, Joel Zifkin, Michel Pépin et mon mari Dane Lanken. Au micro, chaque invité révélait une nouvelle facette lumineuse du diamant qu'était Kate : de la chanson légère *NaCl (Sodium Chloride)* sur l'union de deux atomes amoureux pour créer le sel jusqu'à la sombre élégie *I Eat Dinner* sur la mort du désir et son refrain lancinant, « *When the hunger's gone* »

---

* Comme sur l'illustration réalisée par Henri Julien pour accompagner la légende *La chasse-galerie* d'Honoré Beaugrand.

(Quand on n'a plus faim). Ce soir-là, ma fille Lily Lanken et moi avons interprété *Jacques et Gilles* qui raconte l'exode d'un million de Canadiens français partis travailler dans les usines de textile de la Nouvelle-Angleterre entre 1830 et 1930. Cette conversation entre une mère et sa jeune fille est une leçon d'histoire touchante, présentée sous la forme d'une chansonnette pour enfants. Kate avait l'intention de l'intégrer au prologue d'une comédie musicale qu'elle écrivait sur Jack Kerouac.

Plus tôt dans la semaine, le directeur artistique de Luminato, Jörn Weisbrodt, m'avait conviée à participer à une «illumination» à l'heure du midi, une discussion sur le thème de la «créativité» et, spécialement, sur l'œuvre de Kate. Je partageais la scène avec deux vieux amis, le romancier Michael Ondaatje et le pianiste Tom Mennier, en plus d'une invitée-surprise aux voix : Lily. Notre entretien était ponctué de chansons de Kate interprétées par Tom.

Au cours de cette rencontre, Michael O. et moi avons parlé des personnes excentriques et de leur apport involontaire au processus créatif. Nous avions tous deux quelques personnages de ce genre parmi nos proches. D'ailleurs, Michael en avait décrit dans ses mémoires intitulées *Un air de famille*. J'ai raconté aux spectateurs comment notre grand-père maternel, Arthur Latrémouille, avait sillonné Montréal en autobus avec une tête de porc dans une vieille valise en vue de cuisiner de la tête fromagée (un plaisir solitaire que tous refusaient de partager avec lui). Mais nous reviendrons à Arthur et à sa tête de cochon dans les pages qui suivent…

Tom Mennier, lui aussi plutôt excentrique, a conclu la causerie en jouant *Gardencourt Waltz*, une valse romantique qu'il avait composée à l'occasion du mariage de Martha et Brad Albetta célébré sur la propriété familiale à Saint-Sauveur en 2007. Les spectateurs réunis au David Pecaut Square ont ovationné son interprétation magistrale, la première devant un auditoire. Nous étions tous transportés.

Après la causerie, Louise Dennys, l'éditrice de Michael O. au Canada, m'a rappelé à quel point les gens aiment entendre des histoires comme celle que je venais de raconter sur notre grand-père. «Avez-vous déjà pensé à les écrire?» m'a-t-elle demandé.

Puis l'idée de livre est née (et il serait juste de remercier le vieil Arthur d'avoir ouvert le bal). J'ai dit à Louise que je voudrais l'écrire avec ma sœur Jane dont j'ai toujours admiré la plume. D'une certaine façon, je perpétuais la demande de Kate qui voulait m'entraîner dans la carrière musicale avec elle : «Anna, je ne veux pas me lancer là-dedans toute seule.»

JANE: Je suis, depuis toujours, une auteure inavouée et j'étais au comble du bonheur lorsqu'Anna m'a invitée à participer à ce projet commémoratif. Nous allions avoir l'occasion de fouiller l'histoire de notre famille et de la raconter à un public plus large que nos proches, qui connaissent par cœur les fables et les mésaventures de notre clan.

Avant Kate, Anna et Jane, il y a eu bien entendu nos parents, Frank et Gaby, et, avant eux, une galerie de personnages mémorables, les acteurs d'un récit foisonnant qui nous a tous touchés de façon très personnelle. Nous avons vécu l'histoire telle qu'elle a affecté notre famille. L'événement le mieux documenté de son époque, la Première Guerre mondiale, évoque pour nous Percy, l'oncle de notre mère, mort sur le champ de bataille de Passchendaele en laissant une veuve et quatre enfants, dont deux ont succombé à la grippe espagnole l'année suivante. Le décès de l'oncle Percy a brisé le cœur de sa sœur, notre grand-mère Laury Latrémouille, qui ne s'en est jamais remise. Nous non plus, d'ailleurs : même si nous n'avons jamais connu Percy, nous avons pleuré sa disparition et la tristesse de ses enfants devenus orphelins. La crise de 1929 nous rappelle la partie de bridge qui s'est prolongée durant des années dans la cuisine des Latrémouille, tandis que les gens allaient et venaient au gré des emplois qu'ils avaient décrochés, laissant aux nouveaux venus leurs cartes et le soin de reprendre le jeu là où ils l'avaient interrompu.

Notre grand-père, James McGarrigle, nous a précédées dans le show-business. Au début du vingtième siècle, il a été l'un des premiers projectionnistes ambulants à présenter des films dans l'est du Canada et les Antilles. Selon la légende familiale, il a été pendant un certain temps l'associé du pionnier du cinéma Louis B. Mayer. Ce dernier avait quitté Saint John au Nouveau-Brunswick pour le Massachusetts, avant de s'établir à Hollywood où il a fondé Metro-Goldwyn-Mayer en 1924. On connaît la suite…

Notre oncle Jimmy McGarrigle intriguait Kate et Anna depuis longtemps lorsqu'elles ont découvert une boîte de lettres qu'il avait écrites vers 1930, à l'époque où il vivait à New York. Il semble avoir mené une double existence : agent publicitaire pour CBS Radio News le jour et critique culturel irritable (sous un pseudonyme) le soir. Nous avons exploré la vie de l'oncle Jimmy pour les besoins de ce livre et, depuis, ce récit fait partie de l'histoire familiale de notre père.

Nous avions toujours eu l'intention de rassembler les souvenirs de notre mère. Nous l'avons fait en partie vers la fin de sa vie, mais nous n'avons jamais connu toute l'histoire et, un jour, elle n'a plus été là. Kate se rappelait presque toutes les légendes des familles McGarrigle et Latrémouille, et nous avions tenu pour acquis qu'elle serait auprès de nous à jamais pour rectifier certains faits, mais un jour elle a disparu, elle aussi. Son esprit vif et son ironie nous ont cruellement manqué lorsque nous avons reconstitué notre histoire.

Il était tout à fait dans la nature généreuse d'Anna de m'inclure dans ce projet. Je savais que ce serait une vraie partie de plaisir de travailler avec elle, mais je ne m'attendais pas à en profiter autant sur le plan affectif. J'ai en quelque sorte vieilli à l'écart de mes sœurs en raison de notre différence d'âge (quand nous étions enfants) et de la collaboration étroite, créative et professionnelle, qui unissait Kate et Anna, sans oublier qu'elles étaient les meilleures amies du monde. La mort de Kate a perturbé cette dynamique. Que représentions-nous l'une pour l'autre dorénavant ? Le fait de revisiter de longues décennies de souvenirs a redéfini notre relation et nous a rapprochées comme sœurs et comme amies. À vrai dire, c'est ça que nous avons accompli, mais je ne le savais pas au moment d'entreprendre ce projet. Merci, Anna.

1re

PARTIE

•

LES ANCÊTRES

SAINT JOHN & MONTRÉAL

1re PARTIE

LES ANCÊTRES

SAINT JOHN & MONTRÉAL

Les enfants du paradis

Notre grand-père paternel, James E. McGarrigle, était le fils unique de Thomas McGarrigle (forgeron au chantier naval de Saint John au Nouveau-Brunswick) et de sa seconde épouse, Rose Conway. Il avait deux demi-sœurs, Maggie et Mame, qui étaient adolescentes à la mort de leur mère, la première femme de Thomas. Lorsque James a atteint l'âge requis, on l'a envoyé apprendre le métier de barbier dans une école de coiffure. Maggie travaillait comme cordonnière et Mame, chapelière, se spécialisait dans la confection de la barrette noire portée par les prêtres catholiques. On imagine Mame comme une de ces vieilles filles qui passaient le plus clair de leur temps à l'église, à « prier jusqu'à ce que les statues en tombent » comme le racontait James. Maggie adorait son demi-frère, mais ce n'était pas le grand amour entre lui et Mame. James était la prunelle des yeux de sa mère et tout permet de croire qu'il était un enfant gâté, ce qui pourrait expliquer ce ressentiment.

Notre grand-mère paternelle, Jen Gillis, était la benjamine de Donald Gillis et de sa femme Catherine O'Connor. Au moment où naissait Jen, son père fut tué par un cheval qui avait pris le mors aux dents. Elle avait deux sœurs, Teresa et Annie, ainsi que quatre frères : John, Edward, Thomas et William. La famille Gillis vivait à Fairville, qui était à l'époque un village agricole en face de Saint John, de l'autre côté de la rivière.

En 1895, à l'âge de dix-neuf ans, James McGarrigle épousa Jen Gillis, qui était deux ans plus jeune. Rose McGarrigle n'a jamais pardonné à Jen de lui avoir arraché son fils unique. James et Jen ont eu rapidement six enfants : Jim en 1896, puis Ned, Frank (notre père), Anna, Tom et Gus. Les mauvaises langues prétendaient que les garçons portaient les noms des chevaux de la caserne de pompiers.

Au début des années 1900, James a été attiré par l'industrie naissante du cinéma et il y a vu l'occasion de rompre la monotonie de sa vie de barbier. Il est donc devenu projectionniste ambulant, fort probablement le tout premier au Canada. Après avoir conclu une entente avec un distributeur de films, les exploitants s'installaient dans une salle ou un magasin vacant et pouvaient y demeurer de nombreuses semaines. James a aménagé son premier *nickelodeon* (cinéma à cinq cennes) dans le Market Hall de Charlottetown. Il a engagé une jeune pianiste du nom d'Ethel Blanchard qui jouait pendant les projections pour souligner l'atmosphère des films muets.

Inutile de préciser que James était rarement à la maison et que sa femme se chargeait seule du soin de leurs jeunes enfants, mais il lui envoyait tout de même de l'argent. Alors que son épouse lui manifestait sa tendresse (on a trouvé une lettre de 1907 qu'elle avait signée « Ta Jen qui t'aimera à jamais »), James révélait son goût pour la vie d'itinérance et son mépris pour ce qui est respectable dans son poème *Songs of the Midway* (Chansons de kermesse) :

> *Not the merchants for me but the grifters*
> *The boys with the wheels*
> *Who'll take a sucker for plenty*
> *Then laugh at his frantinc squeals*
> *The barkers, the shills and the pitchmen*
> *Those modern buccaneers bold*
> *Of them shall my songs be written*
> *Of them my tales be told.*

> À moi les filous, et pas les marchands
> À moi les gars de la roue de fortune
> Qui roulent à fond les naïfs
> Et qui se moquent de leurs cris hystériques
> À moi les bonimenteurs, les compères et les crieurs
> Ces pirates effrontés des temps modernes
> C'est d'eux que parlent mes chansons
> C'est d'eux que parlent mes histoires.

James n'était pas au chevet de sa femme, en 1910, lorsqu'elle a succombé à la tuberculose à l'âge de trente-trois ans. Il se trouvait soit en tournée avec son équipement de cinéma, soit sur la brosse après des mois de sobriété, comme cela arrivait souvent.

On a confié Gus, qui avait six mois, aux bons soins de Teresa Purcell, sa tante maternelle établie à Boston. Les cinq autres enfants, âgés de deux à treize ans, sont restés avec leur grand-mère Gillis adorée et tante Annie, une célibataire bossue et de petite taille. Elles se sont installées dans l'appartement familial sur la rue Main à Saint John et pouvaient compter sur le soutien moral et financier de tante Maggie, la cordonnière. Notre tante Anna McGarrigle, qui avait huit ans à la mort de sa mère, nous a raconté que, le midi, elle rendait visite à sa chère tante Maggie à la cordonnerie envahie des odeurs de cuir et de teinture.

Malgré le décès de leur mère et les fréquentes absences de leur père, les enfants McGarrigle ont vécu entourés de l'amour des membres de leur famille. On les encourageait à développer leurs talents pour la musique et ils se produisaient régulièrement dans des comédies musicales et des opérettes présentées à l'église. Jim et Anna, qui avaient tous deux reçu une certaine formation, ont plus particulièrement marqué la mémoire de leurs contemporains.

Cent ans plus tard, avec du recul, on pardonne difficilement l'insouciance de James McGarrigle. D'ailleurs, sa demi-sœur Mame et son fils aîné Jim se sont éloignés de lui avec le temps. Il semble que Jim suivait le droit chemin et désapprouvait vivement, tout comme tante Mame, le penchant de son père pour la bouteille. On raconte que Jim traversait la rue pour l'éviter quand il le voyait se diriger vers lui.

Les McGarrigle étaient des gens rêveurs, intelligents et attachants. Passablement instruits, ils avaient des talents musicaux, ils adoraient rire et on les fréquentait avec plaisir, mais ils ont aussi connu la tristesse : les enfants, dispersés dans leur jeune âge, ne se sont jamais vraiment retrouvés par la suite.

Notre père Frank, le troisième de la famille, avait l'imagination fertile. Il était généreux, sentimental, très charmant, aimé des autres et plutôt bel homme, assez en tout cas pour pouvoir figurer sur des annonces de cols et de cravates, selon certains amis admiratifs. Il possédait un talent exceptionnel pour la musique et a touché un peu à tout, parfois avec succès, mais sa plus grande réussite, c'est probablement d'avoir su profiter de la vie.

Le chapelier fou : un portrait de Jim McGarrigle

Frank, ses frères et ses sœurs admiraient Jim, leur aîné. Tout le monde admettait, et pas seulement les McGarrigle, que Jim était doué. Un brin snob, il cherchait à acquérir ce qu'il y avait de mieux dans la vie. Qui pourrait le blâmer d'avoir voulu surmonter ses origines humbles pour améliorer son sort ? Si la famille avait eu des bases plus solides, il aurait pu poursuivre ses études, mais, parce qu'il était de descendance irlandaise et issu d'un milieu ouvrier, dans la ville de Saint John colonisée par les Britanniques, il est devenu chapelier, vraisemblablement sous l'influence de sa tante Mame. Il a été un temps vendeur itinérant pour l'entreprise Golding's, ce qui était considéré comme un bon emploi pour un jeune homme.

Tante Mame, qui était en quelque sorte la fée marraine de Jim, lui a légué mille dollars à sa mort. Jim a abandonné sur-le-champ son métier de chapelier pour partir refaire sa vie à New York. Après avoir cherché une occupation convenant mieux, selon lui, à ses talents, il est devenu agent publicitaire pour CBS Radio News. Les lettres qu'il a écrites à ses amis comportaient une rubrique intitulée « *Pests in the News* » (L'actualité des casse-pieds), des commentaires lapidaires et parfois cinglants sur les coulisses de la chic communauté artistique new-yorkaise. On y lit par exemple :

> Une autre horreur est de retour en ville : la comtesse von Haughwitz und Reventlow. Elle a composé quelques chansons (malheur à nous !) avec l'aide, croyez-le ou non, d'Elsa Maxwell.

Poursuivant sa quête personnelle, Jim a rédigé de courts textes pour les magazines sous le pseudonyme de Kevin Talbot, qui lui semblait plus noble que Jim (inspiré par le nom d'un cheval de pompier) McGarrigle (qui évoquait un manège de Coney Island). Il a ainsi raconté une anecdote concernant une visite impromptue d'Oscar Wilde à la maison familiale du baron Thomas Talbot de Malahide à

Port Talbot en Ontario. Un autre article relate un voyage en automobile dans le Bas-Saint-Laurent et en Gaspésie agrémenté de personnages colorés (à moins que ce soit un récit créé de toutes pièces à partir de dépliants touristiques). Nous avons retrouvé ses brouillons et nous ne savons pas si ces écrits ont été publiés, mais nous en doutons. On pourrait qualifier de précieux le style de ses textes, mais le ton de ses lettres, quoique légèrement fanfaron, est plus fidèle à sa personnalité. En janvier 1939, Jim raconte des souvenirs à un ami, un acteur de tournée rattaché au théâtre Stanley de Pittsburgh :

> J'ai pratiquement grandi dans le show-business. Comme je te l'ai déjà dit, mon père a été le premier projectionniste ambulant au Canada, dans les Antilles britanniques et au Venezuela à l'époque où il n'y avait aucun producteur de cinéma américain. Nous étions dépendants des Italiens et des Français jusqu'à ce que [D.W.] Griffith, [Jesse] Lasky et [Adolph] Zukor se lancent en affaires. J'avais l'habitude de me rendre dans son premier *nickelodeon* à Montréal-Est, après l'école, pour projeter les films. J'ai fait défiler des milles et des milles de pellicule mettant en vedette [Sarah] Bernhardt, Réjane, [Eleonora] Duse et Mimi Aguglia avant de tomber amoureux de Mary Pickford (alors inconnue), d'Edith Storey, de Florence Lawrence, des sœurs Gish, et cetera. Le père aurait pu empocher un million de dollars, mais il ne savait pas résister à la boisson. J'imagine que la vie sur la route n'a pas beaucoup changé depuis ce temps-là. Je connaissais tous les vieux de la vieille.

Le séjour de Jim à New York a pris fin de manière soudaine et tragique au bout de cinq ans. Le jour de son quarante-troisième anniversaire, le 7 octobre 1939, il s'est apparemment suicidé en se jetant d'un bateau dans l'East River. Notre mère disait plutôt, d'un ton narquois : « Je pense que quelqu'un l'a poussé. » Il était homosexuel, selon elle, mais les femmes étaient folles de lui et Gaby laissait entendre que sa mort aurait pu être l'œuvre d'un mari jaloux. Le grand ami de Jim, Frederick Ryan (un artiste qui vivait à Boston avec son épouse Bea, qui fabriquait des poupées), a été la première personne que la propriétaire de Jim a prévenue lorsque son corps a été repêché de la rivière. Notre père s'est déplacé à New York pour identifier la dépouille. Il a acheté un terrain au cimetière catholique de Hastings-on-Hudson où il a fait enterrer son frère. Il n'y a pas de stèle funéraire, pas plus d'ailleurs que sur les tombes des ancêtres McGarrigle inhumés au cimetière catholique de Saint John. Seules les sépultures de tante Mame et de tante Maggie sont surmontées de dalles en pierre toutes simples qu'elles avaient sans doute acquises elles-mêmes. Fred Ryan a écrit à la propriétaire : «Ma femme, qui a séjourné dans votre maison en août [1939], se joint à moi pour manifester notre sympathie à l'occasion du décès de monsieur McGarrigle que je respectais énormément depuis de nombreuses années pour son intelligence vive et son extrême bonté.»

Vers l'an 2000, notre sœur Kate a profité de l'un de ses nombreux déplacements entre Montréal et New York pour faire un détour par la vieille route 9, en sortant de la métropole américaine, afin de trouver la tombe d'oncle Jim au cimetière Mount Hope à Hastings-on-Hudson. Le cimetière était sur le point de fermer lorsqu'elle s'est pointée à la guérite pour avoir des indications. Le gardien, soûlon au visage cramoisi, n'était pas enthousiaste à l'idée de devoir fouiller dans les vieux registres poussiéreux de l'année 1939. Kate s'est excusée pour son arrivée tardive, expliquant qu'elle ne faisait que passer. Il lui a appris que le lot double appartenait à Frank McGarrigle, notre père. Notre sœur fut surprise et plutôt heureuse de découvrir qu'elle possédait un terrain à New York, même si c'était dans un cimetière. Le gardien a pris un ton grivois et, avec un sourire morbide, il lui a dit : «Il y a de la place pour une autre là-dedans.» Kate s'est rendue à toute vitesse au sommet de la colline où se trouvait la tombe non identifiée de Jim, puis elle a pris ses jambes à son cou.

Un tramway nommé Désir

Né à Montréal, notre grand-père maternel, Arthur Latrémouille*, était le fils unique d'Édouard Latrémouille et de sa femme Cordélia Primeau. Il a perdu son père à l'âge de quatre ans et, peu après, sa mère a épousé un certain monsieur Rochon, une espèce de monstre qui n'a pas voulu que le petit vive avec eux. Devenu en quelque sorte orphelin, Arthur a été confié à des parents du côté paternel qui vivaient à Embrun en Ontario. Ils avaient un cœur de pierre, le qualifiaient de « pensionnaire », le traitaient comme un visiteur importun et ne le nourrissaient pas à sa faim. Plus vieille de quelques années, sa cousine Laura veillait sur lui et lui donnait à manger en douce. À notre connaissance, Cordélia et Rochon ont eu au moins un enfant, la demi-sœur d'Arthur, surnommée « Béatrice la Crisse ».

Jeune adulte, Arthur est retourné à Montréal où il a trouvé un emploi de chauffeur de tramway à cheval pour la Montreal Street Railway. À l'époque, les moyens de transport hippomobiles amorçaient leur déclin et ces omnibus ont été remplacés peu après par des tramways électriques sur rails. Conduire un tram était une bonne tactique pour rencontrer des jeunes filles.

Laury Côté, une beauté gracieuse aux cheveux auburn, était la deuxième des trois enfants du tailleur montréalais Édouard Côté et de sa femme Catherine Bannon, native de Sainte-Marthe, un village agricole d'origine irlandaise au sud du mont Rigaud. Comme de nombreux immigrants, les Bannon avaient rapidement gagné la ville où se trouvaient les emplois. La sœur aînée de Laury, Dora, est morte en couches à l'âge de dix-sept ans et sa fille Dolly a été élevée par ses grands-parents Côté. Le mari de Dora, qui sera désigné pour l'éternité par le surnom de « Bâtard à Vaillancourt », a disparu de la vie de la petite.

---

* Ce patronyme noble s'écrivait à l'origine « de la Trémoille » et a été transformé en « Latrémouille » au Québec.

Arthur avait vingt-sept ans lorsqu'il a épousé Laury, de dix ans sa cadette. Douze de leurs quinze enfants sont parvenus à l'âge adulte : Eddy, Gaby (notre mère), Myrtle, Ruth, Gordon, Austin, Winnie, Lorne, Lester, Earl (Chickie), Harold et Audrey. Deux sont morts en bas âge (Frances Rita et Norma Theresa) et un, à la naissance. On ignore l'origine de leurs prénoms, à l'exception d'Eddy (qui portait probablement le nom de son grand-père Côté) et de Winnie. Comme le voulait la coutume, Arthur avait amené sa fille nouveau-née à l'église du quartier pour être baptisée pendant que sa femme en couches restait à la maison. Elle lui avait formellement ordonné de donner au bébé le nom de Phyllis. Comme ni le prêtre ni le père ne savaient l'épeler, l'homme d'Église a proposé le prénom Winnifred qu'il avait découvert lors d'un baptême précédent. Arthur a accepté, mais, à son retour à la maison, on a remarqué sur le baptistaire que la pauvre petite s'appelait officiellement Wilfred.

Percy, le frère bien-aimé de Laury, a perdu la vie à Passchendaele en 1917 lors de la bataille la plus longue et la plus sanglante de la Première Guerre mondiale. Notre mère Gaby a toujours dit que Percy, marié et père de quatre jeunes enfants, n'avait pas d'affaire à s'enrôler, mais il était difficile de résister à l'appel des militaires qui recrutaient littéralement les hommes dans la rue. Dans la famille de notre mère, le sentiment antibritannique était très vivace. Elle-même avait un faible pour les Écossais.

Arthur, qui avait des affinités avec la gauche, a participé à la fondation du premier syndicat des employés du tramway, ce qui a entraîné son congédiement rapide. Peu après, il s'est fait usurier, prêtant de petites sommes à ses anciens collègues. À l'époque, le réseau de tramway était géré comme une franchise et les conducteurs devaient acheter à l'avance leur part hebdomadaire de billets, mais beaucoup n'avaient pas la somme nécessaire sous la main. Au fil des ans, Arthur a acquis quelques immeubles locatifs humbles dans le quartier ouvrier de l'est de Montréal, au sud du Plateau, que notre mère a toujours appelé « Le Faubourg », là où se trouve aujourd'hui le Village gai. Une de ses locataires payait souvent avec des mois de retard et, quand Arthur lui téléphonait pour lui annoncer qu'il était sur le point d'aller chez elle pour réclamer le loyer, elle répondait : « Pourquoi n'envoyez-vous pas Gordie ? » Gaby se moquait de son séduisant frère Gordon et prétendait qu'«il n'allait pas seulement chercher le loyer».

Arthur avait un penchant pour les combines permettant de s'enrichir vite, mais la chance lui souriait rarement. Nous avons eu vent de deux de ses manigances : la spéculation sur le prix du sucre, pour s'approprier le marché, et la fabrication et la distribution du vin Rita, un vin médicinal qui portait le nom de l'une de ses filles, morte en bas âge. Ces deux aventures ont très mal tourné, surtout dans le cas du vin Rita qui s'est révélé avoir des propriétés laxatives, comme l'ont découvert les invités d'une noce à qui on avait servi ce «vin maison».

Arthur était le cousin germain d'Urgel Bourgie, le fondateur de la plus grande entreprise funéraire de Montréal et la première selon nous, à l'échelle locale du moins, à instaurer la pratique fort populaire des préarrangements. Sa fille Mignonne a été la première épouse de Camillien Houde, un des maires les plus célèbres de Montréal qu'Arthur a toujours appelé «mon petit cousin*». On dit qu'Arthur aurait donné à Camillien le dépôt requis pour se lancer en politique à titre de candidat conservateur à l'Assemblée législative du Québec. Notre mère adorait se remémorer les soirées animées à la table des Latrémouille où se réunissaient, autour de grand-papa, Camillien Houde et R. L. Calder, un homme de loi renommé qui avait déjà participé à un débat avec le politicien et pacifiste américain William Jennings Bryan et qui militait avec acharnement pour les droits du Québec au sein du Canada. Arthur, cet orphelin pauvre devenu syndicaliste, s'était politisé et savait se défendre. Il ne s'est jamais présenté aux élections, mais il a conservé toute sa vie une passion pour la politique. Elle s'est transmise à ses enfants, puis à ses petits-enfants qui demeurent, encore aujourd'hui, des passionnés de politique.

Les Latrémouille étaient tribaux, patriarcaux, bûcheurs et résilients. Dotés d'un bon sens de l'humour, portés à être irrévérencieux et généralement enthousiastes, ils formaient un clan uni.

Gabrielle, deuxième de la famille et aînée des filles, était intelligente, pétillante et débrouillarde. Elle savait faire beaucoup avec peu.

---

* Selon notre mère, Camillien était associé à Arthur dans l'affaire du vin Rita.

Elle disait le fond de sa pensée et avait un merveilleux sens de l'auto-dérision. Même si elle manquait de confiance en elle, elle manifestait beaucoup de courage. Elle contestait l'autorité masculine et tenait tête aux hommes. Gabrielle ne se croyait pas attirante, mais comme le rappelait sa belle-sœur Anna McGarrigle Miller: «Quand Gaby entrait dans une pièce, tout le monde la remarquait.» Elle rêvait de devenir danseuse.

Gaby Latrémouille avait tout pour plaire à Frank McGarrigle, qui avait l'œil pour la classe et la beauté.

Les fréquentations de Frank et Gaby

(ANNA)

Dans les années 1990, j'ai rencontré une vieille dame qui, comme papa, était originaire de Saint John au Nouveau-Brunswick. Elle m'a avoué que toutes les filles de la ville avaient l'habitude de faire le pied de grue au bas de la rue King dans l'espoir d'apercevoir mon père, alors âgé de dix-sept ans, descendre la colline. Cette anecdote a été une révélation pour moi puisque je n'avais jamais considéré mon paternel asthmatique comme un objet de désir, mais je n'ai pas douté de la véracité de ce souvenir. Il était bel homme, quoiqu'un peu petit, et indéniablement un séducteur. Ma mère semble avoir été la seule personne insensible à son charme. C'est par esprit de contradiction et à contrecœur qu'elle a invité Frank, une simple connaissance, à l'accompagner à un pique-nique organisé par son entreprise dans les années 1930. Elle a avoué qu'elle l'avait ignoré tout l'après-midi, en fait jusqu'à ce qu'une collègue curieuse lui demande : « Alors Gaby, c'est qui le beau gars avec ta sœur Myrt ? » Elle a répliqué : « Il n'est pas avec Myrt, il est avec moi ! » Elle aimait nous dire : « Je l'ai regardé de plus près. » Cet épisode s'est passé à Montréal. Au début des années 1930, mon père et ses cinq frères et sœurs avaient tous quitté Saint John et s'étaient dispersés au cœur du Canada et au nord-est des États-Unis.

Papa chez les bolcheviques

ANNA : Frank s'est enrôlé dans l'Armée canadienne à l'été 1916, à l'époque où la Grande Guerre faisait rage. Il n'avait que seize ans, mais l'officier de recrutement avait lui-même précisé sur le formulaire : « semble avoir dix-neuf ans ». Comme il habitait Saint John, il a probablement suivi son entraînement militaire dans sa province natale avant d'être envoyé, à la fin de l'automne 1918, avec le Corps expéditionnaire canadien à Vladivostok en Sibérie, à l'extrême est de la Russie.

Lors de la déclaration de la Première Guerre mondiale en 1914, la Russie impériale était l'alliée de la Grande-Bretagne et de la France contre leur ennemi commun : l'Allemagne. Les États-Unis se sont impliqués dans le conflit trois ans plus tard, l'année où a été déclenchée la Révolution russe. Peu de temps après, au printemps 1918, le gouvernement soviétique nouvellement élu a conclu séparément la paix avec l'Allemagne. Cette trêve est survenue des mois avant la signature d'ententes entre l'Allemagne et les autres pays de l'alliance originale. La situation sur le front de l'Est continuait à préoccuper certains Alliés, notamment les Américains, qui craignaient de voir leurs nombreux équipements militaires sur le sol russe tomber aux mains des bolcheviques ou des Allemands. Le Canada, à titre de dominion de la Grande-Bretagne, participait à la guerre depuis le début. À l'automne 1918, le gouvernement canadien a dépêché des troupes sur le front de l'Est pour soutenir les Russes blancs contre leurs ennemis, les Russes rouges ou communistes, déjà solidement implantés dans la ville portuaire de Vladivostok. Cette opération, que l'on considérait comme le prolongement d'un conflit impopulaire et cruel, suscitait une vive opposition au Canada, mais notre père partageait l'opinion du gouvernement. Quand nous lui demandions de nous raconter ce qu'il avait fait à Vladivostok, il avait l'habitude de se vanter : « Nous sommes allés là-bas pour anéantir les bolcheviques. » À vrai dire, les Canadiens n'ont pas vu beaucoup d'action : Vladivostok ressemblait à une ville du Far West où l'alcool coulait à flots, où les bordels abondaient et où étaient stationnés une multitude de soldats qui n'avaient pas grand-chose à faire à part améliorer leur connaissance de la langue russe.

Nous avons grandi avec des souvenirs du court séjour de notre père à Vladivostok : quelques anciennes baïonnettes qui étaient à l'origine fixées à l'extrémité du canon des fusils d'infanterie, une bombe incendiaire enveloppée dans des vieux papiers et conservée dans une boîte au sous-sol et une grammaire russe *Hugo's* à la couverture jaune fanée. Contrairement à Janie, qui a été initiée au russe par une baronne distinguée, Kate et moi avons appris cette langue phonétiquement auprès de papa. Nous pouvions compter jusqu'à dix (*odin, dva, tri, tchetyre, piat, chest, sem, vossem, deviat, dessiat*), saluer d'un « au revoir » et d'un « bonne nuit » (*do svidania* et *dobre notchi*), et dire « monsieur » (*gospodin*) et « cigarette » (*paparouchka*). Je réalise maintenant que ce que nous parlions, c'était du russe de bordel.

À Saint-Sauveur, papa s'était lié d'amitié avec un major de l'Armée canadienne, Guy Boyer. Cet homme à la carrure imposante avait une quinzaine d'années de plus que Frank. Chaque année, le jour du Souvenir, mon père et lui défilaient dans le village avec d'autres vétérans coiffés de leur béret, l'air grave, jusqu'au pied de la Côte 70. Ils déposaient une couronne de coquelicots rouges sur un gros rocher au milieu de cette pente de ski qui portait le nom d'une position alliée lors de la Première Guerre mondiale. Au début des années 1950, le major habitait dans une belle maison en bardeaux de cèdre derrière l'église. J'y avais accompagné mon père à quelques reprises, comme nous le faisions souvent quand nous étions enfants. Je ne me rappelle pas s'il y avait une madame Boyer, mais j'ai le vague souvenir d'une bonne qui nous escortait jusqu'à un bureau aux murs couverts de bibliothèques où nous attendait le major, assis dans une bergère. Les deux anciens soldats prenaient leur *shot* de whisky coutumière et discutaient de l'actualité avec leurs grosses voix d'hommes. Moi aussi, j'avais droit à un *drink* : un *ginger ale* agrémenté d'une cerise au marasquin.

La dernière fois que nous sommes allés chez le major, il était alité et manifestement très mal en point. Nous avons appelé une ambulance et mon père et moi sommes montés à bord avec lui jusqu'à l'hôpital de Saint-Jérôme. Je me souviens vaguement d'avoir tenu la main du vieux guerrier au cours du trajet qui dure normalement une demi-heure, mais qui a sans doute été plus court avec la sirène hurlante et les gyrophares allumés. En sortant de l'hôpital, papa m'a emmenée au grand magasin Castonguay à Saint-Jérôme où il m'a acheté une casquette gavroche en velours côtelé brun. J'imagine qu'il voulait me récompenser de mon comportement de bon petit soldat. Quelque temps plus tard, il m'a annoncé d'un air sombre que le major était mort.

Fast forward. En faisant des recherches sur le rôle du Corps expéditionnaire canadien en Sibérie, j'ai vu une mention d'un certain major Guy Boyer posté à Victoria en Colombie-Britannique à la fin de 1918 avec la Compagnie D, 259e et 260e Bataillons. Notre père était l'un des quatre mille membres de ces bataillons qui avaient traversé le Canada jusqu'à Vancouver en train pour rejoindre Victoria en vue d'être envoyés sur le front de l'Est, en Russie. Pendant qu'ils étaient à quai, un groupe de soldats canadiens-français se sont mutinés et ont refusé de monter à bord du *SS Teesta* en direction de Vladivostok. À l'époque, bon nombre de ces rebelles se remettaient à peine de l'épidémie de grippe espagnole. Ils avaient contracté le virus à leur arrivée à Victoria et devaient être affaiblis et malheureux. Les soldats des autres régiments les ont encerclés à la pointe de la baïonnette et les ont obligés à embarquer dans le navire où ils ont fait la traversée, enchaînés ensemble dans la cale. Mon père avait-il été un de ceux qui avaient menacé les mutins ? L'une des vieilles baïonnettes qui se trouvaient à la maison lui avait-elle appartenu ?

La Grande Guerre avait pris fin plus tôt, à l'automne 1918. Les autres Alliés avaient signé le traité de paix avec l'Allemagne. Le premier ministre du Canada, Robert Borden, a finalement abandonné son ultime combat peu judicieux sur le front de l'Est et, en juin 1919, notre papa et les soldats canadiens encore postés à Vladivostok ont été rapatriés.

À leur retour, les organisateurs de la rébellion ont comparu au tribunal militaire. Un certain major Guy Boyer a témoigné qu'il avait entendu Onil Boisvert, un agriculteur de vingt-deux ans de Drummondville à la tête de la mutinerie, répéter inlassablement :

« On n'y va pas, en Sibérie. » (Ce qui me rappelle le slogan « *Hell no, we won't go* » scandé par les manifestants contre la guerre du Vietnam.) Boisvert a été condamné à deux ans de travaux forcés.

S'agissait-il du même major Boyer dont j'avais tenu la main dans l'ambulance ?

Mon père et lui s'étaient-ils connus à Vladivostok ? J'imagine difficilement un haut gradé fraterniser avec un conscrit adolescent. Ils se sont probablement rencontrés pendant la Seconde Guerre mondiale, lorsque papa travaillait pour le Ferry Command à Montréal, ou peut-être bien à la salle de la Légion royale canadienne à Saint-Sauveur où leurs souvenirs communs sur le front de l'Est auraient pu être la base d'une longue amitié.

J'ai participé à un rassemblement politique avec des amis au début des années 1960, lorsque Kate et moi faisions partie de la mouvance folk gauchisante de Montréal. Dissidence et musique folk : même combat. L'événement se déroulait dans un local de travailleurs sur le boulevard Saint-Laurent, près de Saint-Viateur. Nous avons gravi l'escalier faiblement éclairé jusqu'à la salle du deuxième étage où étaient alignées de longues tables. Avant le début de la séance, une femme a grimpé sur une chaise, a saisi le portrait de la reine Élisabeth – qui ornait à l'époque tous les édifices publics – et l'a retourné avec mépris, face contre le mur. J'avoue aujourd'hui que ce geste me rendait nerveuse, mais j'ai fait comme si j'en avais vu d'autres. Les orateurs se sont succédé pour décrier l'attitude du gouvernement sur un thème ou un autre. On a frappé des poings sur les tables. Des motions ont été adoptées, des comités ont été créés et certains ont juré de poursuivre la lutte pour leur cause (dans mon souvenir, la foule s'est mise à agiter de petits drapeaux rouges, mais j'ai peut-être imaginé tout ça). Ce qui est sûr, par contre, c'est que le vacarme dans la salle était assourdissant, mais je ne crois pas que les gens ont entonné une chanson engagée.

Lorsque je suis rentrée ce soir-là, notre père (qui avait l'habitude de sommeiller sur le divan en attendant le retour de ses filles) m'a demandé d'un air endormi où j'avais été et avec qui en utilisant sa vieille réplique coutumière : « As-tu rencontré quelqu'un que tu aimes plus que toi-même ? » Cette question me faisait toujours rire, alors j'ai baissé la garde et je lui ai parlé du rassemblement auquel j'avais participé. Il s'est réveillé pour de bon quand je lui ai raconté naïvement le traitement réservé au portrait de la reine. Il s'est levé d'un coup, le visage rouge de colère, et il s'est mis à crier d'une voix étranglée, pour éviter de déranger les voisins, que « les endroits comme ceux-là » étaient surveillés, que mon nom pourrait se retrouver sur « une liste », que la GRC se pointerait rapidement à ma porte et que ma réputation serait « ternie » à jamais.

Puis mon père m'a parlé de Raymond Boyer, le fils de son vieil, ami le major, et de l'affaire Gouzenko. Au début des années 1940, Raymond Boyer était un professeur de chimie renommé à McGill… et un membre en règle du Parti communiste. Après la guerre, en 1945, un cryptographe de l'ambassade soviétique à Ottawa, Igor Gouzenko, a fait défection en possession de documents d'État prouvant l'existence de plusieurs réseaux d'espionnage soviétiques au Canada. Le professeur Boyer a été arrêté à Ottawa et accusé d'avoir transmis aux Soviétiques des renseignements secrets concernant un nouveau type d'explosif mortel. Boyer, qui estimait que la population devait être informée de ce danger potentiel, a été emprisonné durant deux ans.

Un militaire bardé de médailles doit éprouver une honte déchirante en découvrant que son fils travaille pour l'ennemi, particulièrement le major qui avait écrasé les bolcheviques. Je devrais préciser que le professeur Raymond Boyer a encore aujourd'hui beaucoup de sympathisants.

JANE : J'ai rencontré Raymond Boyer lors d'une visite chez le major avec mon père à l'été 1952. J'avais onze ans. J'ai eu l'impression que le professeur Boyer s'adaptait lentement à son retour dans la société et qu'il ne voyait pas beaucoup de monde. Papa, qui avait l'habitude de me préparer quand nous allions nous retrouver dans une situation délicate, m'avait dit que Raymond Boyer avait vécu une épreuve, sans me révéler de quoi il s'agissait, bien entendu. Les Boyer, des hommes d'une politesse exquise, ont déployé beaucoup d'efforts pour m'inclure dans la conversation, même si je n'en avais pas besoin pour m'exprimer. Je ne sais pas vraiment comment nous sommes arrivés sur le sujet des petites filles et de leurs loisirs, mais je leur ai raconté à quel point j'aimais écouter la radio. Mon père a dû sentir que je me trouvais sur un terrain glissant, mais il était trop tard. Quand le professeur Boyer m'a demandé le titre de mon émission favorite, j'ai lancé: «*I Was a Communist for the FBI* (J'étais communiste pour le compte du FBI), c'est sur les espions!» Papa a été horriblement gêné sur le coup, mais cette anecdote est devenue l'une de ses préférées et, pendant longtemps, il a eu beaucoup de succès en la racontant.

ANNA: À Montréal, la scène musicale change beaucoup. Vers 2005, Martha Wainwright, la fille de Kate, a présenté un spectacle au Main Hall, une salle qui a eu une courte existence sur le boulevard Saint-Laurent, dans le Mile End. Ce soir-là, je me trouvais dans la longue file avec Kate, en bas de l'escalier étroit menant au deuxième étage où Martha allait se produire avec le pianiste Tom Mennier et ma fille Lily, sa choriste. Lorsque nous sommes arrivées au sommet de l'escalier, j'ai dit à Kate: «C'est peut-être la salle où il y a eu le rassemblement socialiste en 1963, celui qui a fait paniquer papa.»

Martha a fait salle comble ce soir-là, et j'y ai vu l'un de ses meilleurs spectacles. Malheureusement, l'immeuble a été démoli en 2014. C'est vraiment dommage, parce que cet endroit avait une acoustique exceptionnelle.

2ᵉ

PARTIE

•

LA VIE
À LA
CAMPAGNE

SAINT-SAUVEUR

2ᵉ PARTIE

LA VIE À LA CAMPAGNE

SAINT-SAUVEUR

Pouvez-vous bien me dire
qu'est-ce qu'on fait ici ?

Vers la fin de sa vie, au début des années 1990, notre mère Gaby passait le plus clair de son temps assise sur le canapé du solarium de notre maison de Saint-Sauveur. Elle regardait, par la baie vitrée, les bancs de neige qui grossissaient avec chaque passage de la charrue et lançait avec une certaine aigreur : « Pouvez-vous bien me dire qu'est-ce qu'on fait ici ? »

JANE : À l'été 1947, notre famille a quitté Montréal pour s'installer à Saint-Sauveur, un village pittoresque des Basses-Laurentides. Même s'il avait été en grande partie peuplé par les descendants des premiers colons canadiens-français, le village avait toujours accueilli quelques étrangers, établis à l'année ou saisonniers. Aux premiers Scandinaves attirés par le ski se sont ajoutés les gens de la ville qui venaient l'été pour profiter de la fraîcheur des montagnes. Une dizaine de familles anglo-québécoises nanties avaient acquis des propriétés au sommet des monts et le long des rivières.

Notre père avait découvert les Laurentides vers 1929 ou 1930, lors d'un séjour d'un an au sanatorium Royal Edward à Sainte-Agathe pour traiter sa tuberculose. En 1933, il a acheté un terrain d'un acre à Saint-Sauveur. Il a rencontré Victor Nymark lorsqu'il faisait de la publicité pour le Seigniory Club pendant sa construction à Montebello. Nymark, un maître charpentier finnois, supervisait le chantier. Il a, par la suite, bâti de nombreux autres édifices en bois rond dans les Laurentides, notamment l'auberge d'une centaine de chambres qui portait son nom à Saint-Sauveur.

Papa avait commencé à construire une maison sur son terrain avant d'épouser ma mère en 1935, mais les travaux n'étaient toujours pas terminés lorsque nous nous y sommes installés douze ans plus tard. Nous doutons qu'il ait eu l'intention d'en faire sa résidence principale, mais au fil du temps notre situation a changé, comme cela arrive, et cet endroit est devenu notre refuge. On croyait que l'air des montagnes serait préférable pour les problèmes pulmonaires chroniques de papa et la vie ne coûtait pas cher dans un village. Par contre, notre mère était une fille de la ville qui se fichait pas mal de la campagne et de ses habitants, et elle n'aurait peut-être pas accepté de s'y installer si elle avait su que ce serait pour toujours.

Nous avons déménagé en été, le frigo juché à l'arrière d'une camionnette et le reste de nos possessions empilé dans une remorque accrochée à l'auto de notre père. Nos parents considéraient probablement ce déménagement comme une dégringolade puisque, jusque-là, ils avaient vécu plutôt douillettement.

Pendant la guerre, quand nous habitions à Montréal, papa avait ce que les gens qualifiaient de «grosse *job*». Il avait le rang d'Expert civil classe IV au sein du Ferry Command, une division spéciale de l'Aviation royale canadienne chargée de livrer en Angleterre des milliers d'avions (surtout des bombardiers) construits en Amérique du Nord, dans le cadre de l'effort de guerre. On doit l'idée du Ferry Command à Lord Beaverbrook, le magnat de la presse canadienne qui avait collaboré étroitement avec Churchill. Dans notre monde à nous, l'emploi d'acheteur de notre père était synonyme de revenus réguliers, d'une abondance de coupons de rationnement pour le sucre, le beurre et le bacon, et d'une voiture récente: une Chevrolet 1942, le dernier modèle fabriqué par General Motors pour la population civile jusqu'à la reprise de la production après la guerre, en 1946. Le supérieur hiérarchique de papa, un certain colonel Orlady, était, dans mes souvenirs, un homme bourru aux yeux rougis.

Nous vivions dans un bel appartement sur la rue Saint-Joseph au bord du lac Saint-Louis à Lachine. Ce n'était pas très grand, mais suffisamment pour que l'Agence de logement en temps de guerre nous demande à l'occasion d'héberger quelqu'un. Nos parents, qui recevaient souvent, avaient des amis qui portaient des noms comme Kiki et Piff. La mise en commun des coupons de rationnement leur permettait de servir de la nourriture à profusion. L'alcool coulait à flots grâce à des fournisseurs de la défense reconnaissants et il y avait toujours de la musique. Après leur mariage, Gaby et Frank ont acheté leurs premiers biens à l'Armée du Salut: un tapis, un canapé et un harmonium qui se trouvent encore dans le salon de la maison familiale à Saint-Sauveur. Frank avait apporté sa guitare *arch-top* Gibson et, peu après, ils ont acquis un piano Chickering. Papa, un autodidacte doté d'une excellente oreille musicale, pouvait interpréter presque n'importe quel morceau au piano. J'imagine notre père assis devant son instrument, comme dans une scène de film des années 1930 ou 1940 : un homme jouant du piano avec énergie pendant une fête, au milieu des invités qui chantent avec lui, un verre à la main.

C'était une époque joyeuse, malgré la guerre, jusqu'à ce que deux événements surviennent. J'ignore s'ils sont arrivés simultanément, mais ils ont fusionné dans ma mémoire : la démobilisation lorsque la paix a été signée et un horrible accident survenu après un party organisé par nos parents. Papa avait prêté sa voiture à un invité qui s'est tué sur le coup en heurtant un arbre à quelques centaines de mètres de notre appartement. La police s'est pointée à la maison au milieu de la nuit alors qu'il ne restait que quelques personnes. Notre mère était hystérique quand elle a appris ce qui s'était passé et elle a fait les cent pas en attendant notre père parti sur les lieux de l'accident pour identifier le corps de son ami puis au poste de police. L'auto, une perte totale, a été remplacée peu après par un modèle semblable. On a très peu parlé de cette tragédie par la suite, mais, des années plus tard, nous, les trois filles, nous interrogions encore sur les causes. S'agissait-il vraiment d'un accident ? Ou d'un coup monté ? Et si c'était le cas, qui était visé : notre père ou le conducteur ?

Les McGarrigle adorent les théories du complot, mais il est plus que probable que cet ami avait trop bu pour prendre le volant. C'était une période très alcoolisée. Quelle qu'en soit la cause, cet accident a jeté une ombre sinistre et a marqué notre déménagement à la campagne. J'avais six ans, Anna, trois ans, et Kate, un an et demi.

À l'époque où nous nous sommes installés à Saint-Sauveur, des vétérans et des personnes déplacées par la Seconde Guerre mondiale venaient dans les Laurentides en quête d'une nouvelle vie après avoir vécu l'horreur. Pour une raison ou une autre, de nombreux étrangers arrivés à Saint-Sauveur avant ou après le conflit avaient un tempérament artistique, excentrique ou même les deux à la fois. Dans le temps de le dire, Frank a trouvé son «bohémien intérieur». Il s'est mis à graviter autour d'eux et Gaby l'a suivi.

Près de soixante-dix ans plus tard, nous pourrions nous poser la question : « Pouvez-vous bien me dire qu'est-ce qu'on fait *encore* ici ? » Nous nous retrouvons très souvent dans la vieille maison familiale, pleine des fantômes et des souvenirs qui ont imprégné nos enfants et petits-enfants. De toute évidence, nous sommes restés parce que nous en éprouvons le besoin.

La vie à la campagne

JANE: En septembre 1947, nous étions encore en train de nous installer lorsque je suis entrée en première année à l'école Marie-Rose, le couvent du village. Plus tard, les gens ont félicité Frank et Gaby d'avoir eu la clairvoyance de faire instruire leurs enfants en français même s'ils étaient anglo-québécois. En vérité, ils cherchaient plutôt à se faciliter la vie. L'école anglaise la plus proche se trouvait à quelques kilomètres de chez nous et faisait partie de la commission scolaire protestante, comme la plupart des établissements anglophones du Québec à l'époque. Pour que je puisse la fréquenter, il aurait fallu que mes parents obtiennent une dispense du diocèse catholique et qu'ils organisent mon transport cinq jours par semaine. Ça ne semble pas bien compliqué aujourd'hui, mais dans ce temps-là, cette décision avant-gardiste a pavé la voie à Anna, à Kate et aux autres enfants anglos qui venaient d'arriver au village.

Ce changement radical de langue ne m'a pas dépaysée outre mesure puisque j'étais habituée d'entendre ma mère parler français. Et j'apprenais vite. Le plus difficile a été de me faire accepter des élèves malgré mon nom anglais imprononçable et mes parents qui me faisaient honte. Le moins qu'on puisse dire, c'est que Frank et Gaby étaient naturellement portés à ne pas se fondre dans la foule, et ils ne prenaient pas mon anxiété sociale très au sérieux. Ils se plaisaient à être légèrement hors norme – certains prétendaient qu'ils s'en faisaient une gloriole – et ils s'attendaient à la même attitude de notre part. La plus grande manifestation de sympathie à laquelle je pouvais m'attendre de la part de ma mère était sa mise en garde habituelle: «Passe par-dessus, ma chérie.»

L'école Marie-Rose était un joli édifice de briques rouges au toit en pignon surmonté d'un petit clocher et d'une croix. Un escalier menait au portique néoclassique de l'entrée principale du rez-de-chaussée. C'était l'entrée des visiteurs et des notables comme l'inspecteur d'école et monsieur le curé. Les élèves s'assemblaient dans la cour de récréation et entraient par l'arrière au rez-de-chaussée, puis devaient descendre jusqu'au vestiaire et à la salle à dîner. Nous nous réunissions par classes et nous mettions en rangs dès que la cloche sonnait. Le premier jour a été l'un des rares où je suis arrivée à Marie-Rose avant la cloche : nous, les McGarrigle, avions l'habitude d'arriver en retard à l'école, à la messe, à presque tout. Comme maman n'avait pas pensé à l'uniforme, elle m'avait envoyée en classe vêtue d'une robe à smocks à manches courtes en coton (il faisait très chaud) et de longs bas noirs (plus convenables pour le couvent). La fille plus âgée qui m'accompagnait à l'école portait la tenue réglementaire : des collants beiges en fil d'Écosse et une robe de lainage noire à manches longues avec un faux col en celluloïd qui a été remplacé peu après par un col et des poignets à la Peter Pan en coton, puis en plastique. Anna se souvient qu'elle frottait les poignets pour enlever les taches d'encre bleue lavable Waterman, la seule que les sœurs nous permettaient d'utiliser. Malgré nos efforts pour les garder d'un blanc éclatant, les poignets devenaient plus foncés de mois en mois. Quand cet uniforme a été remplacé à son tour quelques années plus tard par un chemisier sous une chasuble bleu marine à plis creux, les poignets étaient devenus crème foncé. Nous étions toutes ravies du changement et Gaby en a profité pour recycler les anciennes chemises de papa et les tailler pour nous. Nous avons été les seules élèves de l'école Marie-Rose – ou du monde entier – à porter des chemises d'hommes Tooke à fines rayures sous leurs *jumpers*. Je m'y suis opposée, surtout à cause du col et des poignets beaucoup trop grands, mais le mantra de maman était : « Tu vas l'aimer et tu vas la porter. » Fin de la discussion.

À l'arrivée du temps froid, elle insistait pour que nous enfilions d'épaisses culottes bouffantes aux genoux, ce qui était très gênant et impossible à cacher sous nos robes. Dès que j'en avais l'occasion, je m'échappais de chez moi sans les mettre. Un matin où il faisait très froid, ma mère a découvert que j'avais laissé mes *bloomers* à la maison et a appelé au couvent pour prévenir les religieuses que papa allait venir me les apporter en auto. La Supérieure est entrée dans mon local et a chuchoté ce renseignement à sœur Gilles, ma professeure de quatrième année. Une information s'est perdue en cours de route et sœur Gilles, qui était à la fois folle et méchante, a annoncé devant toute la classe que Laury Jane McGarrigle était partie de chez elle sans ses petites culottes et que son père s'en venait les lui porter. Elle savait bien que tout ce qui concerne les sous-vêtements provoque l'hilarité chez les enfants de neuf ans. J'ai maudit cette sœur minable et mes parents, mais, bien entendu, je n'ai plus jamais essayé de sortir sans porter mes culottes bouffantes. Ma mère n'a eu aucune sympathie pour moi. Elle m'a simplement conseillé de passer par-dessus cet incident et de ne plus jamais oublier de les mettre.

Les religieuses étaient d'humeur inégale, mais sœur Gilles était un phénomène en soi. Elle maîtrisait mal son tempérament et la moindre bagatelle pouvait provoquer une colère terrible. Kate a croisé le fer avec elle une première fois à l'âge d'environ cinq ans. En quatrième année, j'ai dû faire une présentation, mais ma mère n'avait rien prévu pour moi. Alors, à la dernière minute, elle m'a dit d'emmener Kate en guise d'« objet d'intérêt » à présenter à la classe. Kate était une enfant hyperactive qui bougeait constamment, à tel point que les sœurs la croyaient atteinte de la danse de Saint-Guy. Kate devait rester assise à l'arrière de la classe avec moi jusqu'à ce que ce soit à mon tour de m'adresser à mes compagnes, mais en quelques minutes elle s'était levée et s'était précipitée à l'avant de la salle. Elle se glissait sous les pupitres et grimpait sur les élèves. Sœur Gilles la pourchassait en criant. Son dentier claquait tant elle était énervée. On a fini par coincer Kate et je l'ai ramenée à la maison. Cet incident malheureux a été suivi d'un autre lorsque je répétais à l'école pour être reçue croisillon, un genre de troupe de jeannettes religieuses, le premier niveau d'un mouvement connu sous le nom de La Croisade.

ANNA : La Croisade eucharistique était un mouvement laïc ultracatholique qui encourageait la prière, l'abnégation, la présence à la messe de même que la confession et la communion sur une base régulière. Il ne manquait que le port du cilice. À l'école, les principales activités de La Croisade consistaient à former des groupes de quatre ou cinq filles qui dressaient la liste des bonnes actions qu'elles allaient faire au cours de la semaine, à réciter le chapelet à genoux et à acheter les incontournables médailles ou images saintes que la sœur exposait sur son pupitre. Pendant que toutes les autres élèves sautaient à la corde et jouaient aux billes dans la cour, les croisées (le niveau au-dessus de celui de croisillon) restaient à l'intérieur par abnégation. J'étais intriguée par les attributs de La Croisade depuis que j'avais aperçu un objet fascinant que la religieuse vendait aux croisées plus âgées. Il s'agissait d'un scapulaire différent de la petite médaille en métal que la plupart des enfants catholiques portaient pour se protéger de la damnation éternelle. C'était une bande étroite de feutre blanc lisérée de bleu, dont chaque extrémité se terminait par une image de Jésus et de Marie mesurant cinq centimètres sur cinq centimètres. On le portait autour du cou comme une étole, mais contre la peau, sous les vêtements, ce que je trouvais dommage parce que c'était vraiment joli avec les courroies qui passaient sous les bras pour le maintenir en place. Ce harnais religieux garantissait à celui qui le portait une protection additionnelle, du moins selon sœur Gilles. Le talisman m'attirait à tel point que j'ai adhéré à La Croisade simplement pour m'en procurer un. Dans ma ferveur, j'avais oublié les trois ou quatre années d'abnégation qui m'attendaient. Il était évident au bout d'une semaine de cette vie austère dans les croisées que je n'avais pas ce qu'il fallait. J'ai quitté le mouvement et mes parents ne s'y sont pas opposés. De toute façon, mon père n'aimait pas trop les fanatiques.

JANE: Je venais d'arriver à l'école et j'étais bien prête à devenir une zélote si cela me permettait de me faire quelques amies. Je me suis donc présentée avec enthousiasme pour devenir croisillon. Avant la cérémonie d'intronisation, il y avait des préparatifs pour nous assurer que nous avions la ferveur voulue pour être membre du mouvement, suivis d'une générale à l'église. Gaby m'avait demandé d'emmener Kate à la répétition, probablement pour s'accorder quelques heures de répit. Par une ironie du sort, les croisillons étaient dirigés par la vieille ennemie de Kate, sœur Gilles. Ma sœur s'est mise à courir dans l'allée principale et les rangées de bancs, et elle a foutu le bordel dans le scénario soigneusement élaboré par la religieuse. Contrairement à ce que je craignais, son comportement n'a pas nui à ma réputation, mais sœur Gilles a exclu Kate sur-le-champ en lui disant: «Kate McGarrigle, tu ne seras *jamais* un croisillon.» Elle a poursuivi sa vendetta quand Kate a été dans sa classe en quatrième année puis en cinquième, et ma pauvre sœur n'a jamais oublié cette période misérable. Des dizaines d'années plus tard, Kate et Anna ont participé à une émission de variétés à la télévision francophone. Sœur Gilles les a vues et a probablement éprouvé des remords de conscience. Elle m'a appelée, puisque je suis la seule McGarrigle dans l'annuaire téléphonique, pour inviter Kate à venir prendre le thé à sa maison de retraite. Kate m'a transmis le message suivant : «Dis à la vieille vache d'aller se faire foutre. » Kate McGarrigle n'éprouvait aucune pitié.

Les salles de classe étaient dépouillées : des pupitres, un tableau noir, une carte déroulante, une ampoule nue suspendue au plafond. Les murs étaient ornés de chromos de la Vierge Marie et du Sacré-Cœur – Notre-Seigneur Jésus-Christ dans sa tunique au milieu de laquelle se détachait son cœur enflammé ceint d'une couronne d'épines – ainsi que d'une photo solennelle du pape Pie XII donnant sa bénédiction. Il y avait aussi dans un coin un autre meuble de la taille d'une commode recouvert d'une housse verte tombant jusqu'au plancher. Sur le dessus étaient soigneusement rangés quelques ouvrages entre deux appuie-livres et un petit vase d'où émergeait une fleur en plastique solitaire. Nous ne nous posions pas trop de questions sur ce meuble intrigant jusqu'au jour où Anna s'est pointée en classe en avance un matin – un événement exceptionnel – et a surpris la sœur qui se hâtait de replier son lit et de le recouvrir de la housse. Les religieuses n'avaient pas de chambre ni même de dortoir au couvent et elles devaient dormir dans leur classe !

Notre père a été consterné lorsqu'il a constaté que la classe n'était éclairée que par une seule ampoule. Il craignait que cet éclairage nous abîme la vue puisque nous passions sept ou huit heures chaque jour dans ce lieu. Il a aussi eu la mauvaise surprise de découvrir que, sur notre carte du Canada, la Colombie-Britannique avait été rebaptisée « Colombie canadienne » et se demandait de quel droit quelqu'un avait osé renommer les provinces. Il n'aimait pas tellement la version de l'histoire canadienne qu'on nous enseignait et qui mettait en valeur les victoires des Français et les martyrs jésuites, mais qui admettait à contrecœur la défaite de Montcalm sur les Plaines d'Abraham et ses conséquences regrettables. Papa venait du Nouveau-Brunswick, terre des Loyalistes de l'Empire-Uni, et *son* histoire du Canada avait une perspective différente.

École Marie-Rose

(ANNA)

La salle de musique et le cabinet de curiosités

La salle de musique se trouvait à l'avant de l'école, c'était la première pièce à droite en entrant par la porte principale. De l'autre côté du large corridor se trouvait ce qu'on appelait un «cabinet de curiosités», une grande étagère haute jusqu'au plafond en bois verni avec des portes vitrées. On y exposait des oiseaux empaillés et des espèces animales non identifiables flottant dans des bocaux de verre remplis de formaldéhyde. C'était la première chose que voyaient les visiteurs en entrant dans le couvent.

Les spécimens qui s'y trouvaient auraient pu servir à nos enseignantes si nous avions eu des cours de biologie. Mais ce n'était pas au programme de notre école, les sœurs manifestant peu d'intérêt pour le monde des vivants. Leur champ de compétence, c'était la vie éternelle, et leur mission, c'était de s'assurer que nous y parvenions dans un état impeccable. Elles y excellaient.

Comme nous apprenions le piano, nous avons passé beaucoup de temps face au cabinet, de l'autre côté du corridor, à attendre le début de nos leçons. Nous fixions en louchant les formes inertes en espérant que l'une d'elles se mette à bouger pendant qu'une élève dans la salle de musique «piochait» sur le piano droit, comme le lui reprochait habituellement la professeure de musique.

La salle à dîner

Les élèves qui ne retournaient pas chez elles le midi mangeaient dans la salle à dîner au sous-sol de l'école. Tout ce qui se trouvait dans cette pièce très animée était peint en gris acier: du plancher de ciment jusqu'aux longues tables de bois où nous avalions nos sandwiches.

La cuisine et la salle à dîner étaient le domaine de sœur Agnès, une grande femme squelettique au large sourire qui portait un long tablier rayé par-dessus son habit. Elle avait toujours les manches roulées, laissant voir la peau pâle de ses avant-bras. C'est ce qui la rendait plus humaine, à nos yeux, que les autres religieuses, d'autant plus qu'elle avait un vrai prénom féminin, contrairement aux sœurs enseignantes qui avaient adopté un prénom d'homme en prononçant leurs vœux*. Pour cinq cents seulement, nous pouvions agrémenter notre sandwich d'un bol de son excellente soupe : tomate et vermicelles, pois et lard salé ou bien, la préférée de Kate, tomates, chou et riz. Les trois sœurs McGarrigle ne se privaient jamais de ce plaisir. Jane et moi nous souvenons que Kate essayait de recréer sa soupe préférée dans sa cuisine d'Outremont. Et, comme sœur Agnès, elle portait toujours un long tablier et roulait ses manches quand elle était aux fourneaux.

En plus d'être bonne cuisinière, sœur Agnès était un modèle de générosité et de compassion. Un hiver, deux enfants très négligés (une fille et un garçon aux cheveux roux) ont été accueillis au couvent Marie-Rose. Ils venaient d'un petit hameau dans les montagnes à l'est du village, un endroit sauvage et inaccessible relié à la civilisation par des routes en mauvais état. J'avais entendu dans l'escalier des élèves plus vieilles raconter que leur mère était morte en couches après avoir donné naissance à un bébé mort-né qui n'avait qu'une jambe. La fillette, qui devait avoir neuf ans, a été placée dans ma classe. Les sœurs lui ont donné une tunique et une chemise blanche, et ont fixé des barrettes dans ses cheveux bouclés. Malgré les efforts des religieuses pour faciliter l'intégration de cette fillette dans son nouvel environnement, elle n'a jamais perdu son regard terrifié.

Sœur Agnès était folle de cette étrange fille et de son frère. Elle les serrait toujours dans ses bras et leur servait une deuxième portion de sa soupe rassasiante. Ils ont probablement vécu à l'école cet

---

* Les religieuses étaient une grande énigme pour une fillette de six ans. Elles ne semblaient jamais manger ni aller aux toilettes, et la plupart portaient des prénoms masculins. Pendant longtemps, j'ai cru qu'elles formaient une espèce distincte, quelque part entre l'ange et l'humain.

hiver-là pendant que la paroisse essayait de leur trouver un foyer. Ce triste épisode a fait ressortir ce qu'il y avait de mieux chez les religieuses et je suis sûre qu'elles auraient gardé les enfants indéfiniment si elles avaient eu leur mot à dire. Malheureusement, à la fin de l'année, ils ont quitté notre école.

Médailles et bulletins

ANNA : À la fin de chaque mois, on nous remettait les bulletins ainsi que des médailles d'excellence pour les quatre principales matières enseignées au couvent Marie-Rose : catéchisme, lecture, histoire et calcul. Les médailles, en argent fin, étaient conservées dans des boîtes bleu foncé doublées en velours caractéristiques de la bijouterie Birks de Montréal, d'où elles provenaient sans doute. La plus impressionnante – une énorme étoile ouvragée suspendue à une chaîne en argent à gros maillons – était décernée à la meilleure élève pour l'ensemble des matières. On aurait dit un bijou cérémoniel porté par le lord-maire d'une importante ville anglaise. Les médailles avaient pour objectif de nous encourager à travailler et, pendant nos études à Marie-Rose, nous avons toutes les trois reçu l'étoile à plus d'une occasion. Janie se souvient d'avoir obtenu la première place pour huit des neuf mois en première année, mais, comme elle s'était classée au deuxième rang à la toute fin de l'année scolaire, on ne lui a pas remis la « médaille de très grande distinction ».

JANE : Papa a jugé cette situation inacceptable. Il avait un sens de la justice aigu et il soupçonnait qu'il y avait eu un subterfuge politique : les sœurs ne pouvaient pas accepter qu'une petite Anglaise batte les autres élèves de la classe pour remporter cette étoile tant convoitée. Il y a eu des coups de fil et une rencontre avec la Supérieure. C'était l'une des rares fois où mes parents ont pris la défense de l'une de leurs filles contre les religieuses, mais celles-ci n'ont pas modifié le classement. Mon père a eu sa revanche lorsque ses trois filles ont obtenu le premier rang aux examens provinciaux à la fin de la septième année, avec des notes de plus de 90 %.

Des sketches et des films

ANNA : Il y avait, à côté de la salle à dîner, une salle plus officielle au parquet de bois poli. C'est là où nous présentions des sketches et où les élèves talentueuses pouvaient faire un numéro de danse à claquettes devant toutes les autres. À l'époque, la danse à claquettes était populaire au pays et il semblait que tout le monde – du livreur d'épicerie jusqu'au forgeron – pouvait improviser une danse au son de l'harmonica. Kate, Jane et moi avons essayé de reproduire cette atmosphère entraînante dans notre version de la chanson *Parlez-nous à boire* des frères Balfa sur notre album *Odditties*.

On chantait souvent en groupe à l'école. En revanche, on faisait très peu de théâtre ou de sketches, mais je me rappelle que notre classe a mis en scène la saga du duc de Marlborough, un noble anglais qui avait mené une bataille féroce contre les Français à l'époque de Louis XIV. Nous racontions son histoire sur l'air de la chanson populaire française *Malbrough s'en va-t-en-guerre*, un thème que Beethoven a repris dans son œuvre orchestrale *La victoire de Wellington* (aussi connue sous le nom de *La bataille de Vitoria*). Tout finissait mal pour Marlborough. J'imagine que la sympathie pour le duc en difficulté exprimée dans la chanson devait être livrée sur un ton ironique. Après tout, les Anglais étaient les ennemis. Comme nous l'ignorions à l'époque, nous avions toutes le cœur brisé, les sœurs aussi, lorsque Marlborough, le héros, se fait tuer à la fin. Certaines pleuraient même.

> Malbrough s'en va-t-en-guerre,
> Mironton, mironton, mirontaine.
> Malbrough s'en va-t-en-guerre,
> Ne sait quand reviendra.

La plus grande de la classe jouait le rôle de Marlborough et moi, celui d'un des trois mirontons qui chantaient en agitant des branches de pin avant de les déposer sur la dépouille du duc pendant qu'il expirait, allongé sur l'une des tables grises de la salle à dîner, à la fin de la chanson.

Comme nous l'avons dit, les Sœurs des Saints Noms de Jésus et de Marie étaient renommées pour l'enseignement de la musique. Au début de l'automne, avant les grands froids, notre école organisait une semaine musicale qui était essentiellement consacrée au chant. Chaque année, une des sœurs à la maison mère (devenue l'École de musique Vincent-d'Indy) composait une nouvelle chanson pour chœur que tout le couvent devait apprendre (et probablement toutes les autres écoles où enseignaient les religieuses de cet ordre). Je me rappelle que ces chansons étaient intéressantes sur le plan musical (quoique légèrement mielleuses, mais elles devaient nous plaire). Les paroles étaient édifiantes sans être nécessairement religieuses.

Les filles qui avaient une belle voix ou savaient lire une partition devaient interpréter les harmonies, tandis que les autres chantaient la mélodie. S'il ne pleuvait pas, les répétitions se déroulaient dans la cour. Les élèves étaient en rang, classe par classe, pendant que la professeure de musique arpentait les rangées pour s'assurer que chacune chantait juste. Elle utilisait un diapason, un petit harmonica, pour nous donner la note. Le vendredi, dernier jour de la semaine musicale, nous savions la chanson suffisamment bien pour l'interpréter devant nos parents. Entendre nos voix de jeunes filles s'élever et flotter au-dessus du village est l'un de mes plus beaux souvenirs de l'école Marie-Rose.

On nous projetait des films, mais rarement. Un seul me vient en tête : *Jeanne d'Arc*, produit à Hollywood en 1948 avec Ingrid Bergman dans le rôle-titre de la jeune et ravissante martyre en armure et perruque blonde courte. Tous les Français catholiques vénèrent cette patriote croyante qui a péri sur le bûcher, accusée à tort d'hérésie. Un des détracteurs de Jeanne était le puissant sieur de La Trémoille, conseiller auprès du roi. Même si Jeanne s'était battue pour aider le roi à reprendre son trône, il a ordonné son autodafé sur la recommandation du sieur. C'était peut-être le fruit de notre imagination, mais nous, les trois filles, avions l'impression que les religieuses nous en voulaient parce que notre mère portait le nom de Latrémouille, ce qui, à leurs yeux, équivalait peut-être à s'appeler Ben Laden aujourd'hui. Après des recherches, des oncles et des cousins ont découvert que nous n'avions aucun lien de parenté avec la noble maison de La Trémoille et j'avoue que cela fait mon bonheur. Le sieur était un opportuniste méprisable qui avait beaucoup de sang sur les mains, et pas seulement celui de Jeanne d'Arc.

Les visites aux morts

ANNA : Les élèves avaient coutume d'aller prier pour les habitants du village qui venaient de mourir. Le salon mortuaire, un lieu très fréquenté, se trouvait face à l'église et à l'école. Si le proche d'un élève mourait, toute la classe allait offrir ses condoléances à la famille en deuil. Comme tout le monde était parent avec tout le monde dans notre petit village, nous y passions beaucoup de temps. La résidence de fortune était aménagée dans une vieille pension pleine de coins et recoins dont on convertissait rapidement le grand salon en salon d'exposition. Le bedeau de la paroisse habitait cette maison qui appartenait aux croque-morts. Il couvrait les hautes fenêtres de vieux stores violets en velours pour bloquer la lumière du jour puis allumait six chandelles au kérosène dans de hauts chandeliers qu'il disposait autour du cercueil, au milieu des couronnes de fleurs. Notre classe entrait d'un pas traînant dans ce décor lugubre et nous nous agenouillions sur les prie-Dieu disposés en rangées devant la dépouille. Puisque j'étais l'une des plus petites, j'étais aux premières loges pour observer le défunt dont le cercueil était toujours ouvert. Il s'agissait habituellement de grands-parents âgés trop maquillés, ce qui était déjà repoussant. Mais un jour, malheureusement, l'occupant était le frère d'une compagne de classe qui avait perdu la vie dans un accident de vélo. Voir le corps inanimé d'un garçon de neuf ans nous a troublées davantage.

À une autre occasion, pendant que la sœur récitait la litanie des morts avec les élèves (« Mon Dieu, ayez pitié de nous, Jésus-Christ, ayez pitié de nous »), une porte s'est ouverte en grinçant et une vieille dame en robe de chambre et en pantoufles en est sortie, faisant involontairement une entrée terrifiante dans le « salon mortuaire ». Sa chambre était attenante à la pièce et elle se rendait à la salle de bain dans une autre section de la maison. Malgré la faible lueur, j'ai reconnu une des vieilles habituées du Pub que Kate et moi voyions souvent déambuler dans la rue Principale en revenant de l'école. La pauvre était atrocement gênée et s'est excusée dans son accent français cassé pour la commotion qu'elle avait causée. Son apparition troublante a allégé l'atmosphère quand nous nous sommes rendu compte qu'elle n'était pas un fantôme, mais bel et bien vivante.

JANE: Parfois, les défunts étaient exposés dans leur propre maison. Deux sœurs y accompagnaient les élèves qui s'y rendaient à pied en double file pendant la journée d'école. En règle générale, la porte avant donnait sur la cuisine, la pièce principale de la maison. Les parents et amis se réunissaient autour de la table pour boire et manger au cours de la veillée funèbre qui pouvait durer des jours. Un petit salon étroit attenant à la cuisine, appelé «le beau côté», était réservé aux occasions officielles. La mise en scène était semblable à celle de la maison funéraire décrite par Anna. Les fenêtres étaient drapées de noir ou de violet et le cercueil, toujours ouvert et éclairé par les chandelles, était placé à une extrémité de la pièce. Cette atmosphère gothique était effrayante. J'entrais dans la maison en regardant droit devant moi jusqu'à ce que j'aie dépassé la petite pièce à gauche. Je traînais dans la cuisine aussi longtemps que possible en bavardant avec les endeuillés, mais, tôt ou tard, je devais me résoudre à braver les ombres, à m'agenouiller et à prier pour l'âme du défunt.

ANNA: Je ne crois pas avoir été la seule enfant à redouter ces visites. Toutefois, j'imagine que la famille en deuil éprouvait une certaine consolation en voyant nos jeunes visages, un peu comme les animaux qui égaient les résidents dans les maisons de retraite. Étonnamment, certains enfants ne s'en lassaient jamais, comme Kate et son amie Nina. Dès qu'elles voyaient une couronne violette accrochée à une porte, ces deux-là s'y dirigeaient pour offrir leurs condoléances. J'ai toujours admiré leur sang-froid, mais je ne les ai jamais accompagnées pour ces visites «optionnelles».

Toutes ces discussions sur la mort me rappellent la chanson endiablée que mon père interprétait pendant les partys pour rire à la barbe de l'inévitable :

Look at old Grandma, stiff in her coffin,
Ain't it grand to be bloody well dead.
Let's have a snifter, let's have a bloody good cry,
And always remember the longer you live,
The sooner you're going to die.

Regarde la vieille grand-maman, toute raide dans son cercueil,
N'est-ce pas formidable d'être bel et bien mort?
Allons prendre un petit verre, allons pleurer un bon coup,
Et n'oubliez jamais que plus vous vivez longtemps,
Plus vous allez mourir vite.

Au village

(JANE)

Le Saint-Sauveur des années 1940 et 1950 serait méconnaissable aujourd'hui. Le village était considérablement plus petit, bien sûr, mais une proportion beaucoup plus importante d'anglophones y résidaient et peu d'entre eux se donnaient la peine d'apprendre le français. C'était inutile puisque les dirigeants municipaux et les marchands, mécaniciens, médecins, notaires, chauffeurs de taxi, serveuses, policiers et barmans, presque tout le monde en fait, se débrouillaient suffisamment en anglais pour interagir avec eux. À l'exception notoire des sœurs du couvent...

Dans certains cercles anglophones ignorants, on considérait comme un manque de classe de parler français, comme s'il s'agissait de la langue de mortels inférieurs – «*speak White*» était l'une des insultes les plus abjectes de l'époque. Je préfère croire que, dans notre village, c'était davantage une question de paresse sans malice que de mépris pour cette langue.

Même si notre mère portait le nom de famille Latrémouille et parlait bien français, l'anglais était sa langue maternelle et celle de ses études. Notre père, par contre, parlait une espèce de français bâtard qu'il accompagnait de nombreux gestes pour se faire comprendre.

Il était, de nos deux parents, celui qui nous a incitées davantage à apprendre le français dès notre jeune âge. Il a essayé de nous enseigner un truc qui, selon lui, pouvait améliorer notre accent: nous devions parler comme si nous avions la bouche pleine de noix. Il croyait sérieusement aux vertus de sa méthode et a essayé à maintes reprises de nous en faire la démonstration. Impossible pour nous de le prendre au sérieux: nous ne pouvions nous empêcher de rire de son français horrible qui, malheureusement, s'est très peu amélioré avec le temps.

Gaby

(JANE)

Le vieux dicton prétend que *Qui prend mari prend pays*, et Gaby a tout fait dans les règles quand elle a été transplantée à Saint-Sauveur, dans des circonstances plutôt difficiles. On pourrait dire qu'elle a mis en application sa maxime : *Tu vas le faire, tu vas aimer ça* et *tu vas passer par-dessus*.

Elle s'est consacrée corps et âme à la cuisine et notait en sténo Pitman de nouvelles recettes qu'elle entendait à la radio. Nous avons toujours à Saint-Sauveur, dans une boîte en fer-blanc, des bouts de papier couverts de son écriture pâlie, impossible à déchiffrer, mais nous nous souvenons des plats : riz vert au gratin, œufs au cari, betteraves Harvard, églefin fumé à la crème, différents organes en sauce (que mon père ne digérait pas, mais que nous devions manger : «Vous allez en manger et vous allez aimer ça»), et un bon steak ou un rôti le dimanche. En fouillant dans cette boîte récemment, je suis tombée sur la recette de gratin de foie de porc et d'aubergine. Je ne pense pas qu'elle nous en ait servi parce que nous aurions certainement fui la salle à manger, complètement dégoûtés.

Il y avait une vieille machine à coudre Singer à la maison. Selon Anna, elle avait appartenu à la mère de Gaby. Elle se trouvait devant la fenêtre panoramique dans la salle de séjour ensoleillée au deuxième étage. Maman s'en servait pour rapiécer nos vêtements de jeu, faire des réparations, confectionner des costumes et nous fabriquer des tenues dans de vieux vêtements. Elle nous cousait parfois des vêtements tout neufs, entre autres trois robes de soie mémorables. Mon père avait récupéré je ne sais trop où un rouleau de soie brute et ma mère s'en est servie à l'été 1949 pour nous confectionner trois robes assorties. Elle avait mis un temps fou à faire des smocks à la main et à nous fabriquer trois coiffes hollandaises. En voyant nos mignons ensembles, papa a eu l'idée d'apporter le reste du rouleau à son tailleur Sam Ogulnik à Montréal qui lui a confectionné un veston dernier cri. Cet été-là, Gaby a été la seule de la famille à ne pas porter de soie brute à la messe du dimanche : elle ne cousait jamais pour elle.

Elle avait eu l'occasion de porter de beaux vêtements dans sa jeunesse, alors qu'elle avait une belle silhouette et une posture impeccable, quand elle travaillait comme secrétaire à Montréal. Une amie lui avait fait connaître Percy Green, un tailleur juif d'origine russe qui pouvait transposer en vêtements à la portée de sa bourse les photos de modèles de grands couturiers qu'elle découpait dans les magazines. Elle adorait nous raconter comment Percy copiait les modèles en y ajoutant de petites finitions – «*A little flurry here, a little flurry there*», disait-elle en imitant approximativement son accent – jusqu'à ce qu'ils en soient tous les deux satisfaits. Gaby avait acquis une réputation de carte de mode grâce aux copies confectionnées sur mesure par Percy. Elle s'est désintéressée de la mode après notre arrivée à Saint-Sauveur, mais elle se procurait encore de temps à autre un bel ensemble lorsqu'elle allait en ville. Quand elle se mettait sur son trente-six, papa lui disait : «Gaby, tu as l'air d'un million de dollars!» Parfois, il lui achetait un vêtement qui lui irait bien, selon lui, mais, la plupart du temps, il devait le rapporter au magasin parce que ma mère le jugeait trop cher.

À une certaine époque, elle a découvert le tissage et a fait installer un métier dans la salle de séjour. Ce passe-temps s'est transformé en passion et, pendant quelque temps, on aurait dit que tout ce qui était dans la maison était tissé : les rideaux, les tapis d'escalier, les napperons, les carpettes… Sa technique a évolué : elle a commencé par enfiler des bandes de guenilles dans sa navette pour réaliser des napperons grossiers, puis elle est passée à la laine très fine avec laquelle elle tissait ses propres vêtements. Quand j'avais une quinzaine d'années, elle m'a confectionné une superbe jupe et une étole assortie dans une pièce de laine noire qu'elle avait tissée. Elle était même garnie, quelques centimètres au-dessus de l'ourlet, d'une bande de fils dorés et multicolores. Je l'ai portée quelques années puis je l'ai perdue. J'aimerais bien la retrouver. Ce qui aurait pu devenir un souvenir de famille a probablement été bouffé par les mites.

On comptait à l'époque plusieurs pensions à Saint-Sauveur. Monsieur et madame Fred Bratberg dirigeaient l'une d'elles. Mon père avait rapidement fait la connaissance de ces immigrants d'origine norvégienne. Gaby, elle-même une pâtissière talentueuse, s'était liée d'amitié avec la dame qui avait sur la rue Principale une petite boutique où elle vendait des tartes et des gâteaux maison. Mon père aimait terminer ses repas avec un dessert et il y en avait habituellement au souper : parfois des tartelettes au beurre et au miel ou des choux à la crème, de la tarte aux fruits ou de la tarte Nesselrode en été.

Inspirée par madame Bratberg, maman a commencé à faire des expériences avec les pains à la levure. À l'hiver 1949, au beau milieu de sa phase de danoises, notre père a fait une rechute de tuberculose, maladie pour laquelle il avait été traité dans les années 1930. Il a été admis à l'hôpital des vétérans de Saint-Hyacinthe, à l'est de Montréal sur la rivière Yamaska et à environ cent trente kilomètres de Saint-Sauveur. Gaby était livrée à elle-même avec trois petites filles dans une maison toujours pas terminée. Dès le début de sa journée vers quatre ou cinq heures du matin, elle devait sortir pour accéder au sous-sol, souvent par des températures de moins trente, et allumer la fournaise au charbon. Elle remontait ensuite à la cuisine pour alimenter sa cuisinière Moffat, qui chauffait au bois et à l'électricité. Une fois la maison réchauffée, elle moulait la pâte (qui avait levé pendant la nuit) sur l'envers d'une rondelle de bâton de ski, un truc que madame Bratberg lui avait probablement enseigné, puis elle l'enfournait. La maison et les viennoiseries étaient toutes chaudes lorsque nous descendions pour déjeuner.

Gaby s'occupait de nous avec soin et amour, mais sans manifester d'indulgence. Mon père aimait bien raconter qu'elle nous avait déjà envoyées à l'école par un temps polaire d'environ quarante degrés au-dessous de zéro. Sa voiture ne démarrait pas et il avait entendu à la radio qu'il faisait si froid que même les chevaux de la police de Montréal restaient à l'écurie. Il voulait nous garder à la maison, mais notre mère nous a emmitouflées et nous a envoyées à l'école à pied, à un peu plus d'un kilomètre et demi de chez nous. Il s'est fait du mauvais sang toute la journée, jusqu'à mon retour. Ma mère m'a demandé : « Qui était absent aujourd'hui ? » Personne. Il n'y avait rien à l'épreuve des enfants des Laurentides.

L'état des finances de la famille était très variable, mais nous n'avons jamais su à quelle période les initiatives ménagères de Gaby étaient motivées par son besoin de créativité ou par nécessité économique. Pour elle qui avait vécu pendant la grande dépression, recycler, réutiliser et reporter des achats était une seconde nature. Lorsque nous refusions ou ne pouvions plus porter les chemises de papa qu'elle avait ajustées pour nous, elle les déchirait en bandes qu'elle raboutait et enfilait dans sa navette pour en tisser un tapis. Notre père était plus dépensier, extravagant même, mais son goût pour les bonnes affaires lui venait probablement de son emploi d'acheteur et de la joie de découvrir un trésor ignoré de tous.

Gaby a décidé un jour de faire son propre savon avec du gras animal et de la potasse. Elle en a préparé une quantité énorme – pour l'économie d'échelle –, mais ça a été un désastre. La mixture ne sentait pas très bon et brûlait légèrement la peau. Nous avons protesté à grands cris et on a ravitaillé la salle de bain de savon Palmolive.

À notre arrivée à Saint-Sauveur, Gaby avait ouvert un compte au marché Réal Chartier où elle faisait toujours son épicerie. Les parents de Réal et ses neuf frères et sœurs habitaient plus loin sur Lanning, près de leur magasin de la rue Principale. Nous avions une auto, mais comme maman ne conduisait pas, elle faisait généralement livrer ses achats. Nous ne roulions pas sur l'or pendant la maladie de mon père, en 1950, et ma mère m'a appris un jour que Réal nous avait fait crédit pendant de longs mois. Elle a réglé ses comptes dès que notre situation financière s'est améliorée et a rarement fait ses achats ailleurs par la suite. Son compte était toujours ouvert à sa mort en 1994 et Kate a pris le relais.

Gaby a mis beaucoup de temps à créer son propre cercle d'amis. À son arrivée à Saint-Sauveur, elle devait s'ennuyer ferme. Je l'imagine seule, sauf quand sa famille et ses amis venaient lui rendre visite. Un souvenir me revient souvent en tête: en rentrant de l'école un après-midi d'hiver, je l'ai aperçue en train de jouer du piano par la fenêtre du salon, à la place habituelle de mon père. Elle chantait des chansons populaires en s'accompagnant. Ce souvenir m'émeut étrangement parce que, d'aussi loin que je me souvienne, elle ne se produisait jamais devant les autres, contrairement à mon père qui pouvait jouer, au piano et à la guitare, pratiquement tout à l'oreille, pour lui seul comme pour tous ceux qui l'écoutaient ou chantaient avec lui.

Je crois que madame Lavigueur a été la première résidante de Saint-Sauveur à se lier d'amitié avec Gaby. La veuve âgée vivait juste à côté avec sa sœur, mademoiselle Côté. Ces jardinières hors pair nous donnaient des légumes frais qu'elles cultivaient dans le grand potager derrière leur maison. Madame Lavigueur cousait à merveille et aidait ma mère quand elle avait de la difficulté à comprendre un patron ou à ajuster des manches, par exemple. Nos voisines ont été les premières personnes que nous connaissions à acquérir un téléviseur et, plusieurs fois par semaine, elles nous invitaient pour nous émerveiller avec elle devant la télévision à ses balbutiements. Nous écoutions la télésérie *The Honeymooners* et les parties de hockey de la LNH le samedi soir, et la lutte à Radio-Canada les mercredis où l'on voyait souvent Gorgeous George, le préféré d'Anna.

ANNA : Entre les émissions, mademoiselle Côté, qu'on appelait Hedwidge — une petite femme pleine d'entrain aux cheveux coiffés en chignon et aux lunettes à monture métallique — se précipitait à la cuisine et en revenait avec un plateau plein de rafraîchissements pour notre famille. Si papa nous accompagnait, il avait droit à un verre de bière tandis que nous buvions du jus d'orange et de la grenadine dans un grand verre avec un bâtonnet. Le gendre de madame Lavigueur possédait une boîte de nuit de style tropical à Montréal et, même si les deux dames ne buvaient pas une goutte d'alcool, elles savaient comment préparer des *drinks*. Nous adorions aller chez elles. Elles étaient très courtoises et renonçaient à leur propre plaisir en nous laissant écouter la télévision en anglais. Pour une raison qui m'échappe, j'adorais l'acteur Milton Berle. Kate, elle, inspectait probablement les nombreux grains de beauté roses qui parsemaient le visage d'Hedwidge quand elle se penchait pour ramasser les verres vides.

La carrière de papa après la guerre
(JANE)

Je ne sais pas très bien de quoi nous vivions quand papa a quitté son emploi au Ferry Command. Il a peut-être travaillé pour oncle Austin, le frère de Gaby, qui avait acheté l'entreprise Noorduyn reconnue pour ses avions de brousse Norseman. C'était toute une volte-face parce que, avant la guerre, oncle Austin avait travaillé pour papa chez Noorduyn pendant la construction du prototype du Norseman. L'ancien coursier possédait dorénavant l'entreprise.

Pendant l'été 1949, papa a partagé un bureau sur la rue Saint-Jacques Ouest à Montréal avec ses vieux amis Don et Jim Stafford, les fils de son copain Stuart Stafford, qui étaient représentants pour les brosses Fuller. Je me souviens que le petit bureau de deux ou trois pièces avait l'air d'un repaire de vieux garçons avec les échantillons de brosses, les papiers non classés et autres traîneries. De mémoire, il n'y avait pas de secrétaire. Le bureau se trouvait dans la Petite-Bourgogne, un quartier éloigné du secteur recherché. Les sièges sociaux des principales banques canadiennes avaient élu domicile sur la même rue plus à l'est, dans un univers complètement différent où les loyers étaient plusieurs fois supérieurs à celui versé par les Stafford. Connaissant la nature démonstrative de mon père, il aurait certainement préféré travailler dans un lieu plus prestigieux. Quoi qu'il en soit, les garçons Stafford lui ont prêté ou loué un bureau et un téléphone, un endroit pour s'installer et faire ses appels dans un «environnement d'affaires», et il leur en était reconnaissant. Il était probablement en train de mettre sur pied son entreprise de courtage en pièces d'avion qu'il a lancée quelques années plus tard.

Il m'emmenait souvent en ville et, s'il y avait des enfants dans la rue à notre arrivée, il m'envoyait jouer avec eux. La plupart étaient des petites filles de race noire du quartier qui sautaient à la corde sur le trottoir. Elles étaient peut-être les filles de bagagistes du CP Rail à la gare Windsor ou d'employés des dépôts de rail un peu à l'ouest.

Sur le chemin du retour vers Saint-Sauveur, nous nous arrêtions parfois manger dans un relais routier. J'avais sept ans à l'époque et j'adorais souper au restaurant avec mon père. Ma mère qui gardait notre repas au chaud à la maison était moins ravie.

À l'automne 1949, papa a travaillé chez Sicard, un fabricant de souffleuses à neige et d'équipement lourd. Je n'ai aucune idée en quoi consistait son poste, mais il devait se rendre à Thetford Mines, à cinq ou six heures de la maison sur les routes de l'époque. Il y passait la semaine et rentrait le vendredi soir. Je l'imagine dans un hôtel de deuxième ou troisième ordre d'une petite ville, comme ceux qu'Alice Munro décrit si bien dans ses nouvelles, où s'installaient les vendeurs et les travailleurs itinérants. J'imagine qu'il s'ennuyait beaucoup de sa famille, mais il y avait peut-être un bar accueillant et même un piano dans cet hôtel.

Au bout de six mois, la santé de papa a décliné à nouveau et il a dû abandonner son emploi pour passer trois mois au sanatorium.

Madame Pagé

JANE: J'étais en troisième année l'hiver où mon père a été hospitalisé et c'est à peu près à cette époque que j'ai éprouvé une peur de la mort qui s'est muée en véritable phobie. Au village, les personnes âgées semblaient mourir comme des mouches en hiver. J'ai développé une fixation sur la mort dont les rites et le cérémonial me terrorisaient. Je me suis mise à faire des cauchemars et, dès que j'apprenais le décès de quelqu'un, je faisais un détour pour éviter la maison dont la porte était garnie d'une couronne mauve. Le hasard a voulu que, un jour où j'évitais une maison endeuillée en rentrant de l'école, je passe devant la maison d'une certaine madame Pagé, la grand-mère d'une compagne de classe, alors que les croque-morts sortaient son cercueil de la maison. Au moment où ils allaient le déposer dans le corbillard noir garé dans l'entrée, le cercueil est tombé dans la neige. Cela m'a rendue hystérique. Je suis rentrée en courant à la maison, je me suis jetée dans les bras de ma mère et, persuadée que nous ne nous réveillerions jamais, j'ai empêché tout le monde de fermer l'œil pendant quelques jours. Ce soir-là, ma mère a dû téléphoner à mon père parce qu'on m'a permis de ne pas assister aux funérailles, et il m'a écrit une belle lettre pour me rassurer. J'ai fini par me ressaisir grâce aux mots de papa qui ont coïncidé avec la venue du printemps, et son taux de mortalité inférieur, et nous avons tous retrouvé le sommeil.

ANNA: Je ne savais ni lire ni écrire lorsque mon père a été hospitalisé pour une rechute de tuberculose au début des années 1950. Alors, pour lui exprimer mon ennui, je faisais un dessin de clown que ma mère joignait à sa lettre hebdomadaire. Il lui répondait comme suit, d'après ce que je me rappelle: «S'il te plaît, remercie Anna Ruth pour le clown. Il m'a vraiment remonté le moral.» Je lui ai dessiné des clowns rieurs durant les trois mois de son hospitalisation.

Puis, par une grise journée de mai, Austin, le frère de ma mère qui vivait aussi à Saint-Sauveur, est venu nous chercher, Kate, notre mère et moi, dans sa grosse Plymouth grise. Pendant que Jane était à l'école, nous sommes partis tous les quatre à Saint-Hyacinthe. Papa sortait de l'hôpital. J'en ai conservé un souvenir très vif, parce que c'était tout un changement de routine pour Kate et moi qui passions nos journées à courir partout dans la maison et à déranger notre mère. Kate et moi étions assises sur la profonde banquette arrière de la vieille voiture rembourrée de lainage grossier. Les fenêtres étaient trop hautes pour nous permettre de voir quoi que ce soit. De plus, comme cela se produisait souvent quand je voyageais en auto, j'ai vomi peu après notre départ. Nous nous sommes arrêtés, tandis que ma pauvre mère nettoyait les dégâts tout en jurant. (À partir de ce jour-là, je prenais place à l'avant sur les genoux de ma mère, la tête sortie par la fenêtre comme un chien.)

Nous avons roulé vers le sud, traversé Montréal et le fleuve Saint-Laurent sur le grand pont Jacques-Cartier, puis nous nous sommes dirigés à l'est vers Saint-Hyacinthe, une ville de la Rive-Sud sans caractère et sans relief, à l'exception des étranges Montérégiennes que Kate et moi ne pouvions pas encore apprécier. En arrivant, puisque nous avions faim, mon oncle a acheté des sandwiches au fromage que nous avons mangés assis sur un quai en pierre dominant les eaux brunâtres et écumeuses de la rivière Yamaska. Un banal sandwich garni d'une tranche de fromage orange vif et muni de sa croûte (ma mère l'enlevait toujours), tout à fait *vintage*, produit le même effet sur ma mémoire que Rosebud pour Charles Foster Kane.

Kate et moi avons attendu dans l'auto avec notre oncle pendant que ma mère est entrée chercher mon père. À l'époque, les enfants n'étaient pas admis dans les hôpitaux, à plus forte raison dans les salles réservées aux tuberculeux. Parmi les effets personnels qu'il a rapportés à la maison, il y avait le petit paquet de lettres que nous lui avions envoyées et mes dessins de clown. Je ne me souviens pas du chemin du retour à la maison, sauf que mon père était assis à l'avant avec mon oncle, tandis que Gaby avait rejoint ses filles sur la grande banquette arrière. Je suppose que Kate et moi nous sommes endormies, bercées par les voix des adultes et soulagées de voir enfin notre père rentrer à la maison. Nous nous sommes réveillées au moment où la Plymouth est arrivée dans l'entrée de garage à Saint-Sauveur. Longtemps après le retour de notre père, notre mère est demeurée sur le qui-vive, craignant une récidive de la tuberculose. Dès qu'elle nous entendait tousser le moindrement, elle nous envoyait au Royal Edward Chest Hospital à Sainte-Agathe pour subir un test épicutané qui, heureusement, s'est toujours avéré négatif.

Un peu plus tard, je me souviens avoir fouillé dans la maison pour montrer mes clowns à une amie, mais ils avaient disparu, tout comme les lettres que mes parents s'étaient échangées durant trois mois. Je me demande si ma mère les a brûlées par précaution contre la maladie ou bien si elles ont été perdues au milieu des traîneries de mon père.

Le seul document qui a survécu de cette époque est la lettre que papa a écrite à Janie, qui avait alors huit ans, pour la rassurer. Elle l'a toujours conservée.

Vendredi 14 avril 1950

Chère Janie,

Comment vas-tu? J'ai très hâte de te voir. Je pensais que tu allais m'écrire pour me raconter tout ce qui se passe.

Maman m'a dit que tu es arrivée première le mois dernier. Comme j'étais content!

Maman m'a aussi parlé de madame Pagé et des funérailles. Il paraît que tu as de la difficulté à t'endormir le soir parce que tu penses à toutes ces choses.

Je comprends bien, Janie, à quel point tout ce qui concerne la mort, même l'idée de la mort, peut terrifier un esprit d'enfant. J'étais comme ça quand j'étais un petit garçon de ton âge. Mais bien sûr, à l'époque, je ne savais pas les choses que je sais maintenant.

J'ai appris que la mort comme tu la conçois n'existe pas vraiment. C'est vrai que, lorsque Dieu veut nous rappeler à lui, il le fait, tout simplement. Notre âme est séparée de notre corps et, une fois que l'âme s'en va, le vieux corps ne sert plus à rien et on s'en débarrasse en l'enterrant.

Nous rendons hommage au défunt en organisant de belles funérailles où tout le monde s'habille en noir, mais seulement parce que son corps a été, pendant un certain temps, la maison d'une des âmes de Dieu. Alors, si tu es une bonne petite fille, tu ne devrais pas du tout craindre que Dieu te réclame parce qu'il va rappeler chacun de nous au moment qu'Il jugera opportun.

Janie, toute la vie, tout ce qui vit n'est qu'une longue succession : on naît, on vit pendant un certain temps puis on retourne à la Terre mère.

Tu vois les fleurs sauvages et les plantes dans les jardins ? Elles meurent toutes à l'automne et d'autres poussent au printemps et en été à partir des graines qu'elles ont laissées derrière elles.

Alors, ne t'inquiète pas quand les vieilles personnes meurent. Tu n'as qu'à aller de l'avant et être aussi bonne que tu peux l'être. Sois gentille avec maman, tes petites sœurs et tes amies, et tu n'auras pas à t'inquiéter quand tu te coucheras le soir. Et n'oublie pas de dire tes prières à ton ange gardien. Il ne pourra rien t'arriver, absolument rien, pendant ton sommeil. Assure-toi qu'Anna et Kitty Kate récitent leurs prières elles aussi.

Si quelque chose t'inquiète, tu n'as qu'à m'écrire pour me le raconter. Je vais tout t'expliquer.

Avec beaucoup d'affection,

Papa

JANE : Environ un mois après la crise des funérailles, je suis rentrée à la maison et j'ai vu papa qui m'attendait dans le salon. Il était faible et amaigri, sans compter qu'une bronchoscopie ratée lui avait fait perdre quelques dents du bas, mais il était revenu parmi nous. J'ai littéralement sauté de joie, je voulais grimper sur lui, mais ma mère m'a retenue parce qu'il était frêle et aussi, je pense, parce qu'elle craignait comme toujours qu'il ne soit pas tout à fait guéri.

Le Club Crackpot

JANE: Il y avait, au centre du village, un pub appelé… The Pub! Frank a commencé à le fréquenter dans les années 1930 quand il venait skier dans les Laurentides. Je ne sais pas combien de descentes il faisait pendant ses journées (je ne l'ai jamais vu sur des skis durant toutes les années où nous avons vécu à la campagne), mais il a passé beaucoup de soirées au Pub à jouer du piano, avant et après notre déménagement à Saint-Sauveur. La fin de semaine, l'endroit se remplissait de Montréalais venus pour skier et faire la fête. Les autres jours, l'endroit était le bar attitré de certains anglos du village qui sont devenus plus nombreux après la Seconde Guerre mondiale avec l'arrivée de réfugiés. Mon père, qui s'est mis à fréquenter l'endroit régulièrement, y a trouvé des âmes sœurs et, avec certains villageois, ils ont créé le Club Crackpot. Ma mère n'était pas emballée par l'idée. Je pense qu'elle était gênée que mon père se qualifie publiquement de Crackpot (c'était déjà embarrassant en privé) et elle s'opposait à ce qu'il « se donne en spectacle » lorsqu'il se pliait à l'un de leurs rituels bizarres, comme le Salut des Crackpots.

Un après-midi que j'étais en auto avec mon père sur la rue Principale, il s'est immobilisé subitement, il a ouvert la portière et est sorti dans la rue. Il a soulevé sa jambe à angle droit, le genou plié comme celui d'un flamant rose, et il est resté ainsi pendant quelques secondes. Un homme sur le trottoir de l'autre côté s'est arrêté lui aussi, il a soulevé sa jambe à angle droit et l'a tenue ainsi pendant quelques secondes. Ils échangeaient le Salut des Crackpots. Cet homme, c'était le photographe Shaky Brown, l'un des membres fondateurs du club. Ma mère ne l'aimait pas beaucoup, mais elle avait une meilleure opinion de Louis Rotenberg, un violoniste de haut calibre qui était lui aussi un des premiers membres du club. Louis venait nous rendre visite à l'occasion et il nous a appris un jour qu'il était l'oncle de Percy Faith, un artiste populaire de l'époque. Je suis sûre que ce lien de parenté l'a fait remonter dans l'estime de ma mère.

ANNA : Burton Bidwell était le membre le plus important du club. Issu d'une famille nantie de Montréal, il avait étudié à McGill. Je me souviens d'avoir entendu à la maison que Bidwell avait hérité d'une certaine somme à la mort de sa mère. Il a rapidement dépensé son héritage pour acheter une maison en bois rond de style scandinave au toit de tourbe construite par Mamen, un Norvégien. La propriété était située au bout d'une longue allée à l'angle de la montée Saint-Gabriel, près du croisement menant à Christieville, un hameau à quelques kilomètres à l'ouest de Saint-Sauveur. Il y avait au moins un autre bâtiment, une cabane en bois rond surmontée elle aussi d'un toit de gazon où paissaient des chèvres. Nous étions toutes contentes d'avoir eu la permission de grimper à une échelle pour aller les flatter. Nous avions l'impression de nous retrouver dans le film *Heidi* qui venait de prendre l'affiche au cinéma Nordic au village.

En entrant dans la cuisine, nous avons vu un monsieur aux cheveux foncés du nom de Rudi sortir un pain hallah tout chaud du four. Il nous en a servi une tranche, tartinée de beurre. Nous avons appris plus tard que Rudi, qui avait un accent autrichien prononcé, était un DP, une personne déplacée ou réfugiée. Ça ressemblait vraiment à *Heidi*. Avions-nous imaginé tout ça ?

Nous connaissions d'autres hommes qui fréquentaient le Club Crackpot, en plus de monsieur Bidwell, mais aucune femme. Kate et moi ne savions pas exactement ce qu'ils faisaient là. Nous avions l'impression que c'était une version pour vieux messieurs d'un club de garçons (« STRICTEMENT INTERDIT AUX FILLES ! »).

JANE : Le Club Crackpot était une organisation à géométrie variable où il n'y avait aucune règle, aucun dirigeant, aucune cotisation et aucun programme. Les Crackpots aimaient les conversations agréables sur la musique, l'art, la littérature et l'actualité. À mon avis, ils se contentaient de boire et de discuter à l'abri des femmes. Et de manger le pain de Rudi.

ANNA: En 2003, près de cinquante ans plus tard, Kate et moi cherchions un studio près de Saint-Sauveur pour enregistrer *La vache qui pleure*. Par le plus grand des hasards, notre ami le producteur et musicien Borza Ghomeshi était déjà établi dans les Laurentides. Il venait d'acheter la vieille maison bâtie par Mamen et avait converti le cabanon en studio. Y avait-il un meilleur endroit pour enregistrer une chanson sur une vache éplorée qu'une cabane sur le toit de laquelle les chèvres avaient déjà brouté? Nous lui avons raconté être venues à cet endroit quand nous étions enfants et lui avons décrit la maison qui portait à l'époque le surnom de «Crackpot Castle». Quand Éloi Painchaud, le musicien-producteur madelinot, et sa femme, la musicienne Jorane, ont acquis la propriété de leur ami Borza il y a quelques années, il leur a raconté l'histoire des Crackpots et, depuis, l'endroit a retrouvé son nom original: studio Crackpot.

Je suis allée au studio Crackpot pour la dernière fois au printemps 2012 afin d'y enregistrer une piste d'accordéon pour Angèle Arsenault, la brillante auteure-compositrice acadienne avec qui Kate, Jane et moi avons collaboré de temps en temps au cours de notre carrière. Elle avait quitté l'Île-du-Prince-Édouard pour de bon et s'était installée à Saint-Sauveur. Nous avions évoqué l'idée de nous revoir. Je l'ignorais à ce moment, mais elle souffrait d'un cancer et en est morte en 2014.

JANE: Au fil des ans, la rumeur a circulé au village que la maison en bois rond de Mamen dans les montagnes avait été une espèce de centre d'espionnage pendant la Seconde Guerre mondiale et que le toit de tourbe servait de camouflage pour que la maison se fonde dans le paysage et soit invisible du haut des airs. Les chèvres étaient peut-être là pour ajouter une touche de réalisme au subterfuge.

Nos amis de Saint-Sauveur

ANNA : À Saint-Sauveur, les meilleures amies de Kate et moi étaient les sœurs Nina et Judy Hinds, deux jolies fillettes qui vivaient à quelques maisons de chez nous sur la rue Lanning. Nina, une petite fille aux cheveux foncés, avait l'âge de Kate, tandis que Judy, une blonde agile, était quelques années plus jeune. La famille Hinds s'était établie au village peu de temps après nous. Un de mes plus vieux souvenirs est de marcher dans la rue en tenant la main de ma mère et d'avoir rencontré madame Hinds qui promenait Judy, encore bébé, dans un gros landau gris. D'origine allemande, Gerry, le père des filles, travaillait à Sainte-Thérèse à mi-chemin entre Saint-Sauveur et Montréal. Il était l'un des passagers de notre oncle Austin. Cinq jours par semaine, Austin se rendait chez Noordyun-Norseman Aircraft, dont il était copropriétaire, et en profitait pour offrir un service de navette officieux à de nombreux villageois qui allaient à Montréal ou à proximité. Betty, la mère de Nina et Judy, avait parcouru le monde à l'âge de dix-neuf ans, en partie à motocyclette, et s'était même rendue à Tahiti. Je me rappelle que cette femme svelte était habile pour bâtir et rénover des maisons. D'ailleurs, elle conservait une pile de magazines *House Beautiful* dans son confortable salon, à côté de son fauteuil rembourré en chintz. La maison des Hinds m'a toujours fait l'effet d'un havre de paix, contrairement à chez nous.

Les filles étaient bien élevées et je n'ai jamais entendu leurs parents hausser le ton. Kate, par contre, était parfois turbulente et se retrouvait souvent en conflit avec madame Hinds qui l'a bannie de chez elle après avoir été insultée et lui a interdit de monter dans sa familiale Hillman. C'était une grande épreuve pour Kate puisque c'était notre mode de transport pour aller nous baigner dans l'étang à Christieville, à quelques kilomètres de là. La punition a duré deux ou trois semaines, jusqu'à ce que Kate finisse par capituler et demander pardon. Au fil des ans, elle a développé de l'affection pour notre voisine et je crois que le goût pour l'immobilier et la rénovation qu'elle a développé à l'âge adulte lui est venu de Betty.

Lorsqu'il pleuvait ou faisait très froid, nous avions l'habitude de nous réunir chez elles. Nous ne manquions jamais de crayons puisque nos amies possédaient la grosse boîte de Prismacolor toujours parfaitement taillés grâce au taille-crayon mural. Pendant qu'un disque de chansons tahitiennes jouait (*Hiro e, Hiro e*), madame Hinds préparait de la compote de rhubarbe dans la cuisine et nous étions toutes les quatre penchées sur la table de la salle à manger de style colonial en érable pour dessiner. Nous illustrions nos contes de fées préférés, comme Raiponce la princesse enfermée dans la tour qui laissait pendre ses cheveux invraisemblablement longs pour que son prince puisse grimper jusqu'à elle ou la pauvre Belle au bois dormant qui a passé cent ans couchée sur le dos en attendant que son prince se pointe pour la réveiller avec un baiser. Il m'est venu à l'esprit que les gestes de ces princes rappellent ce que certains oiseaux, abeilles, papillons et mites doivent faire dans la nature pour fertiliser les fleurs capricieuses.

Quand nous n'étions que toutes les deux à la maison, Kate et moi nous asseyions «à un coin» de la longue table en pin du salon pour jouer avec nos poupées en papier. Parfois, nous les fabriquions nous-mêmes dans les cartons avec lesquels étaient emballées les chemises de notre père, sans oublier leurs vêtements et accessoires. J'insiste sur «un coin» de la table parce que le reste était habituellement couvert des papiers de mon père classés selon le système vertical qu'il privilégiait. Ainsi, il savait où tout se trouvait, comme Harold «Bisson-ay», le personnage de W.C. Fields dans *It's a Gift* (*Une riche affaire*) qui conservait un système de «classement» semblable sur son bureau à cylindre : quand on lui demandait un document particulier, il plongeait sa main au milieu de la pile haute d'une soixantaine de centimètres et pigeait exactement celui qu'il fallait.

Sur notre «coin», nous construisions des appartements à demi-niveaux élaborés pour nos dames en papier au moyen de piles de livres reliés en cuir souple dorés sur tranche. Nous incorporions d'anciens appuie-livres en laiton et en marbre pour donner l'illusion de halls d'entrée évoquant les portails de tombes égyptiennes. La collection disparate de figurines de porcelaine de notre mère avait aussi sa place dans les maisons de rêve de nos poupées. Nous en faisions des sculptures autour desquelles évoluaient nos personnages au fil de leurs multiples activités sociales et de leurs visites dans leurs appartements respectifs. Kate et moi parlions pour nos poupées : « Voudriez-vous une tasse de thé, mademoiselle ? » « Bien sûr, merci mademoiselle. C'était charmant ! » Nos badinages de filles distinguées se superposaient aux jurons de notre mère s'escrimant avec la machine à laver Bendix qui avait la mauvaise habitude de déborder dans la cuisine.

Toutefois, Kate, Nina, Judy et moi préférions jouer dehors. Un marécage boueux longeait l'arrière de nos maisons du côté ouest de la rue Lanning. Au milieu coulait un ruisseau, provenant d'un petit lac au nord, jusqu'à un caniveau sous le chemin du lac Millette au sud avant de se jeter dans le Grand Ruisseau, la rivière à l'eau dorée et au fond sablonneux au pied des pentes de ski. Les garçons du village y pêchaient la truite mouchetée. À l'endroit où le ruisseau passait sous la route se trouvait une ancienne maison de ferme blanche en planches avec couvre-joint flanquée d'un saule immense dont les grosses branches pendaient au-dessus de l'eau. Au début mai, une profusion de renoncules des marais jaunes apparaissaient comme par magie sur les berges, juste à temps pour nous permettre de faire de beaux bouquets pour la fête des Mères.

Nos voisins immédiats au nord, les garçons Booth, tous de bons scouts, ont aménagé des sentiers à travers le marais et leur ont donné des noms caractéristiques de leur topographie, comme le Vert (facile à parcourir et ombragé) et le Squelette (dense et périlleux). On y accédait par la cour arrière de nos maisons, en descendant vers le marécage, en enjambant le ruisseau puis en gravissant un talus jusqu'à un pré aux herbes hautes. À cet endroit se dressait une rustique cabane en bois rond et son balcon en surplomb qui appartenait à un homme au nom intrigant de « Suisse » Renaud. Nous avions l'impression de nous retrouver dans un décor de western hollywoodien qui ajoutait du réalisme à nos jeux. Nous passions des heures à jouer dans le bosquet de pins blancs immenses à côté, suspendus par les genoux à leurs branches épaisses. Kate était celle qui grimpait le plus haut. Elle nous défiait d'aller la rejoindre au sommet où elle était perchée, en équilibre précaire.

Il y avait un sentier sans nom directement derrière chez nous. Gaby nous y envoyait avec un seau et une pelle pour aller lui chercher de la boue noire au fond du petit cours d'eau afin d'enrichir la terre sablonneuse de son jardin de vivaces. Les Booth, qui jouaient souvent avec les deux petits McDowell qui habitaient de l'autre côté des Lavigueur, bâtissaient des forts le long des sentiers. Ils utilisaient de grosses branches pour la structure qu'ils recouvraient de rameaux de pin. C'était davantage un passe-temps de garçons, mais, lorsqu'ils n'étaient pas là, nous, les filles, nous y allions en cachette pour jouer avec une ou deux poupées. Nos «bébés» que nous trimballions dans l'ancien landau gris de Judy n'auraient pas été en sécurité en présence des garçons généralement armés d'arcs, de flèches et de couteaux Bowie qu'ils portaient à la taille dans une gaine de cuir.

Les garçons avaient aussi des *BB guns*, des fusils à plomb, et ils étaient connus pour tirer sur les oiseaux, ce qui attristait toujours les filles et enrageait Gaby. Nous avions la tâche d'inhumer les pauvres bêtes dans des boîtes d'allumettes Eddy (ma mère se fâchait quand nous les vidions de leur contenu) tapissées de pissenlits. Les tombes étaient marquées de croix faites de bâtons de Popsicle.

Il y avait une autre maison dans le pré: une cabane d'un étage, typique des Laurentides, où habitaient l'excentrique Buck Hughes et son vieux père. En hiver, nous, les filles, aimions jouer dans les hauts bancs de neige formés par les charrues et manger de la neige. Nous voyions souvent Buck. Il avait la réputation d'être un *ski bum*, un gars qui passait ses journées sur les pentes et ses soirées au bar. Ce mannequin des Laurentides à la peau bronzée était toujours élégant dans ses pantalons de golf aux genoux en velours côtelé, ses chaussettes scandinaves tricotées à la main, ses bottes de randonnée et son veston bleu en laine bouillie agrémenté d'un mouchoir rouge à pois blancs. Nous le croisions tous les après-midi sur Lanning, en route pour prendre l'apéro au Pub. Si Buck avait été un oiseau, il aurait été un geai bleu dont l'extravagance aurait été mise en valeur dans le paysage enneigé.

L'été, de nombreuses familles de la ville louaient des maisons au village, ce qui augmentait la population d'enfants. La maison des Aronson, aussi sur Lanning, se trouvait à proximité des rails du CN au bout de la rue, là où les trains remorqués par d'énormes locomotives à vapeur faisaient la navette entre Montréal et Montfort, Arundel et Huberdeau au nord-ouest. Ce qu'ils transportaient ne nous intéressait guère: leur seule utilité, pour nous, était d'écraser les pièces d'une cenne que nous laissions sur les rails. Dans la véranda entourée de moustiquaires des Aronson, il y avait toujours une partie de Monopoly en cours et une file de jeunes spéculateurs immobiliers impatients d'y prendre part. Madame Aronson, une brunette énergique, était pianiste accompagnatrice aux Grands Ballets Canadiens, la compagnie fondée à Montréal par l'immigrante russe Ludmilla Chiriaeff. Un été, madame Aronson nous a donné à chacune des chapeaux de paille, gracieuseté de son père, grossiste en chapeaux. À cette époque où les femmes devaient se couvrir la tête pour entrer dans une église catholique, les filles McGarrigle les portaient le dimanche pour aller à la messe.

Nous étions parmi les rares catholiques dans notre cercle d'amis. À l'époque, les groupes sociaux étaient en grande partie déterminés par la langue. Le samedi, la plupart des enfants allaient voir un film au cinéma Nordic, un édifice moderne en stuc blanc face à la gare. Après le tragique incendie du Laurier Palace à Montréal en 1927 où soixante-dix-huit enfants avaient péri, la ville avait voté un règlement interdisant l'accès au cinéma aux moins de seize ans. Heureusement, ce n'était pas le cas à Saint-Sauveur où tous étaient les bienvenus. Nous allions voir les films, même s'ils ne convenaient pas particulièrement aux enfants. Nous avons vu la filmographie de Gina Lollobrigida en entier, ou presque, parce que l'un des copropriétaires du cinéma avait le béguin pour elle. Quand on y pense, c'était une œuvre plutôt légère, comme ses petites blouses.

Kate, Nina, Judy et moi étions très proches, et notre amitié s'est poursuivie plus tard, à Montréal, lorsque Nina et Judy sont parties étudier à McGill en même temps que Kate. Pendant que je rédigeais ces lignes au début de 2014, notre amie Nina est morte tragiquement au Mexique, assassinée avec son compagnon lors du cambriolage de leur maison.

JANE: La famille Booth s'est installée sur la rue Lanning au début des années 1940. Ron et Gert Booth ont acheté la maison juste au nord de la nôtre. Ils n'avaient que des garçons: Ronnie, l'aîné, était un an plus jeune que moi, tandis que Sean et Wayne avaient sensiblement le même âge que Kate et Anna. Les Booth ne venaient que les fins de semaine avant de s'établir à Saint-Sauveur à l'année en 1950, à l'époque où est né leur quatrième fils, Dean.

J'ai commencé à jouer avec Ronnie peu après leur déménagement et nous avons été inséparables pendant presque dix ans. J'ai délaissé mes poupées pour jouer aux cow-boys et aux Indiens armée d'un pistolet Roy Rogers. Ronnie était Roy et moi, Dale Evans, l'épouse de Roy Rogers dans la vraie vie. Nous avons donné à nos vélos les noms des chevaux du couple : Trigger et Buttermilk.

Ronnie a eu l'idée de fonder le Club Daredevil. Nos réunions avaient lieu dans une cabane que monsieur Booth avait bâtie pour nous dans leur cour. Nos frères et sœurs ainsi que les enfants du voisinage venaient à l'occasion, mais Ronnie et moi étions les membres fondateurs du club : les chefs, c'étaient nous.

Ronnie était un enfant à l'imagination débordante. Nos chambres respectives se trouvaient vis-à-vis au deuxième étage sous les combles et le jeune bricoleur de sept ans avait installé des poulies sur nos deux maisons tout près de nos fenêtres afin que nous puissions nous transmettre des messages dans une boîte de conserve. Il pouvait s'agir de rapports d'espionnage ou d'indices sur un mystère que nous voulions élucider. Nous avons mis au point un système de communication au moyen de lampes de poche pour annoncer l'envoi d'un message auquel nous devions répondre.

L'été, nous allions à la pêche ou nous promener à vélo. Nous nagions dans un lac au bout du chemin, nous tirions au fusil à plomb sur des boîtes de conserve dans les collines, nous fabriquions de petits objets avec de l'écorce de bouleau. Après le souper, nous jouions au bonhomme pendu ou avec des lampes de poche pour déchiffrer les plans que nous nous dessinions dans la terre. Derrière chez nous, il y avait un marais sinistre envahi par la végétation, les serpents et les crapauds. Il nous terrorisait, mais nous fascinait comme un aimant attire la limaille. Quand nous jouions à la cachette, Ronnie allait toujours se réfugier dans le marais, ce qui m'obligeait à y aller seule et à démontrer mes qualités de vraie Daredevil. Les petits frères de Ronnie l'ont colonisé quelques années plus tard, mais c'était toujours aussi effrayant.

Quand il pleuvait, nous jouions parfois dans le garage des Booth. Sur le plancher de sable, nous construisions des villages et des routes pour nos petites voitures. Nous pouvions identifier toutes les marques et tous les modèles sur la route. Ce goût pour les voitures me vient de mon père. Un de ses premiers emplois, quand il était jeune, a été de donner des cours de conduite. À l'époque, les acheteurs d'automobile obtenaient leur permis de conduire chez les concessionnaires avant de partir au volant de leur nouvelle acquisition. Papa, lui, a probablement appris à conduire dans l'armée.

C'est par une de ces journées de pluie que Ronnie m'a expliqué les choses de la vie. Je pense que sa mère était enceinte de Dean et cela nous obsédait à l'époque. Voici la version de Ronnie : le père est une auto et la mère est le garage. Le père entre sa voiture dans le garage et, neuf mois plus tard, une auto bébé sort du garage. Le miracle de la vie, version General Motors.

Je pense que notre pire mauvais coup a été de faire le tour du voisinage à la nuit tombée en lançant contre les fenêtres un boulon attaché au bout d'une ficelle. Quelques minutes plus tard, notre victime se pointait à la fenêtre pour voir d'où provenait le bruit. Nous laissions au pauvre voisin le temps de retourner au confort de sa maison et *tap, tap, tap…* nous recommencions. Un jour, nous nous sommes « attaqués » à une vieille grincheuse qui avait coutume de nous engueuler quand nous prenions un raccourci en traversant sa propriété. Elle est décédée peu après et, pendant des années, je me suis demandé si nous n'avions pas hâté sa mort.

Nous jouions dehors jusqu'à l'heure du souper. Un jour d'hiver, Ronnie a eu l'idée de récupérer les billets de remontée des skieurs qui passaient devant chez nous. À l'époque, l'équipement était plus polyvalent qu'aujourd'hui (les bottes de cuir légères et les harnais pouvaient s'adapter au ski alpin ou au ski de fond) et la plupart des gens faisaient la navette entre les pentes et le village sur leurs planches. Un plan a pris forme. Nous nous sommes dit que nous pourrions réutiliser les billets si nous parvenions à décoder le système. Nous avons même songé à les revendre.

Les skieurs enfilaient la bande de papier résistant dans la dragonne de leur bâton de ski. La couleur variait chaque jour et pour chaque montagne. Nous avons facilement compris le système qui ne changeait pas d'une semaine à l'autre : le billet était rouge le mardi sur la Côte 69, jaune le jeudi sur la Côte 70 et ainsi de suite.

Au coucher du soleil et après l'arrêt des câbles de remontée et des fils-neige, nous attendions nos « clients » installés sur un banc de neige. Il y avait peu de monde en milieu de semaine, mais la circulation s'intensifiait les week-ends et les petits groupes de trois ou quatre personnes attendaient que nous prenions leurs billets. Bons joueurs, les skieurs nous remettaient leurs billets de la journée, mais acceptaient difficilement de nous acheter nos billets périmés. Nous avons donc abandonné cette partie de nos activités. Nous revoyions avec plaisir nos clients réguliers et je pense qu'eux aussi nous appréciaient. Ils nous faisaient un rapport sur les conditions des pistes, se plaignaient quand il y avait de la glace – il n'y avait pas d'enneigement artificiel à l'époque – et bavardaient avec nous quelques minutes avant de poursuivre leur route, probablement pour un grog d'après-ski. C'était une version « féérie d'hiver » du kiosque à limonade : deux enfants dans un fort de neige à la tombée de la nuit dans les Laurentides.

J'aimais beaucoup les parents de Ronnie et je les admirais. Ils étaient beaux et ils avaient de la classe et un style de vie élégant. Je ne me rappelle pas les avoir entendus élever la voix en s'adressant à leurs enfants ou à ceux des autres. La maison des Booth était peinte d'une jolie couleur marron. Elle comportait des détails soignés, notamment des fenêtres flanquées de volets blancs où étaient taillées des silhouettes de sapin, un motif typiquement laurentien. Ils avaient planté une haie de chèvrefeuille le long de leur terrain, mais, même sans elle, nul n'aurait pu confondre leur parterre manucuré avec notre cour mal entretenue. Il y avait à l'avant de leur maison une grande véranda où nous jouions parfois et, quand il faisait beau, monsieur Booth s'y asseyait au coucher du soleil, portant un veston léger et une chemise avec un ascot. Madame Booth arrivait vêtue d'une jolie robe, un cardigan sur les épaules, en portant un plateau avec quelques grands verres, probablement des Tom Collins, la boisson à la mode cet été-là. Puisque monsieur Booth travaillait dans le domaine des appareils électroménagers, son épouse avait les modèles les plus récents, notamment un appareil qui pouvait laver tant les vêtements que la vaisselle (mais pas en même temps). Cette invention nous émerveillait : à la maison, nous essuyions et lavions la vaisselle à tour de rôle et Gaby se débattait continuellement avec la vieille laveuse Bendix qui n'a jamais fonctionné adéquatement. Papa a fini par terminer l'aménagement de la maison au bout de quelques années, mais pendant un certain temps j'ai envié nos élégants voisins.

Quand Ronnie et moi avions dix et onze ans, Gert et Gaby ont élaboré un projet secret à notre insu. Il y a eu quelques conversations à voix basse et, un jour d'été, mon père nous a emmenées, maman et moi, au magasin à rayons Castonguay à Saint-Jérôme pour m'acheter une robe, ce qui m'a semblé inhabituel parce qu'il n'y avait aucune grande occasion en vue. Papa a laissé maman converser avec la vendeuse pendant que j'essayais des vêtements. Nous avons finalement choisi une jolie robe chemisier en coton glacé avec des rayures horizontales aux couleurs de la crème glacée napolitaine : vanille, fraise et chocolat. Ma mère m'a fait tourner sur moi-même devant le miroir et a manifesté son approbation en hochant la tête. Elle m'a fait un de ses plus beaux sourires énigmatiques et m'a dit : « Tu es sublime, ma chérie ! »

Les deux mères avaient conspiré pour m'organiser une *date* avec Ronnie. C'est la dernière chose qui nous serait venue à l'esprit. Elles voulaient que nous passions une belle soirée lors d'une danse organisée par le club de golf à l'auberge Nymark le samedi soir suivant.

Le jour de la fête, après souper, Ronnie est venu me chercher à la porte avant, tout chic dans son pantalon, sa chemise habillée et son veston. Un ami des Booth, qui était en visite ce jour-là, nous a emmenés en voiture. Bill était détective privé (bien entendu, les Booth étaient le genre de personne à avoir un ami aussi *cool*). Il conduisait une longue voiture grise équipée d'une sirène. Je pense qu'il avait siroté quelques Tom Collins de Gert plus tôt dans la journée parce qu'il a conduit très vite, la sirène hurlante. C'était une expérience excitante, entre une escorte policière et une poursuite à haute vitesse, et la foule réunie sur la terrasse a été estomaquée en voyant Ronnie et moi faire notre entrée. Nous avons pris place dans la salle à manger avec les grands, un Shirley Temple à la main, en écoutant l'orchestre, les yeux dans les yeux. C'était une nouvelle aventure pour les Daredevils. Nous avons dansé maladroitement à quelques reprises, puis nous sommes sortis, probablement pour mettre au point notre prochain mauvais coup. D'après mon souvenir, la partie de la soirée que nous avons préférée a été le transport.

L'initiative de Gaby et de Gert n'a pas porté fruit. Ronnie et moi avons été les meilleurs copains du monde jusqu'à l'adolescence. J'ai vieilli un peu plus vite que lui, comme c'est souvent le cas pour les filles, puis tout a changé. Je me suis fait d'autres amis à l'école et je crois qu'un garçon plus vieux a attiré mon regard. J'ai revu Ronnie il y a dix ans lors d'une grande fête organisée par les frères Booth au mont Habitant à Saint-Sauveur dont Dean est titulaire du bail et directeur général. Les aînés des garçons ont fait le voyage de la côte Ouest avec leurs familles et nous nous sommes beaucoup amusés. Nous avons revu des gens pour la première fois depuis des décennies. Ronnie et moi avons pu discuter pendant quelques heures et nous remémorer nos souvenirs d'enfance. La première chose qu'il m'a dite pendant que nous nous embrassions a été: «Tu te souviens quand nous allions dans le marais et que nous nous faisions des peurs?»

Le lac des Turcot

(ANNA)

Notre mère nous a enseigné à nager dans le petit lac derrière chez nous en nous soutenant la tête par le menton pendant que nous agitions les bras et les jambes. Rien ne la rendait plus heureuse que de se trouver dans l'eau ou à côté, mais notre père, qui a grandi près de la baie de Fundy, n'a jamais appris à nager et avait une peur bleue de l'eau, pour lui comme pour nous. Il possédait tout de même un maillot de bain, un vêtement en tissu gris satiné qu'il ne portait que lorsqu'il nous accompagnait à la plage, pour rencontrer les gens. On pouvait voir ses grosses varices gonflées sur la jambe gauche, ce qui nous gênait au plus haut point.

Ce lieu de baignade, ainsi que le marécage et la terre à l'autre extrémité, appartenait à un certain monsieur Turcot. La rive de ce petit lac était dominée par un pavillon bleu pâle en équilibre précaire sur de hauts piliers. Debout derrière le comptoir de son «palais des plaisirs», monsieur Turcot recueillait les frais d'entrée de cinq cents et vendait aux enfants du maïs soufflé rose et d'autres gâteries bon marché. Dans le pavillon se trouvait un *juke-box* où les ados et quelques adultes mettaient des pièces pour danser le *jitterbug* sur le plancher en bois franc. C'était une mine d'or, surtout qu'il n'y avait aucun secouriste à payer ni aucune norme de qualité de l'eau à respecter. Si on fait exception de la polio, la vie était belle dans le Canada du début des années 1950, juste avant l'ère du vaccin Salk… jusqu'à cet après-midi où un jeune garçon, qui participait au camp de jour du village, s'est noyé dans le lac. Après cette tragédie, la ville a condamné le lac et l'a fait vider. Le ruisseau a été dragué et élargi au moyen d'une rétrocaveuse pour drainer l'eau du lac rapidement.

Les garçons les plus vieux avaient rebaptisé «fleuve Congo» le ruisseau, dorénavant plus large. Le Congo devait défrayer l'actualité à l'époque, mais je doute que l'un d'entre nous ait su de quoi il s'agissait.

Ce n'était qu'une colonie où il arrivait toutes sortes de malheurs. Les garçons n'ont perdu aucune précieuse journée d'été et se sont mis sur-le-champ à construire un radeau étroit qui, espéraient-ils, leur permettrait de naviguer sur les flots turbulents du Congo. Nous avons tous participé à la construction pour pouvoir monter à bord de ce vaisseau, si on ose utiliser ce terme, une fois terminé. Ce n'était que quelques planches clouées ensemble (surmontées d'un mât, peut-être), mais, pour nous, il valait les plus beaux navires sortis du chantier naval Harland and Wolff.

Un été, madame Hinds a entrepris la rénovation d'une autre maison destinée à la location et les retailles de bois s'amoncelaient derrière leur garage. Il y en avait de tous les formats, qui nous ont fait imaginer des chaussures. Nous les avons classées par longueur et avons écrit la pointure sur chacune : 1, 2, 3, 4. On y dessinait même une boucle ou un bout ouvert. Nous avons joué au magasin de chaussures pendant quelques semaines, en étant tour à tour vendeuse et acheteuse.

Lors d'un autre jeu, nous avons passé de longues journées à tenter de trouver un remède contre le cancer en utilisant les vieilles épices de la cuisine de madame Hinds. Sa propre mère venait de succomber à cette maladie à l'âge de cinquante et un ans. Elle nous a donné des casseroles et des ustensiles, et a ouvert l'eau du tuyau d'arrosage pour nous permettre de faire différentes mixtures. Je me souviens de m'être consacrée à ce défi avec un grand sérieux et d'avoir testé nos potions sur nos poupées et nous-mêmes.

Édouard Côté et Catherine Bannon, les grands-parents de Gaby, vers la fin des années 1870. Originaire de Montréal, Édouard était tailleur. Catherine était une Canadienne de première génération, née avant la Confédération au sein d'une colonie irlandaise à Sainte-Marthe au Québec.

Notre grand-père, James McGarrigle, et sa mère, Rose Conway McGarrigle, au début des années 1880.

Notre grand-mère, Laury Côté, avec
sa sœur aînée Dora et son frère Percy
au début des années 1890. La mort de
l'oncle Percy à Passchendaele en 1917
nous hante encore. Comme tant de
soldats tombés au combat, son corps
est toujours enfoui dans la boue. Piètre
consolation : son nom est gravé sur
le mémorial de la Porte de Menin à
Ypres, en Belgique.

Laury Côté et sa mandoline vers 1894.
Nous nous rappelons avoir vu un piano
et une mandoline à dos bombé comme
celle-ci dans la maison à Sainte-Dorothée.

Trois générations de McGarrigle vers 1900 : notre arrière-grand-père Thomas, le petit Jim (frère aîné de Frank) et notre grand-père James.

Notre grand-mère Laury et quelques-uns de ses enfants en 1910 :
Eddy (debout), Myrtle, bébé Ruth sur les genoux de Laury et Gaby (notre mère).

Le soldat James McGarrigle (oncle Jimmy), durant la Première Guerre mondiale. Il a servi sous les drapeaux en France et a peut-être participé à la bataille de Passchendaele en Belgique. Il s'est noyé après être tombé d'un bateau à New York en 1939.

Ruth Latrémouille, la jeune sœur de Gaby, vers 1918. Morte à l'âge de vingt-quatre ans, elle avait une belle chevelure rousse.

Frank McGarrigle fait le pitre avec des amis à Saint-Sauveur au milieu des années 1930.

Gaby et Frank sur le voilier d'un ami vers 1935.

Frank McGarrigle et Gaby Latrémouille le jour de leurs noces, le 16 novembre 1935, à l'hôtel Windsor à Montréal.

Le patriarche : grand-papa Arthur Latrémouille sur le terrain
de la maison de convalescence Bussey à Dixie (Lachine) en 1943.

Gaby et Janie à Lachine en 1945. Janie, qui chevauche ici son premier bolide,
aime conduire depuis toujours.

Janie, Anna et Kate chez les Black à Sainte-Adèle en 1948. Nous allions souvent rendre visite à des amis après la messe du dimanche.

Les copains de Saint-Sauveur au milieu des années 1950 : Judy Hinds, le chien Gogerty, Kate, Sheilagh Byrnes, Nina Hinds et Anna.

Les garçons Booth – Wayne, Ronnie, Dean et Sean – avec Anna nu-pieds en 1951. Attention aux clous!

Anna, Gaby, Frank et Kate devant la façade nord de Frankenflynn vers 1954, la maison bâtie à Saint-Sauveur par Frank et le menuisier Flynn à partir de matériaux récupérés.

Une photo de notre mère que nous aimons vraiment beaucoup, vers 1956. Remarquez la première phase de la construction d'un chalet à droite.

Anna et Kate jouent dans la rue à Montréal en 1961 par temps froid (remarquez les gants de ski).

Dave et Janie Dow dans leur voiture sport, une MGA, à St. Andrew's
au Nouveau-Brunswick vers 1962.

Papa à la maison à Saint-Sauveur en 1962. Le jeu de cartes est un accessoire :
papa ne jouait pas parce que, selon lui, les gens se montrent sous leur pire jour
lorsqu'ils jouent. (Photo : Jack Nissenson.)

Anna en 1962, près de la rue Saint-Paul, juste au nord du marché Bonsecours, là où grand-papa Arthur achetait ses têtes de porc. Ce quartier est connu sous le nom de Vieux-Montréal depuis 1964. (Photo : Gail Kenney.)

Avec Dane Lanken, à Saint-Sauveur au milieu des années 1960, Anna est transportée de joie. On aperçoit à droite l'Austin Healey 3000 de Chris Weldon.

Projections lors d'un spectacle son et lumière présenté en novembre 1966 dans la salle de bal du pavillon Student Union à McGill. Le spectacle était inspiré par les voyages de Kate et de Dane sur la côte Ouest cette année-là. (Photo : Uffe Lanken.)

Rare photographie des Mountain City Four en spectacle au Moose Hall, à Montréal, en 1964.
On reconnaît, de gauche à droite, Kate, Jack Nissenson, Anna et Peter Weldon. (Photo : Brian Merrett.)

Anna entre deux trajets d'auto-stop, lors d'un voyage vers la côte Ouest avec Dane en 1967. Le paysage ressemble aux Prairies. (Photo : Dane Lanken.)

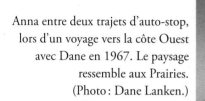

Kate et Chris Weldon, le visage taché de boue, après une balade en moto à Montréal vers 1967.

Philippe Tatartcheff à la fenêtre de son appartement vers 1968. Dans les années 1960, plusieurs de nos amis habitaient dans l'édifice Birmingham, maintenant démoli, à l'angle du boulevard De Maisonneuve et de la rue De Bleury: Deborah Adler, Dane et John Weldon.

Anna à la fenêtre du Birmingham. (Photo: Philippe Tatartcheff.)

Vie domestique

(JANE)

Même s'ils étaient consciencieux à leur façon, Frank et Gaby étaient des parents extrêmement non conventionnels. Comme ils croyaient à l'expression personnelle et au sens des responsabilités, ils m'ont accordé, durant six ou sept ans, une grande liberté pour une petite fille. Je parcourais la campagne et je faisais mes propres expériences. Dans ma plus tendre enfance, avant notre départ de la ville, ma mère s'inquiétait beaucoup pour moi, comme en témoignent des photos où on la voit penchée au-dessus de mon parc, portant un masque protecteur. Elle me transportait aussi de toute urgence au Children's Memorial Hospital sur la rue Guy pour me faire subir une radiographie quand elle remarquait l'absence d'un bouton ou d'une pince à cheveux, de crainte que je les aie avalés.

Pour être honnête, il faut que je parle ici de mes propres aptitudes parentales. Un jour, j'ai confié mon bébé de six mois à la préposée des toilettes des dames du restaurant Trader Vic's de San Francisco pendant que je lunchais avec un ami. Il y avait des circonstances atténuantes et ma chère fille Anna n'en a pas été traumatisée. Elle, par contre, ne se permettrait jamais de faire une chose pareille avec ses enfants.

La vie s'est beaucoup simplifiée dès notre arrivée à la campagne. Mon père était toujours près de nous. Il participait à notre éducation et en acceptait les conséquences. Nous avions conclu une entente : il me récompensait à l'occasion pour mon bon comportement ou mes bonnes notes à l'école en me permettant de « faire à ma tête ». Il se disait que je développerais mon sens des responsabilités et que j'apprendrais à prendre des décisions judicieuses. Faire comme bon je l'entendais voulait généralement dire que j'avais droit à un privilège comme aller au lit plus tard, jouer plus longtemps dehors le soir ou encore sauter une répétition de piano. La méthode d'éducation de mon père concordait avec la croyance catholique selon laquelle les enfants atteignent l'âge de raison et distinguent le bien du mal à sept ans. J'ai franchi ce seuil de force à six ans lorsque j'ai fait ma première communion, au cours de ma première année à Saint-Sauveur. Quand j'ai atteint l'adolescence, mon père a compris et s'est mis à me suivre en auto quand je sortais.

Papa : artiste du quotidien, amoureux des Maritimes

(ANNA)

Même si je rêvais d'avoir une longue crinière comme la princesse Raiponce, ma mère m'a obligée pendant des années à porter court mes cheveux raides et impossibles à coiffer, et c'est mon père qui me faisait ma coupe à la garçonne. Il était habile : après tout, son propre père avait été barbier avant de devenir projectionniste ambulant.

Papa était doué dans une foule de domaines. Il cousait à merveille, d'un point minutieux et régulier, mieux que nous les femmes de la maison. Il retournait lui-même les cols et les poignets de ses chemises, quand ils devenaient trop usés. Dessinateur habile maîtrisant les lois de la perspective, il traçait des plans d'immeubles au crayon avec suffisamment de minutie et de précision pour qu'un charpentier puisse les comprendre.

Fier de ses origines, papa aimait beaucoup d'aliments typiques de sa région natale et impossibles à trouver ailleurs. En automne, il se faisait livrer de Saint John des caisses de palourdes en conserve et de morue salée. Il transformait ces trésors de l'Atlantique en *chowders* et galettes de poisson habituellement servis avec des biscuits de mer plats et friables de chez Marven's, une entreprise du Nouveau-Brunswick. Frank buvait aussi du thé, mais pas n'importe lequel : il fallait que ce soit du Red Rose, une autre marque de sa province natale qui a été vendue à Lipton dans les années 1970. Mais il ne buvait pas que du thé : la plupart du temps, il l'agrémentait d'un trait de rhum Demerara, la ration du marin pour ce navigateur embarqué sur le grand vaisseau terrestre. « C'est ce qui me tient en vie », nous disait-il. Et nous le croyions. Quand il était seul, il se sustentait en mangeant des biscuits soda Christie non salés garnis de fromage – du vieux cheddar local ou un bleu L'Ermite de l'abbaye bénédictine de Saint-Benoît-du-Lac – debout, appuyé au comptoir de la cuisine.

Pour déjeuner, papa nous préparait généralement un œuf mollet dans un coquetier surmonté d'une cuillerée de beurre et généreusement poivré, accompagné d'une rôtie coupée en minces bandes qu'il appelait des «doigts» et que l'on trempait dans le jaune coulant. Aujourd'hui encore, je mets trop de poivre sur tout ce que je mange, particulièrement la chaudrée de poisson que je prépare chaque semaine, et je ne bois que du thé orange pekoe King Cole de la marque Barbour's, originaire de Sussex au Nouveau-Brunswick.

Spectacle amateur

JANE: Notre père a toujours adoré la musique. Seule une personne vivant avec lui pouvait saisir pleinement l'ampleur de sa passion. Notre oncle Earl «Chick» Latrémouille, qui habitait l'appartement sous le nôtre à Montréal dans les années 1940, a raconté à Kate, soixante ans plus tard, comment ça se passait chez les McGarrigle. Voici ce que Kate avait noté:

> Tu vois, il devait être au Ferry Command à neuf heures le matin, et je l'entendais jouer du piano jusqu'à moins cinq. À cinq heures de l'après-midi, à son retour à la maison, il s'asseyait au piano jusqu'à ce que tout le monde soit couché. C'est à minuit que la musique s'arrêtait. Ensuite, j'entendais tomber un soulier, puis le deuxième, et tout restait calme jusqu'au lendemain matin. Jour après jour, et puis les fins de semaine, je te dis Kitty Kate, les fins de semaine…

À l'époque, si on en croit oncle Chick – et il n'y a aucune raison de douter de lui –, papa était au piano *du matin au soir*. Kate ignorait si cette situation plaisait à oncle Chick et à tante Hélène, ou bien si cela les énervait. Espérons que ça leur plaisait… Chick aussi aimait la musique et chantait volontiers lors des fêtes, mais le fait d'entendre papa jouer «sans relâche» (comme le disait Kate) au-dessus de leurs têtes était peut-être excessif, même pour des mélomanes.

Puisque papa ne lisait pas la musique, il jouait à l'oreille des chansons qu'il connaissait, il en travaillait de nouvelles et il improvisait des mélodies. J'ai l'impression que la musique était une consolation pour lui et qu'elle l'a aidé à remplir le grand vide que lui a laissé son enfance chaotique. Et je pense que ma mère le comprenait: elle se plaignait d'un tas de choses, mais jamais de la musique de Frank.

Nos pauvres oncle et tante se sont retrouvés encore plus envahis par la musique. Mes parents m'ont acheté un petit piano jouet quand j'avais deux ou trois ans, mais je m'intéressais davantage à l'instrument de mon père. Ravi, il a engagé une immigrante polonaise, madame Landoska, qui venait me donner des leçons à la maison à Lachine. Je ne me rappelle pas grand-chose à l'exception de sa chevelure couleur de feu et du fait qu'elle m'encourageait à inventer mes propres chansons. *Up Jump the Pigs* (Les cochons bondissent) a été l'une de mes premières compositions. Mes parents m'ont trouvée géniale.

Kate, Anna et moi avons suivi des leçons de musique à l'école Marie-Rose dès la première année. Les religieuses qui nous enseignaient le piano et le solfège étaient d'une classe à part. Elles étaient toutes plutôt gentilles avec nous, et probablement heureuses d'avoir des élèves qui manifestaient un certain talent et que leurs parents obligeaient à répéter. Les leçons, qui s'ajoutaient au programme scolaire, étaient données par les sœurs des Saints Noms de Jésus et de Marie. Pour quatre dollars par mois, nous recevions deux cours par semaine, ce qui ramène à cinquante cents le coût d'une leçon privée d'une heure donnée par une professionnelle formée au conservatoire. La congrégation des Saints Noms était reconnue pour la qualité exceptionnelle de son programme de piano. Chaque année, nous passions les examens de musique à l'école Vincent-d'Indy de Montréal, un établissement renommé tenu par les religieuses et associé à leur maison mère à Outremont, qui fait maintenant partie de la Faculté de musique de l'Université de Montréal.

La maison de Saint-Sauveur a accueilli encore plus d'instruments. Quand j'avais environ sept ans, mon père est arrivé à la maison un jour avec un ukulélé à la main. Il m'a enseigné à chanter *In My Castle on the River Nile* en m'accompagnant de l'instrument. Il allait de soi que je devais jouer cette chanson devant la visite, tout comme je devais interpréter les morceaux de piano que j'avais appris à l'école ou par moi-même. Les gens me prenaient très au sérieux. J'adorais être l'objet de leur attention et j'attendais avec impatience toutes les occasions de faire ma fraîche. En 1955, j'ai réussi à apprendre toute seule à jouer *Let Me Go, Lover* qu'on entendait à tous les postes de radio et je l'ai ajoutée à mon répertoire.

Imaginez une ado de quatorze ans rondelette chantant à tue-tête : « Tu m'as fait pleurer, tu m'as poignardée, je ne dors plus, mon amour » à un public captif constitué des amis de ses parents. J'ai toujours eu droit à des applaudissements nourris et, à ma connaissance, personne ne riait, du moins pas en ma présence.

ANNA : En guise de bible de famille, nous avons la vieille guitare Gibson de notre père où étaient gravés les noms de ses amis et de ceux de Gaby. On y avait aussi inscrit des événements phares, comme « Billy and Betty Green, Fort William » (maintenant Thunder Bay) où ces amis intimes de nos parents avaient fait leur voyage de noces. Plus tard, Janie a poursuivi la tradition : elle a gravé sur la surface d'épicéa tendre les noms de ses amis, puis a noté avec enthousiasme à l'arrière de l'instrument en grosses lettres de cinq centimètres le nom d'un nouveau venu : ELVIS. Il ne restait plus beaucoup d'espace libre sur la guitare lorsqu'est venu le temps pour Kate et moi d'ajouter les noms de nos amis ou musiciens préférés. J'ai tout de même réussi à graver le nom du guitariste Duane Eddy, mais en l'écrivant phonétiquement à la française : « DOUANE ». Je me suis trouvée vraiment idiote quand on m'a fait remarquer la faute et j'ai barré le *O*, ce qui a eu pour effet d'attirer encore plus l'attention sur ce souvenir de ma jeunesse parfois « mal épelée ».

C'est sur cet artefact malmené que notre père nous a enseigné nos trois premiers accords. Nous avons d'abord appris l'accord de *sol*, simplement exécuté en plaçant un doigt sur la corde de *mi* aigu vis-à-vis de la troisième frette et en grattant les quatre cordes les plus aiguës. Nos doigts n'étaient pas suffisamment longs pour atteindre les deux autres cordes qu'il faut relâcher pour obtenir un accord de *sol* complet : la corde de *mi* grave sur la troisième frette et le *la* sur la deuxième frette.

À un certain moment, notre père a trouvé un « banjulélé » ou « banjolélé », un croisement entre un banjo et un ukulélé muni d'une membrane en cuir et de quatre cordes. Cet instrument compact et agréable pour les enfants a disparu de la maison il y a bien longtemps. Un grand nombre de biens de mon père pas mal plus intéressants ont disparu au fil des ans, mais, à cause de l'encombrement, personne ne remarquait leur absence avant qu'il ne soit trop tard pour faire quoi que ce soit.

JANE: Mon père avait offert le piano Chickering, que nous avions déménagé de Lachine à Saint-Sauveur, au pasteur d'une paroisse pauvre du nord du Québec, victime de la tuberculose, qu'il avait connu à l'hôpital des vétérans de Saint-Hyacinthe. Papa avait l'esprit généreux. Cet instrument a été remplacé par un Steinway des années 1880 qui, étonnamment, maintient son accordage au *la* 440 à moins qu'on en joue avec beaucoup de force (Rufus Wainwright, c'est à toi que je parle!). Au Steinway, à l'harmonium, à la guitare, au ukulélé et au banjolélé, mon père a ajouté un accordéon-piano et une cithare. L'accordéon appartenait à Alan, un Britannique que papa avait rencontré un soir au Pub et à qui il avait offert l'hospitalité parce qu'il n'avait nulle part où passer la nuit. Lorsque je suis partie pour l'école le lendemain matin, Alan dormait encore et, quand je suis rentrée dans l'après-midi, il était assis sur une chaise et jouait de son instrument la cigarette au bec, au milieu d'un nuage de fumée. Cet homme maigre à la tignasse rousse était un type romantique à la voix douce qui s'évadait dans sa musique. Comme ma mère ne voulait pas le garder à coucher une deuxième nuit, papa lui a prêté de l'argent et l'a raccompagné au village en voiture. Pauvre Alan! Quand je pense à lui, j'imagine que mon père l'a accompagné aux limites du village, où il a pris un autobus pour nulle part. Il nous a laissé son accordéon et on ne l'a plus jamais revu.

Nous avons acheté la cithare quelques années après la sortie en 1949 du film noir *Le troisième homme*. Le *Thème de Harry Lime* composé et interprété par Anton Karas a connu un énorme succès et a probablement suscité un intérêt de courte durée pour la cithare, ce qui explique la surabondance de ces instruments d'occasion par la suite. Ce n'est qu'une supposition, mais, connaissant mon père, il l'a achetée parce que c'était une bonne affaire.

ANNA: La première chanson que papa nous a enseignée, c'était *Stand Up and Sing for Your Father an Old-Time Tune*:

> *Won't you stop all that nonsense you're singing*
> *Morning, Night and Noon*
> *For I'm tired of all your ditties of your Moon and spoon and June*
> *Won't you stand up and sing for your Father, an old-time tune.*

Cesse donc de chanter toutes ces niaiseries
Matin, midi et soir
J'en ai assez de tes chansonnettes, de la poulette brune qui a pondu dans
  la lune
Lève-toi donc et chante pour ton père, chante une chanson ancienne.

Debout sur le banc de piano de part et d'autre de notre père, Kate et moi chantions avec énergie comme l'exigeaient les paroles de la chanson.

Toutefois, c'est Janie qui nous a enseigné à chanter en harmonie. C'était avant Elvis, à l'ère où le palmarès regorgeait de succès interprétés par des trios féminins comme les Andrews et les McGuire Sisters. Et nous, les trois sœurs McGarrigle. Nos premiers efforts en harmonie à trois voix ont été *I Don't Wanna See You Crying*, la face B de *Mr. Sandman*, le grand succès des Chordettes lancé en 1954.

JANE: En plus d'avoir une belle voix, notre père faisait des harmonies vocales magnifiques – il pouvait adapter n'importe quelle chanson – et ses filles ont hérité de ce talent et de son oreille musicale. Nous pouvons reproduire une version acceptable d'une chanson entendue une seule fois sur n'importe lequel des instruments que nous connaissons et, comme lui, nous chantons naturellement en harmonie. C'est un drôle de petit gène qui peut avantager les chanteurs au talent moyen, mais échapper aux plus belles voix. Bien entendu, il y a de grands chanteurs qui peuvent aussi chanter des harmonies, mais ces deux aptitudes ne vont pas toujours de pair. Les chanteurs harmoniques peuvent snober les autres avec leur don. George Burns aimait dire qu'il n'adressait même pas la parole aux gens qui ne savaient pas chanter des harmonies.

J'ai commencé à avoir du plaisir avec la musique lors de mes études au pensionnat à Combermere en Ontario quand j'ai découvert la musique country, un genre qui se prête particulièrement bien au chant harmonique. Le couvent disposait d'une salle de récréation où nous nous réunissions après souper et les fins de semaine. Il y avait un gramophone à une extrémité de la pièce et un piano à l'autre. Nous nous sommes procuré, je ne me souviens trop comment, des soixante-dix-huit tours de grands succès du country. Comme un groupe ne pouvait monopoliser le gramophone durant toute la soirée, nous nous déplacions à l'autre extrémité de la salle. Trois ou quatre filles chantaient les chansons et je les accompagnais au piano.

Deux sœurs se partageaient la responsabilité de nous surveiller dans la salle de récréation : mère Bridget, une religieuse irlandaise grande et maigre qui avait les cils et les sourcils du blond vénitien le plus pâle, et mère Rita, une petite femme énergique de la Nouvelle-Angleterre. Étrangement, elles aimaient la musique country et favorisaient ouvertement notre petit groupe face aux amatrices de musique pop lorsqu'il était question de monopoliser le gramophone ou le piano. Nous écoutions les chansons de Webb Pierce, d'Eddy Arnold, des Hanks (Thompson, Williams et Snow) et de Porter Wagoner, en essayant de reproduire leurs façons de multiplier les harmonies. Mère Bridget, qui avait un penchant pour Wilf Carter (*There's a Love Knot in My Lariat*), nous pressait de jouer davantage de ses disques. Pendant des années, j'ai cru qu'il faisait partie de la célèbre famille Carter du sud des États-Unis, jusqu'à ce que des amis musiciens folk de San Francisco me corrigent dans les années 1960. En fait, Wilf venait de la Nouvelle-Écosse.

Je poursuivais mes activités musicales pendant les vacances scolaires. Quelques amis venaient à la maison les jours de pluie pour chanter autour du piano. Comme mes copains de Saint-Sauveur ne voulaient rien savoir du « hillbilly », comme ils disaient, notre répertoire se composait de musique pop plutôt que de country. Kate, Anna et moi interprétions avec papa des chansons de Stephen Foster et des hymnes appris à l'école. Un jour, j'ai enseigné à mes petites sœurs une chanson de Patti Page que j'avais répétée avec quelques amis et j'ai découvert que Kate et Anna apprenaient plus vite et chantaient mieux qu'eux. J'avais trouvé des complices chez moi.

Nous avons répété *I Don't Want to See You Crying* et *Cross Over the Bridge*, un grand succès de Patti Page de 1956. Je pense avoir essayé de leur faire chanter *Blackboard of My Heart* et d'autres chansons larmoyantes, mais elles n'ont jamais aimé la musique country autant que moi. Chanter est devenu un des passe-temps préférés de la famille et nos amis étaient toujours les bienvenus pour se joindre à nous.

Mes parents étaient au comble du bonheur lors de ces réunions musicales. Par contre, il s'est produit un incident cocasse un après-midi où mon amie Lise Dagenais était venue nous rendre visite. Nous répétions toutes les deux *Cheveux au vent* au piano, un succès des Sœurs Étienne de France datant de la fin des années 1940 que l'on a réentendu à la radio dans les années 1950. C'était une chanson innocente et inoffensive qui parlait simplement des joies de l'insouciance. Mon père, qui se trouvait sur la terrasse, nous entendait chanter par la fenêtre ouverte. Tout à coup, il s'est précipité dans le salon et nous a ordonné d'arrêter. Comme il était furieux, nous n'avons pas protesté et nous sommes simplement passées à une autre chanson. Plus tard, quand je lui ai demandé ce qui l'avait tant choqué, j'ai découvert que le problème n'était pas le thème de la chanson, mais sa connaissance approximative du français. Alors que nous chantions «cheveux au vent», il comprenait «je veux un *bum*». Ces deux bouts de phrase se ressemblent si on les prononce vite et la petite phrase «pom-pom-pom-pom» à la fin de chaque refrain se transformait en «*bum-bum-bum-bum*» à ses oreilles. C'était un gros malentendu et il n'a pas décoléré malgré mes explications.

Un jour, l'accordeur de piano, monsieur Menzies, a emmené son petit-fils Bobby Stefani pour nous le présenter. Bobby, qui aimait la musique autant que nous, passait l'été au village et, par la suite, il a souvent pris part à nos soirées musicales. Il avait mon âge. Eddie, son frère aîné, était un chanteur et pianiste talentueux, qui venait moins souvent à cause de son emploi d'été.

Au milieu de l'été 1958, le Nymark's Lodge a annoncé la tenue d'une soirée d'amateurs où les gagnants remporteraient «des prix de grande valeur». Je me suis inscrite avec Kate et Anna sans en parler à personne. J'étais certaine que nous remporterions le concours, quels que soient les concurrents. Mes parents, qui s'y opposaient au début, se sont ravisés quand ils ont appris que les frères Stefani s'étaient inscrits eux aussi. Que les meilleurs gagnent!

Mes sœurs et moi avons fouillé dans notre répertoire avant d'arrêter notre choix sur la chanson *Bon voyage*, un succès de Gloria Lasso à la radio française cette année-là. Nous la chantions à trois voix et je nous accompagnais au piano. C'était la chanson préférée de grand-papa Latrémouille, un homme du peuple. Impossible de nous tromper!

À la soirée, Bobby a interprété *Summertime* de George Gershwin, accompagné de son frère au piano et nous, comme prévu, avons chanté *Bon voyage*. La compétition était serrée, mais les applaudissements de la foule ont tranché en notre faveur. Les autres concurrents – un accordéoniste, une chanteuse et une danseuse à claquettes – étaient loin derrière nous. Mes sœurs et moi avons remporté un boléro blanc fait dans une matière qui se voulait de l'angora et un collier de «perles» du 5-10-15. Des années plus tard, quand mes sœurs ont commencé à se produire sur les grandes scènes du monde, je me suis arrogé le mérite d'avoir lancé leur carrière. Et, en 1998, nous avons enregistré *Bon voyage*, interprété de la même façon qu'au Nymark's Lodge, pour l'album *The McGarrigle Hour* avec les autres chansons préférées d'hier et d'aujourd'hui de mes sœurs.

Plaisir de lire

JANE: Nos parents improvisaient beaucoup de travaux scolaires avec nous. Nous n'avions pas besoin de leur aide pour les devoirs, mais ils déployaient passablement d'efforts pour équilibrer et enrichir ce qu'on nous enseignait en classe. Nous possédons encore l'édition 1904 de l'*Encyclopedia Americana* que mon père avait trouvée lors d'une tournée des magasins d'occasion et nous la consultons souvent pour obtenir des renseignements fiables en géographie et en histoire, pourvu que le sujet soit antérieur à 1904. Si quelqu'un abordait un thème qui nous était moins familier au souper ou à l'heure des devoirs, papa prenait le volume adéquat et nous le lisions ensemble pour en apprendre davantage. Nous avons consulté l'encyclopédie si souvent au fil des ans que la récitation des titres des volumes est devenue un truc familial : *A-Ata, Ata-Bou, Bou-Con, Con-Doy, Doy-Fla...* Anna croit que nous pourrions écrire une chanson à partir de cette suite de syllabes incongrues.

Certains de nos manuels scolaires étaient aussi dépassés que notre encyclopédie. Les religieuses nous enseignaient avec ce qu'elles avaient sous la main et je me rappelle avoir appris comment couper la mèche d'une lampe à l'huile à la même époque où nous avons découvert la télévision. Ce savoir provenant de notre vieux livre d'arts ménagers s'est tout de même avéré utile lors des pannes de courant.

Nos parents, de grands lecteurs, nous ont transmis très tôt le goût des livres. Ils étaient instruits même s'ils n'avaient pas fréquenté l'université, et accordaient une grande valeur à l'éducation et au fait d'être bien informé. Ils nous ont fait comprendre que la lecture était amusante, particulièrement papa qui avait un talent naturel pour le théâtre et prenait plaisir à interpréter chacun des personnages quand il nous lisait une histoire.

Mon père aimait aussi nous lire un article de journal ou un passage de livre qui l'intéressait, particulièrement *Illustrated Stories* de

Cassell, une publication réunissant des textes populaires de l'ère victorienne. Ce livre énorme – il mesure quarante centimètres sur vingt-cinq et pèse plus de quatre kilos – se trouve encore dans notre bibliothèque. Un de nos textes préférés puisés dans cet ouvrage est un poème de John Greenleaf Whittier au sujet de Barbara Frietchie, une héroïne de la guerre de Sécession qui a tenu tête aux soldats rebelles à Frederick, au Maryland, en brandissant le drapeau unioniste devant eux. Papa aimait particulièrement deux passages qu'il nous récitait avec son talent inné et son sens du drame en incarnant les personnages principaux :

"Shoot, if you must, this old gray head
But spare your country's flag," she said.

« Tirez, s'il le faut, sur cette tête aux cheveux gris
Mais épargnez le drapeau de votre pays », dit-elle.

L'histoire se poursuit pendant quelques strophes jusqu'à l'intervention du commandant :

"Who touches a hair on yon gray head
Dies like a dog! March on!" he said.

Celui qui touchera aux cheveux grisonnants
Mourra comme un chien, dit-il. Allez, en avant ! »

Émouvant, et nous adorions.

Je lis encore beaucoup et j'ai récemment cédé, à contrecœur, à l'attrait des livres électroniques. La route est longue de Cassell à Kindle, mais j'ai fini par franchir le pas.

Je me souviens, quand j'étais petite, que mon père entrait dans ma chambre après sa journée de travail au Ferry Command à Montréal, toujours en complet, et allumait ma lampe pour me lire *Teenie Weenies*, une bande dessinée hebdomadaire. Il s'agissait d'une colonie de petites personnes qui menaient une vie secrète au milieu des gens normaux en prenant soin de ne pas se faire écraser. Inventifs et débrouillards, ils vivaient dans un vieux soulier sous un rosier et transformaient les objets du monde réel : une vieille boîte de conserve, une cuiller, un couvercle, une tasse de thé ou un crayon. Les Teenie Weenies réutilisaient avec ingéniosité presque tous les objets qu'ils trouvaient. Ils étaient en quelque sorte les premiers recycleurs.

Les illustrations de couleurs vives étaient magnifiquement exécutées. Chaque épisode comportait une seule grande illustration au-dessus d'un texte. Certains personnages portaient des noms, mais on distinguait la plupart par leur occupation ou leur particularité : The Cook, The Sailor, The Doctor, The Old Soldier with a Wooden Leg (le Cuisinier, le Marin, le Médecin et le Vieux Soldat à la jambe de bois). Les noms de quelques personnages – The Dunce, The Chinaman et The Coloured Man (le Cancre, le Chinois et le Noir) – seraient inacceptables aujourd'hui, c'est le moins qu'on puisse dire, et leur présence dans une bande dessinée serait passible de poursuite, mais ces personnages, tous forts et vivants, stimulaient mon imagination. Certains soirs, mon père venait dans ma chambre très tard, de toute évidence après une soirée, mais il manquait rarement notre rendez-vous pour lire les *Teenie Weenies*.

Le premier livre pour enfants qui m'a vraiment accrochée s'intitulait, si je me souviens bien, *Little Timmy Chick*. Timmy était une jeune créature qui, un jour, emballe ses vêtements dans un mouchoir et quitte sa basse-cour. Je pense que c'est Mary Carroll, une dame qui habitait chez nous pendant la guerre, qui me l'avait offert pour mon troisième anniversaire. Mary me lisait l'histoire quelques fois par jour en suivant chaque mot avec son doigt. J'ai rapidement été capable de la lire toute seule – je ne sais pas si je l'ai mémorisée ou si j'ai vraiment appris à lire les mots simples – et ce livre est tout de suite devenu mon préféré.

Je me reconnaissais dans Timmy Chick et son goût de l'aventure, même si son histoire est un conte moral. Ma mère m'a donné un vieux fichu pour jouer. Je m'amusais à l'étendre sur le plancher puis à y déposer mes vêtements préférés pour m'exercer à tout attacher dans un ballot. Je le faisais presque quotidiennement et, un beau jour, j'ai pris mon paquet, je suis sortie de la maison et je me suis dirigée sur le boulevard Saint-Joseph, à Lachine, jusqu'à l'arrêt de tramway au coin. J'avais probablement soigneusement planifié mon escapade parce que maman et Mary me surveillaient généralement de près. Quoi qu'il en soit, j'étais pleine de ressources et j'avais réussi à échapper à leur surveillance. J'avais trouvé un billet périmé au fond d'un vieux sac à main et je l'ai présenté en montant dans le tramway à l'angle de la 42ᵉ Avenue. Le chauffeur s'est fâché et a menacé d'appeler la police. Il a fermé les portes devant moi et m'a laissée seule sur le trottoir, perplexe et affolée. Au même moment, ma mère courait dans la rue en m'appelant. Je pense que Mary se trouvait de l'autre côté du boulevard, au bord du lac Saint-Louis, où un petit garçon s'était noyé l'été précédent. J'ai dû leur donner une de ces frousses parce qu'on ne m'a plus laissée seule pendant un long moment.

Je n'ai jamais arrêté de lire à partir du moment où j'ai appris. Comme nous allions à l'école française, nos parents nous encourageaient à bouquiner en anglais autant que nous le voulions et tout ce que nous voulions. Je lisais donc beaucoup de livres en anglais dans mes temps libres. *Robin Hollow* et *Anne of Green Gables* (*Anne... la maison aux pignons verts*), deux de mes premières lectures, convenaient aux enfants. D'autres non, mais je les lisais quand même et je consultais le gros dictionnaire *Webster's* quand le sens d'un mot m'échappait, ce qui arrivait souvent. J'ai lu *Good Night, Sweet Prince* de Gene Fowler, une biographie de l'acteur John Barrymore. Je n'avais que onze ou douze ans et je suis tombée vaguement amoureuse de cet homme d'une beauté frappante, mais souffrant d'une grave dépendance à l'alcool qui avait entraîné sa mort à soixante ans, dix ans plus tôt. John Barrymore, sa sœur Ethel et son frère Lionel étaient de véritables dieux de la scène et du grand écran, une tradition perpétuée par la petite-fille de John, Drew Barrymore. Le livre comportait de nombreuses photos et je remarquais une forte ressemblance entre le grand acteur et mon père. Je voyais aussi un parallèle entre leurs habitudes de bons vivants, bien que papa ne soit jamais tombé dans la déchéance, contrairement à Barrymore. J'étais à la fois fascinée et horrifiée par l'emprise de l'alcool sur le grand acteur et ses ravages sur sa santé et sa carrière. J'ai lu et relu sa biographie en souhaitant chaque fois que la fin change, sans succès. J'ai porté le deuil de John Barrymore.

Un autre de mes livres préférés était *Jack Sheppard*, un roman de William Harrison Ainsworth, qui se déroule à Londres au dix-huitième siècle, dans lequel la pauvre mère imbibée de gin du héros se retrouve dans une maison de correction. Comme de nombreux livres sur les étagères de la maison familiale, ils avaient probablement été élagués de la bibliothèque Atwater à Montréal.

Mes lectures ne concernaient pas toutes des alcooliques. Ma mère m'a fait lire les histoires de Morley Callaghan et les romans de Thomas B. Costain, à commencer par *Son of a Hundred Kings* qui m'a particulièrement plu. Elle m'a ensuite offert *Brideshead Revisited* (*Retour à Brideshead*) d'Evelyn Waugh, qui lui avait été donné par une amie religieuse. La clique catholique à l'œuvre.

Gaby nous a abonnés à la série de livres condensés du Reader's Digest dès le lancement de cette collection. Il y avait probablement un livre remis en prime et ma mère adorait faire une bonne affaire. La facture a fini par arriver, mais elle l'a ignorée, ne croyant pas que c'était urgent. La pile d'avis de réclamation a subi le même sort. Un jour, mon père a reçu un appel à propos d'une facture en souffrance. Après une discussion animée, il a raccroché au nez du type et a envoyé illico au président de Reader's Digest un télégramme qui n'y allait pas de main morte : « IL EST VEXANT DE SE FAIRE MALMENER PAR UN REPRÉSENTANT APPELÉ "BLAIREAU*". » Il continuait en critiquant l'entreprise pour ses « versions émasculées » des œuvres d'autrui. J'ignore si la fameuse facture a été réglée. Reader's Digest a peut-être simplement rayé la dette en jugeant que ce mauvais payeur causait trop de problèmes. En passant : en écrivant ce dernier passage, j'ai demandé à Anna, assise face à moi, si je devais expliquer ce qu'étaient les livres condensés.

La réponse d'Anna : « Ajouter de l'eau. »

ANNA : Kate et moi ne lisions pas autant que notre sœur qui dévorait la pile de livres élagués de la bibliothèque appartenant à notre père. Contrairement à Jane, qui a appris à lire en anglais toute petite, je ne savais pas lire en entrant en première année à cinq ans. Le français a donc été la première langue que j'ai apprise à écrire et c'était probablement le cas pour Kate aussi. Nous avions toutes les deux nos livres préférés que nos parents nous lisaient à répétition : *Nouveaux contes de fées* de la comtesse de Ségur, magnifiquement illustré dans le style

---

* NDT : Le pauvre homme s'appelait M. Badger, ce qui signifie effectivement « blaireau ».

Art nouveau, et quelques livres de Raggedy Ann et Andy aux pages cornées. Plus tard, nous avons pigé trois livres sur les étagères : une ancienne édition illustrée de *Trilby* de George du Maurier (qui a aussi été adapté en trois films muets), l'histoire d'une jeune et jolie modèle d'artistes à Paris qui apprend à chanter avec Svengali, un manipulateur méchant qui contrôle son esprit, malgré le fait qu'elle n'a aucun talent pour la musique. Il y avait aussi *L'homme qui rit* de Victor Hugo, l'histoire d'un enfant de la rue qui arbore un sourire hideux après avoir été atrocement défiguré par des gitans et de la petite orpheline qu'il trouve au sein de sa mère morte, qui deviendra sa pupille et, plus tard, son amour. Enfin, il y avait *Une tête de chien* de Jean Dutourd, une satire sur les injustices que doit subir un jeune homme de la classe moyenne supérieure né par malheur avec une tête d'épagneul. Ses compagnons cruels l'entraînent à aller chercher les journaux et il doit constamment réprimer son envie naturelle de pourchasser les chiennes.

À un moment donné, notre mère s'est probablement rendu compte qu'il y avait une pénurie de livres convenant aux jeunes filles dans notre bibliothèque. Elle a donc commandé chez Eaton une boîte de classiques de la littérature. Il y avait notamment *Pilgrim's Progress* (*Le voyage du pèlerin*) de John Bunyan, *The Shrimp and the Anemone* (*La crevette et l'anémone*) de L.P. Hartley et *Tom Sawyer* de Mark Twain. Kate et moi étions contentes de recevoir ces livres, mais nous ne les avons pas dévorés pour autant. Nous avons préféré recouvrir nos bouquins tout neufs de papier kraft, comme nous le faisions pour nos manuels scolaires, et leur attribuer des numéros comme dans les bibliothèques avant de les ranger sur nos étagères. Ils y sont toujours, et n'ont jamais été ouverts. Il était peut-être trop tard pour nous inculquer des habitudes de lecture. De toute façon, si notre mère nous avait vues en train de lire, elle nous aurait probablement dit : « Qu'est-ce que vous faites en dedans ? » Nous étions des enfants qui jouaient dehors, et je crois qu'il n'y avait aucun rat de bibliothèque dans notre groupe d'amis, du moins pas jusqu'au milieu de l'adolescence et notre retour en ville.

Quand Kate avait environ quatorze ans, un professeur à la retraite qui passait l'été dans l'un de nos chalets lui a donné un exemplaire de *Tess of the d'Urbervilles* (*Tess d'Urberville*) de Thomas Hardy.

Elle a mis pas mal de temps à le lire au complet, mais ce roman a eu une influence marquante sur elle. Plus tard, elle m'a dit qu'elle choisirait sans hésiter Hardy plutôt que Dickens qu'elle avait dû lire pour un cours à McGill. Moi aussi, je suis devenue une grande fan de Thomas Hardy quand Dane Lanken (que j'ai épousé par la suite) m'a offert son exemplaire de *The Mayor of Casterbridge* (*Le maire de Casterbridge*) pour lire lors d'un long voyage en train. Il m'avait prévenue que je serais en larmes à telle page. C'est ce qui est arrivé. Kate aimait aussi beaucoup *Le Grand Meaulnes* d'Alain-Fournier qu'elle recommandait à tout le monde depuis qu'elle l'avait lu dans un cours de littérature française à McGill.

Nous avons rattrapé le temps perdu à la fin de l'adolescence et au début de l'âge adulte. Pendant mes études aux Beaux-Arts, j'étais abonnée à la bibliothèque de Montréal, le magnifique édifice néoclassique aux colonnes de marbre face au parc La Fontaine, où j'ai découvert Dostoïevski et Gogol dans la traduction anglaise de Constance Garnett, qui n'est plus la référence comme autrefois. Je crois que c'est Joseph Brodsky qui a déclaré que, lorsqu'on lit ses traductions de Tolstoï et de Dostoïevski, on ne parvient pas à les distinguer parce qu'en fait on lit du Constance Garnett. Les Anglo-Montréalais avaient la chance de pouvoir s'approvisionner à la merveilleuse librairie Classics sur Sainte-Catherine Ouest, qui avait en stock les chefs-d'œuvre de la littérature mondiale, dont bon nombre étaient publiés aux éditions Penguin.

Frankenflynn

(ANNA)

Certaines personnes admirent la maison de Saint-Sauveur-des-Monts où j'ai grandi avec mes sœurs. Elle a été conçue par Frank et construite par le charpentier Flynn qui, selon ma mère, n'a jamais respiré en étant sobre. Quoi qu'il en soit, on a l'impression qu'ils l'ont bâtie en improvisant au fur et à mesure. C'est probablement ce qui lui donne son charme actuel, mais ça n'a pas toujours été le cas et il a fallu beaucoup de temps pour qu'elle devienne charmante, cette maison.

À la fin de la guerre, Frank possédait un terrain double dans le village, là où se trouvait autrefois un terrain de golf. La maison qu'il a choisi de bâtir pour sa famille était une imitation de ferme québécoise, semblable aux petites habitations de villages dans les tableaux de Clarence Gagnon ou d'A.Y. Jackson qui étaient très populaires auprès des gens qui s'établissaient dans les Laurentides durant l'après-guerre.

Notre maison d'un étage et demi en planches avec couvre-joints est blanche avec des moulures rouges et possède un toit à pignon avec larmier. Sur la façade, flanquée de deux fenêtres trois-quarts à la française, la porte rouge massive est dotée d'une petite grille en fer forgé qui donne à la maison l'allure d'un confessionnal. La porte est intentionnellement décentrée : ce n'est pas le résultat d'un calcul erroné malgré l'état d'ébriété habituel du menuisier. Une immense cheminée en pierres trône au milieu du salon aux murs lambrissés de pin noueux. La plupart des meubles sont des antiquités. Ce qui était une antiquité pour mon père était une vieillerie pour ma mère.

Petite, je n'étais pas encore en mesure d'apprécier le charme naissant de notre maison. Ma mère se plaignait constamment de la disposition des armoires ou de l'absence de comptoirs dans la petite cuisine et se demandait sans cesse pourquoi ce n'étaient pas les femmes qui concevaient leurs cuisines puisque c'étaient elles qui y passaient leur vie. Elle avait particulièrement dédain du linoléum noir et brun sur le plancher qu'elle qualifiait de *shitbrindle*, « moucheté de merde ». Nous éclations tous de rire quand elle prononçait ce mot. « Jésus » et « merde » étaient les deux seuls jurons qui sortaient de sa bouche.

La maison a été une œuvre en gestation pendant de nombreuses années. Un de mes premiers souvenirs, c'est la vue épouvantable de notre cour gâchée par des piles désordonnées de surplus de l'armée, de vieilles portes et fenêtres et de rebuts de bois récupérés après la démolition d'édifices fédéraux. Ces tas de matériaux étaient protégés des éléments par de mornes toiles cirées brunes, ce qui rendait notre propriété encore plus lugubre. On ne peut pas s'empêcher de penser aux sinistres « fermes de corps » utilisées pour la recherche en anthropologie judiciaire.

Ce que j'ignorais à l'époque, c'est que mon père incorporait peu à peu ces matériaux dans notre maison. Un peu trop lentement de l'avis de ma mère qui était plutôt impatiente de nature. Frank, qui manquait constamment d'argent, recyclait par nécessité, bien longtemps avant l'avènement des Home Depot où il aurait adoré faire ses achats.

Notre cour était un champ de mines où le gazon mal entretenu cachait de vieilles planches traversées de clous rouillés. L'été, les McGarrigle mère et filles se promenaient nu-pieds. Presque quotidiennement, une de nous marchait sur un clou rouillé et nous appelions notre père en criant pour qu'il vienne l'arracher. Un jour, un de ces longs clous de douze centimètres a complètement transpercé le pied de ma pauvre mère de bord en bord. Quelles injures elle a lancées… Ces incidents fréquents ont permis à Frank, qui avait été ambulancier pendant la Première Guerre mondiale, de mettre en pratique ses obscures connaissances en médecine de combat. Généralement, son traitement consistait à faire tremper le membre blessé dans de l'eau fraîchement bouillie avec du sel, ou bien dans de l'eau de Javel Fyon si la gravité de la blessure le justifiait. Par contre, si papa craignait une infection, il appliquait un cataplasme de pain rassis trempé dans du lait chaud pour faire sortir le « poison ». Un pain perdu holistique, si on veut. Il aspergeait ensuite la blessure de teinture d'iode, ce qui faisait souffrir encore davantage la patiente.

Nous l'implorions d'utiliser du mercurochrome qui ne brûlait pas, comme chez nos amis, mais Frank refusait d'en avoir à la maison. Pour guérir, selon lui, il fallait que ça fasse mal. Après tout, la vie est un combat. Quand nous étions petites, ma mère nous disait souvent en criant de « marier un docteur ». Pourquoi avions-nous besoin d'un médecin quand nous avions papa ? Il n'a perdu aucun patient, contrairement à son médecin personnel, un merveilleux pneumologue, qui a été arrêté un jour alors qu'il transportait le cadavre d'une femme dans le coffre de sa voiture. Il pratiquait des avortements clandestins pour arrondir ses fins de mois et elle avait succombé pendant l'intervention... C'était malheureux sous tous les points de vue.

Il y avait, caché sous une des toiles cirées, un précieux objet pour nous les filles. Quand nos amis se vantaient de leur nouvelle carabine à air comprimé ou d'un paréo de Tahiti, nous pouvions toujours nous fier à cette curiosité. Nous leur disions, en soulevant un coin de la toile : « Vous voulez voir notre léopard ? » Même dans son état de décomposition avancé, notre vieille carpette miteuse en peau de félin avait encore le pouvoir de terrifier les petits avec ses crocs acérés et ses grands yeux ronds en verre vert. Mon père l'avait reçu d'un ami qui était stationné en Birmanie entre les deux guerres. Janie se souvient de l'avoir vu dans l'appartement de Lachine, mais il ne s'est jamais rendu dans la nouvelle maison et il a fini par se désintégrer. Il ne restait que ses yeux verts que Kate et moi avons utilisés dans nos jeux : ils nous ont servi de boules de cristal pour nos poupées ou d'organes pour nos « transplantations ». Nos poupées, comme nos pieds, étaient passablement en mauvais état et avaient besoin de tous les soins que nous pouvions leur prodiguer. J'ai dû enterrer une des miennes quand sa petite tête bourrée de sciure de bois est tombée en pourriture.

Ma mère s'est démoralisée à la vue des piles de cochonneries et du grand hangar en chantier qui était annexé à l'arrière de la maison. Il y avait aussi « le garage » où, à ma connaissance, il n'y avait jamais eu de voiture. C'était simplement un autre endroit où mon père conservait ses « petites » affaires, comme les milliers de vis et de boulons en vrac qui débordaient des pots et des boîtes de conserve renversés. Puisque le garage était annexé à la façade sud de la maison, aucune des fenêtres du salon ne donnait de ce côté, une autre plainte de ma mère qui adorait le soleil. Futé, mon père répétait sans arrêt qu'il avait «planifié la maison comme ça pour éviter que le soleil abîme ce qu'il y avait dans la pièce», c'est-à-dire nos vieux meubles achetés à l'Armée du Salut.

On avait facilement accès au garage désordonné de la maison en passant par une petite porte en pin percée dans le mur sud du salon. À cause de la différence de hauteur entre le plancher de la maison et celui du garage, cette porte mesurait à peine un mètre vingt, comme dans les maisons à colombages de l'époque élisabéthaine. Les visiteurs nous demandaient tous où elle menait. «En enfer», aurait répondu ma mère qui la détestait, mais nous, les enfants, nous adorions la porte de nains et nous passions notre temps à la franchir dans nos interminables jeux de cachette. La première chanson que Martha, la fille de Kate, a composée traitait justement de cette étrange petite porte.

There's a door
Handle's cold
Made of iron and brass
And this door it used to lead
Into what is now my past.
If you were to have opened this door
It would have led you onto a floor
Where my mother had played almost fifty years before.

Il y a une porte
La poignée est froide
Faite de fer et de laiton
Et cette porte, elle menait
Là où repose mon passé.
Si vous aviez ouvert cette porte
Elle vous aurait mené
Là où jouait ma mère il y a cinquante ans.

Quand j'avais environ neuf ans, le profond mépris de ma mère pour la maison a commencé à déteindre sur moi. J'avoue avoir manqué de loyauté envers mon père : je souhaitais secrètement vivre dans un immeuble sur la rue voisine, un haut édifice de deux étages (enfin, haut pour moi qui étais habituée aux portes basses) recouvert de papier goudronné brun imitant la brique. Le célèbre architecte Frank Gehry aimait bien ce revêtement Insulbrick qui évoquait les dessins animés (il y en avait beaucoup dans le nord de l'Ontario où il a grandi) et l'a utilisé sur certaines maisons cossues de Los Angeles qu'il a bâties dans les années 1990. L'effet est plutôt réussi.

Je ne sais pas trop pourquoi cet édifice m'attirait. Peut-être parce qu'il était l'antithèse de notre pseudo-maison de ferme et sa cour jonchée de tas de cochonneries. J'imagine que je lui trouvais une allure «urbaine», il était ce qui ressemblait le plus à un gratte-ciel dans notre village.

Dans l'appartement du deuxième étage vivait une élève de ma classe, un ange blond prénommé Manon dont les devoirs étaient toujours remarquables et donnaient à nos travaux des airs d'amateur. Quand elle a coulé sa troisième année, on a découvert que c'était sa mère qui avait fait tous ses devoirs. J'étais allée chez Manon une fois après l'école et j'avais été profondément impressionnée par la variété inouïe de linoléums sur les planchers. Il y avait des couleurs et des motifs différents dans chacune des pièces. Dans le salon, on aurait dit un tapis Wilton orné au milieu d'un médaillon doré. Sauf pour le linoléum «obligatoire» dans notre cuisine, nous devions nous contenter de vieux parquets de bois mornes qui devaient être récurés à la laine d'acier avant d'être cirés.

Rebus

(JANE)

Une fois rétabli et de retour à la maison, papa a lancé une entreprise qu'il a baptisée Resident Buyer Service (adresse télégraphique : rebus). Il s'était associé à un certain monsieur Sanderson de Santa Barbara, en Californie, pour fournir des vérins hydrauliques d'avion au gouvernement canadien. Si ma mémoire est bonne, Sanderson trouvait l'équipement et papa se chargeait de conclure les ententes qui impliquaient généralement des enchères par l'offre secrète ou soumissions, comme on les appelait. Notre vie s'est mise à tourner autour des « Soumissions » : nous nous demandions si elles seraient remises à temps et si elles seraient acceptées. C'était une entreprise familiale. Papa évaluait les spécifications et les prix, tandis que Gaby dactylographiait la version finale sur une machine à écrire Remington portative, en prenant soin de faire plusieurs copies au papier carbone. Il y avait de nombreux faux départs avant que la soumission finale soit prête à être envoyée. Je me souviens que Gaby tapait à la machine jusqu'aux petites heures du matin avant la date limite d'une soumission. Le lendemain matin, on fignolait les derniers détails, puis papa enfilait son plus beau complet, une chemise bien pressée et son nœud papillon habituel, pour aller livrer la soumission à Ottawa en mains propres. C'était toujours une course contre la montre énervante. Arriverait-il à temps ? La soumission serait-elle remise à la bonne personne avant seize heures, la limite officielle ? La plupart du temps, oui, et nous pouvions tous reprendre notre souffle jusqu'à la prochaine soumission, et le cycle recommençait.

La petite entreprise a commencé à rapporter et les finances de la famille sont redevenues prospères en 1951. Papa a remplacé sa vieille Chevy de l'époque de la guerre pour une Monarch 1949 pratiquement neuve, une beauté noire racée en forme de torpille dotée d'une transmission automatique et d'un démarreur à bouton.

On a entrepris des travaux pour améliorer la maison, en commençant par la fournaise. On devait allumer le vieil appareil manuellement, et la chaleur était orientée avec optimisme vers un unique conduit percé dans le plancher du salon. Il a été remplacé par une fournaise à l'huile moderne munie d'un thermostat. L'air chaud pulsé circulait dans toute la maison.

Quand je repense à ces rénovations, je me demande pourquoi mes parents n'ont jamais touché à la cuisine et à la salle de bain, les pires pièces de la maison. C'est en partie, je crois, parce que le maillon faible de l'équipe de mon père était le plombier. La salle de bain était équipée d'une toilette et d'un lavabo banals, mais le bain était une horreur. Fait de feuilles de métal soudées aux angles, il mesurait un mètre carré. J'ai toujours cru que cette drôle d'installation s'expliquait par les pénuries de matériaux durant la guerre, mais Anna est persuadée que c'était par précaution parce qu'elle s'était déjà fendu la tête en tombant dans le bain en émail à Lachine. Le bain fait sur mesure de Frank, bordé d'un rebord en pin noueux large de dix centimètres, était inconfortable et ne se vidait jamais complètement en raison d'une inclinaison contraire près du drain. C'était moi qui devais le nettoyer avec un tampon SOS le samedi et, j'avais beau frotter, il restait toujours une couche d'eau douteuse au fond qui, avec le temps, a laissé des taches permanentes, même si les côtés étaient étincelants. En plus, il n'y avait jamais assez d'eau chaude. Et même si Anna se rappelle qu'il y avait une douche, nous devions rincer nos longues chevelures en y versant des casseroles et des casseroles d'eau tiède. En fait, on en gardait une à cette fin dans la salle de bain. La maison était une ruine partout, mais quelle importance ? Elle était si charmante…

Afin de réaménager le terrain à l'avant, on a livré des camions de terre pour l'élever d'environ un mètre, jusqu'au niveau de la porte, sur le devant et la façade nord. Le terre-plein se prolongeait de trois mètres avant de descendre en pente. Il a été recouvert d'un beau velours de pelouse verte. On a posé des dalles pour créer une allée et des marches permettant de descendre jusqu'à la rue, puis on a construit un muret pour soutenir le terre-plein. On a planté une haie de jeunes cèdres sur toute la devanture de la propriété, longue de soixante mètres. Mes parents ont acheté des fauteuils Adirondack peints en blanc pour s'harmoniser avec la maison et les ont disposés sur le terre-plein. Ils pouvaient dorénavant recevoir avec panache.

On a amélioré la décoration du salon. Les poutres latérales qui soutiennent le deuxième étage ont été recouvertes de planches de pin teintes en noir, de deux centimètres et demi sur quinze, et agrémentées de moulures architecturales rose foncé. Le plafond suspendu du salon, constitué de feuilles de panneau-fibre de quatre par huit, a été recouvert du même matériau et les panneaux-fibre ont été peints d'un bleu très pâle. On a aménagé une alcôve sur le mur nord où on a intégré le bureau de mon père d'un côté et, de l'autre, un buffet des années 1870 qui avait appartenu à la mère de Gaby. Monsieur Pilon, le menuisier de papa qui avait fait bon nombre des travaux de la maison dans les années 1950, a fait les détails du plafond et a intégré le buffet et le bureau. Il a installé des étagères au-dessus du buffet et une armoire fourre-tout au-dessus du bureau. À l'intérieur du bureau, il y avait de petits casiers (qu'on appelait *pigeonholes*) et de petits tiroirs. Monsieur Pilon avait intégré le couvert à charnière dans son design. Encore aujourd'hui, quand quelqu'un cherche un élastique ou un stylo qui écrit, on lui dit toujours: « As-tu regardé dans les casiers? »

Sur les étagères au-dessus du buffet, Gaby rangeait des plats de service en porcelaine ancienne qui étaient trop beaux pour servir et ses tasses en porcelaine. Elle les utilisait lors des parties de bridge qu'elle a commencé à organiser une fois qu'elle s'est fait des amies. Sur les tablettes, il y avait aussi six chopes à bière en étain que mon père avait reçues en cadeau de noces de la part de ses meilleurs amis. Leurs noms y étaient gravés et, quand un de ses amis mourait, mon père apposait une petite bande de ruban adhésif rouge à côté de son nom. Ce rituel le plongeait dans une humeur nostalgique et, si l'une de ses filles était à sa portée, il lui racontait des anecdotes au sujet de son vieil ami.

Sous le bureau se trouve un placard où nous rangeons nos partitions depuis qu'il y a un piano dans la maison: le recueil de ballades populaires et de chansons de comédies musicales de Gaby; tous nos livres de sonates de Czerny, Mozart et Beethoven; les préludes de Chopin; de vieilles photocopies des compositions d'Anna, la sœur de papa ; les paroles et arrangements des chansons de Kate et d'Anna ; ainsi que les chants de Noël des spectacles familiaux qu'elles organisaient. Tout y est encore, du moins ce qui a survécu aux générations de souris affamées.

On avait construit l'alcôve à l'origine pour camoufler des tuyaux montant de la cave, mais grâce au sens artistique de monsieur Pilon, cet aménagement attire le regard vers cette extrémité de la pièce qui contraste avec les trois autres murs lambrissés de pin noueux. Si seulement les plombiers et les électriciens engagés par mon père avaient été aussi talentueux (et sobres) que monsieur Pilon !

Les murs derrière l'étagère sont tapissés de papier peint à motif floral blanc et bleu Wedgwood. Avec le temps, les écureuils se sont glissés dans l'avant-toit et ont grugé ce mur et des sections du plafond. Deux de nos enfants – mon fils Vinnie et Lily, la fille d'Anna – ont colmaté les trous et repeint le plafond. Comme nous tenions à conserver le papier peint, notre amie Kathleen Weldon, une artiste, a réussi à reconstituer exactement le bleu fané du papier vieux de soixante ans à partir de restes de peinture qu'elle a trouvés au sous-sol. Son travail de restauration est parfait : il est impossible de déceler l'endroit réparé. Je le sais, j'ai essayé.

Le salon a été le théâtre de nombreux événements, et plusieurs drames se sont déroulés à la table de la salle à manger, notamment le souper de Noël de 1953 qui est gravé dans ma mémoire.

Grâce à notre nouvelle prospérité, nous avions reçu une radio de table de marque Westinghouse. Le boîtier de noyer mesurait environ vingt-cinq centimètres sur quarante, et sous le couvercle se trouvait un phonographe pour les disques soixante-dix-huit tours. Au bas de l'appareil, deux boutons permettaient de régler le volume et de choisir une station indiquée sur le gros cadran rond. J'avais l'âge où j'écoutais constamment de la musique populaire. Je faisais jouer la nouvelle radio toute la journée et j'insistais pour m'asseoir à côté au bout de la table afin de pouvoir faire fonctionner l'appareil pendant le souper de Noël, ce qui n'emballait pas mes parents. La table était dressée avec soin : l'argenterie que Gaby avait reçue pour ses noces, des coupes pour les parents, des chandelles à chaque extrémité. Nous devions réfléchir au sens de cette période de l'année et profiter du repas en famille, mais ils ont décidé de me laisser faire : après tout, c'était Noël. Gaby a déposé les plats sur la table et nous avons récité le bénédicité.

Pendant que papa découpait la dinde à grands coups de couteau, une chanson que j'aimais s'est mise à jouer à la radio. Je me suis penchée subitement pour monter le volume, oubliant la chandelle qui se trouvait entre l'appareil et moi. En moins de deux, mes longs cheveux bouclés se sont enflammés. Tout le monde criait. Gaby s'est précipitée pour aller chercher de l'eau à la cuisine, tandis que mon père s'est approché de moi. Il a étouffé les flammes à mains nues et, quand ma mère est revenue, elle m'a quand même arrosée. J'étais tellement traumatisée que je ne me souviens pas comment s'est déroulée la soirée, mais je suis à peu près certaine que c'était le silence radio.

Au Nouvel An 2010, une autre mésaventure familiale s'est déroulée à cette table pendant qu'un vrai drame était sur le point d'arriver. Dix-sept jours plus tard, Kate succombait au cancer qu'elle avait combattu durant cinq ans. Elle avait voulu passer son dernier Noël à Saint-Sauveur et je l'y avais emmenée le 18 décembre. Presque toute la famille était venue y passer les vacances, en entier ou en partie, et nous avions communiqué par Skype avec ceux qui n'étaient pas des nôtres. Kate était installée dans sa chambre à l'étage et nous allions lui tenir compagnie à tour de rôle. Nous lui apportions du bouillon, nous arrangions ses oreillers, nous lui racontions ce qui se passait dans la maison. Si on fait abstraction du fait que Kate était en train de mourir, les vacances familiales à Saint-Sauveur se déroulaient comme à l'habitude.

La veille du Nouvel An, nous avons invité quelques amis. Jack Nissenson, Peter Weldon et Michèle Forest, qui avaient chanté avec mes sœurs autrefois, ainsi que Carol Holland, la meilleure amie de Kate, ont souligné le passage à la nouvelle année avec les membres de la famille qui se trouvaient encore à Saint-Sauveur : Anna, Dane, Lily, Vinnie et sa conjointe Kathleen, ma fille Anna et son mari Bob accompagnés de leurs filles Gigi et Islay, et moi.

Avec l'aide des deux Anna, Kate est descendue nous voir brièvement, habillée et les cheveux coiffés. Nous avons chanté de vieilles chansons pendant que Kate sirotait un dé de champagne. Michèle a demandé à Jack d'entonner *Shenandoah*, sa chanson fétiche, et nous l'avons tous accompagné en interprétant des harmonies. C'était trop d'émotions pour Kate qui a dit : «Vous me faites pleurer!» Mais nous aussi, nous étions tous en larmes.

Le jour de l'An, comme Kate se sentait mal, j'ai appelé notre ami, le Dr Roger Tabah, un chirurgien qui était devenu plus ou moins son médecin traitant après s'être impliqué dans son traitement lorsqu'il semblait manquer de direction. Il l'a accompagnée à Londres lorsqu'elle a donné son dernier concert et, à son retour, il s'est fait un point d'honneur de passer la voir chez elle plusieurs fois par semaine. Je savais qu'il était à la campagne pour les Fêtes et je lui ai demandé s'il pouvait venir la voir. Pendant ce temps, Vinnie, Lily, Bob et Kathleen étaient partis faire une excursion en ski de fond pour dégriser. Dans des temps plus heureux, Kate aurait pris la tête de leur expédition. Elle devait se résoudre à les laisser partir avec sa bénédiction. Ma fille Anna était restée pour faire les valises de sa petite famille qui rentrait à San Francisco le soir même.

Le médecin est arrivé au moment où les skieurs sortaient. Il est demeuré au chevet de Kate pendant une quarantaine de minutes et discutait avec tous ceux qui entraient dans la chambre. Le téléphone a sonné alors qu'il était sur le point de partir. C'était Lily qui demandait : «Est-ce que Roger est encore là?

— Oui.

— Dis-lui d'attendre, on rentre tout de suite. Bob s'est disloqué l'épaule.»

Kate, qui suivait la conversation entre Lily, Roger et moi, a dit : «Ah! C'est comme *Une mort dans la famille* de James Agee.»

Je suis descendue avec Roger. Kate était trop faible pour soutenir une longue conversation, mais rien ne clochait avec son audition et elle a pu suivre tout ce qui se passait en bas grâce à une vieille grille d'aération dans sa chambre.

Il était environ dix-sept heures. Bob souffrait terriblement et nous savions bien que l'attente à la clinique serait interminable. Roger a pris les choses en main. Bob a bu deux *shots* de whiskey irlandais et avalé des comprimés de Dilaudid de Kate. Je suis allée chercher notre plus grand drap dans la lingerie et je l'ai étendu sur la table de la salle à manger. Nous avons hissé Bob, un solide Écossais d'un mètre quatre-vingts pesant quatre-vingt-dix kilos sur la table. Il est demeuré allongé, le visage livide, pendant que Roger confectionnait un genre d'élingue pour son corps avec le drap. On aurait dit une scène dans l'hôpital de campagne d'*Autant en emporte le vent*. Dane se tenait d'un côté de la table pour tirer l'élingue vers lui, Vinnie était posté du côté opposé pour tirer le bras de Bob dans l'autre direction et Roger manipulait l'épaule.

Vinnie a coincé son pied contre la table et «un, deux, trois»... pop! L'épaule était replacée. La voix de Kate nous est parvenue par la grille d'aération: «J'ai entendu ça!» Bob a répliqué: «C'est un garçon!» Tout le monde s'est embrassé en riant et Roger a dit: «La dernière fois que j'ai fait ça, c'était il y a vingt-cinq ans.» Les Californiens reconnaissants se sont hâtés pour attraper leur vol, nous avons démantelé notre hôpital de fortune et le salon a retrouvé son apparence normale.

Les camps

(ANNA)

Au fil des ans, et après de nombreuses réclamations de ma mère, mon père a converti l'annexe à l'arrière de la maison en coin-repas, qu'il appelait pompeusement la «dînette» parce qu'il aimait la consonance française de ce terme. Elle était adjacente à un appartement complet meublé de couchettes, surnommé l'«Annexe», qu'il louait aux skieurs. Chacune de ces pièces avait sa propre porte munie de sa serrure et mon père avait étiqueté et identifié soigneusement les clés à la plume-fontaine. Elles étaient suspendues à un clou dans la maison.

Ma mère détestait que des étrangers dorment sous notre toit, même si les locataires de mon père étaient toujours des gens sympathiques. Les cloisons étaient minces, d'autant plus que mon père avait eu la mauvaise idée d'installer les toilettes de l'Annexe contre le mur de notre cuisine où maman passait beaucoup de temps.

Au milieu des années 1950, la folie du ski avait commencé en grand à Saint-Sauveur et, en vue d'en profiter, mon père a bâti à la hâte quatre chalets de style suisse sur notre terrain d'un acre dans le village. Il a puisé à nouveau dans ses piles de matériaux et a jeté ceux qu'il n'a pas utilisés dans une ancienne fosse septique. Ma mère y a aménagé plus tard un jardin de vivaces, ce qui a inspiré à mon père de baptiser la propriété «Gardencourt Cottages», soit les «Chalets de la cour-jardin». Il a accroché au clou quatre nouvelles clés portant les étiquettes «Camp 63», «Camp 67», «Camp 69» et «Camp 71». Il a même peint à la main une enseigne qu'il a installée contre la haie donnant sur la rue. Nous, ses filles, et nos amies avons toujours appelé l'endroit «Garbagecourt», la «Cour aux vidanges».

Je pense que mon père s'ennuyait de ses piles de matériaux. Au début des années 1960, un chalet à toit mansardé sur la rue Principale a été démoli pour être remplacé par un banal bungalow. Papa n'a pas pu résister et a récupéré les gracieuses fenêtres cintrées et les colonnes néoclassiques en bois de cette résidence. Il avait l'intention de bâtir une autre maison quelque part et d'y intégrer ces éléments, mais il est mort subitement en mai 1965. La matière première de ses rêves repose toujours au même endroit, dans une pile de bois vermoulu et de verre ondulé couverte de mousse que la nature reconquiert peu à peu. Ça me rassure de penser qu'il est peut-être en train de nous construire une maison au paradis.

Les locataires

(ANNA)

L'été, les locataires de notre père étaient plutôt âgés : un enseignant à la retraite et sa femme, deux golfeurs passionnés ; un ministre de l'Église unie, accompagné de son épouse légèrement toquée, qui remplaçait les pasteurs en vacances dans les différentes paroisses de la région ; ou encore un fonctionnaire à la retraite devenu peintre réaliste magique. Une année, par contre, mon père a loué un chalet à une certaine Seda Zare, une professeure de ballet, son fils de neuf ans, Randy*, et sa troupe de quatre danseurs. Tous les matins, Seda, une femme menue à l'allure exotique, sortait du chalet portant d'énormes lunettes de soleil et des mules à talons hauts. Cigarette à la main, elle réunissait ses danseurs autour d'elle dans le pré adjacent à la maison et dirigeait leurs exercices d'échauffement, dans son français mâtiné d'un accent arménien : « Jeté, plié, arabesque ! Tendu, dégagé, battement. » Les deux jeunes femmes, Milenka et Lucie, portaient un maillot noir sans manches, parfois agrémenté d'un foulard coloré noué aux hanches, et des jambières d'échauffement usées tricotées à la main. Les deux hommes, Michel et Tommy, ne portaient qu'une minuscule culotte qui ne laissait rien à l'imagination, comme aurait dit ma mère.

La haie de cèdres longeant la façade de notre propriété, que mon père entretenait soigneusement, ne mesurait à l'époque qu'un mètre vingt de hauteur. Les villageois curieux avaient subitement trouvé un prétexte pour venir se balader sur la rue Lanning et se tenaient sur le trottoir pour regarder le spectacle offert par Seda et sa troupe. Depuis, nous avons laissé pousser la haie qui abrite nos souvenirs collectifs du haut de ses quelque huit mètres.

---

* Randy Saharuni est devenu photographe. Il est d'ailleurs l'auteur de la photo de nous trois ornant la couverture de ce livre.

Après le décès de Frank, un locataire qui venait fidèlement chaque été a eu pitié de ma mère et a trié tous les boulons et les vis du garage. Il les a rangés dans des bocaux de verre suspendus au plafond. Puis, dans les années 1980, cet espace a été converti en solarium pour ma mère. Notre ami Tiemen le menuisier a scié une énorme ouverture dans le mur sud du garage pour y installer une fenêtre en saillie. Gaby passait le plus clair de son temps dans cette pièce quand elle ne se trouvait pas dehors à profiter du soleil estival dans son maillot de bain bleu. À la même époque, elle a rénové sa cuisine, une amélioration considérable sur le plan original de Frank et Flynn, mais qui mériterait toutefois d'être rafraîchie aujourd'hui.

Ma mère a toujours détesté l'enseigne de Gardencourt Cottages qui, après la victoire du Parti Québécois en 1976 et l'adoption de la nouvelle loi 101, était techniquement illégale puisqu'elle était uniquement en anglais. Un samedi soir de la fin des années 1980, un automobiliste ivre l'a fait tomber en reculant. Ma mère, ravie par la tournure des événements, a déchanté lorsque mon mari Dane a traîné l'enseigne dans la cour, l'a restaurée puis l'a installée au beau milieu du terrain comme un mémorial dédié à Frank. L'enseigne tient toujours debout, mais aurait besoin d'être restaurée de nouveau.

La baronne

(JANE)

Mon père a passé quelque temps en Russie pendant la Première Guerre mondiale lorsqu'il était rattaché à la force expéditionnaire sibérienne et est demeuré en quelque sorte russophile pour le reste de sa vie. Il parlait un peu le russe et aimait revivre son expérience en nous faisant des démonstrations avec la baïonnette qu'il avait rapportée en souvenir. Il aimait aussi nous expliquer les coutumes différentes des nôtres. Savions-nous, par exemple, que les Russes buvaient le thé dans des verres et non des tasses? Ou qu'ils tenaient leur cigarette entre l'annulaire et l'auriculaire? Déplorant l'arrivée du régime communiste, il rêvait de retourner en Russie si jamais le rideau de fer tombait. En fait, le Club Samovar, un établissement de style russe situé légèrement au nord de l'édifice Seagram sur Peel où travaillait ma mère, est ce qui l'a le plus rapproché de la Russie. Mais cela ne lui suffisait pas.

C'est peut-être sa fascination pour la Russie qui lui a permis de connaître la baronne Baranovsky, une aristocrate russe désargentée qui s'était installée à Saint-Sauveur. Je ne pense pas qu'ils auraient pu se rencontrer si papa ne l'avait pas cherchée. C'était une dame élégante que je n'imagine guère entrer en titubant au Pub pour son *drink* du soir où elle aurait rencontré mon père. Il l'a probablement pourchassée.

Madame Baranovsky vivait dans une petite maison à l'autre bout du village, derrière l'église, et, presque tous les jours, j'allais chez elle à vélo, transportant ma grammaire russe *Hugo's* et mon cahier dans mon sac en bandoulière. Mon père aimait lui rendre visite et m'y emmenait parfois en voiture. Lorsqu'il venait me chercher, il avait l'habitude de prendre le thé avec elle – dans une tasse, contre toute attente – pour discuter de mes progrès.

Je me souviens d'une dame âgée sans être vieille, la soixantaine peut-être, aux cheveux gris bleuté, enveloppée dans ses châles et très maquillée, quoiqu'avec goût. Elle parlait merveilleusement bien anglais et français d'une voix douce et mélodieuse. Elle a été quelque peu désolée lorsque j'ai fait étalage de mes connaissances en français, et des leçons de diction ont été ajoutées à mes cours de dessin et d'aquarelle dès la semaine suivante. Modeste, mais confortable, sa maison était encombrée de curiosités et d'objets d'art, et aux murs étaient suspendus des tableaux dont bon nombre portaient sa signature.

Au fil de l'été, la baronne m'a fait travailler davantage le français que le russe. Elle a extirpé le joual de mon vocabulaire et m'a enseigné comment bien rouler mes r. Mon accent grossier de fille de la campagne s'est raffiné et s'est «parisianisé». Elle en a profité pour parsemer ses leçons de conseils de maintien et, à la fin de l'été, j'étais en bonne voie de devenir une émule de la grande bourgeoise.

En septembre, je suis entrée en sixième année dans la classe de sœur Émile-Arthur, une enseignante intimidante, mais passablement compétente. Le jour de la rentrée, elle m'a demandé de lire un texte de notre livre de lecture. J'ai lu un ou deux paragraphes avec mon accent chèrement acquis et bien modulé avant que la religieuse m'interrompe au beau milieu d'une phrase: «Pour qui tu t'prends, Laury Jane McGarrigle? Parle comme du monde!» Mes camarades ont bien ri de moi et j'ai honteusement repris mon français d'avant les vacances. L'été suivant, j'ai refusé de suivre d'autres leçons de la baronne.

Je me suis demandé ce qui avait incité la baronne à s'installer dans notre village. Difficile à savoir, puisque je n'ai trouvé sa trace dans aucun document ni aucune archive historique. Comme des milliers de Russes blancs ont fui leur pays après la révolution de 1917 pour s'installer là où ils le pouvaient, c'est une tâche trop lourde, même pour une élève reconnaissante, de retrouver un membre de la petite aristocratie russe. Je dois donc me rabattre sur des hypothèses.

D'autres membres de la noblesse russe s'étaient exilés à Saint-Sauveur et la baronne faisait peut-être partie de l'entourage du duc Dimitri de Leuchtenberg. À ma connaissance, il était l'aristocrate de plus haut rang, un Romanov, rien de moins, qui comptait parmi ses ancêtres l'impératrice Joséphine de France et le tsar Nicolas I de Russie. Dimitri et son épouse Catherine s'étaient établis à Saint-Sauveur en

1931, après avoir longtemps séjourné au château familial de Seeon en Bavière. Ce château avait aussi accueilli leur prétendue parente Anna Anderson, qui essayait de se faire passer pour la grande-duchesse Anastasia. Le père de Dimitri, le duc Georges, avait offert l'hospitalité à Anderson sur la foi de ses prétentions, mais de nombreux membres de la famille, dont Dimitri, ont émis des doutes et elle a dû se réfugier chez d'autres bienfaiteurs.

On a évoqué des frictions dans la famille au sujet d'Anderson. Quoi qu'il en soit, Dimitri et Catherine ont manqué d'argent et ont décidé de partir refaire leur vie au Canada. À leur arrivée à Saint-Sauveur, le duc Dimitri a ouvert une école de ski qui comptait parmi ses premiers clients des hôtes de son cousin, le marquis d'Albizzi, qui possédait une auberge dans une ancienne école sur la rue Principale, face à l'église. Le marquis avait aussi acheté une montagne où il avait aménagé un centre de ski à l'autre bout du village. Dimitri a repris l'auberge qu'il a renommée pension Leuchtenberg lorsque le marquis a quitté le pays en 1939.

Dans leur pension, la plus chic de Saint-Sauveur, les Leuchtenberg ont accueilli, au fil des ans, des hommes d'État canadiens et de nombreux autres visiteurs de marque. Le duc est mort à l'âge de soixante-quatorze ans des suites d'une chute du toit de son établissement qu'il était en train de déneiger.

Les liens entre le duc et madame Baranovsky, si elle était bel et bien une baronne, ne sont qu'une hypothèse, mais elle me semble vraisemblable. Il est plausible que les exilés de mon petit village se soient fréquentés.

La baronne était manifestement une artiste douée d'un certain talent. Lors d'un mariage auquel j'ai assisté il y a longtemps, j'étais assise à côté d'un membre du clan Molson, les barons de la bière, qui a possédé beaucoup de propriétés à Saint-Sauveur jusqu'au début des années 1970. Nous avons parlé du village et je lui ai demandé s'il avait connu une baronne (il avait des parents russes). Il ne se souvenait pas d'elle, mais il a mentionné qu'il y avait un tableau signé Baranovsky sur le bateau de la famille. J'aimerais beaucoup y jeter un coup d'œil. Je devrais l'appeler pour me faire inviter.

Pas dans ma cour

ANNA : À l'été 1953, Frank et notre oncle Austin (le frère de Gaby) ont cherché à se faire élire au conseil municipal de Saint-Sauveur dans l'équipe de leur ami Frank Kelly qui se présentait à la mairie. Ils étaient tous trois des «transplantés» de la ville. Leur objectif principal était d'empêcher l'agrandissement d'une manufacture de vêtements en blocs de béton qui avait été construite dans la rue Principale sous le regard bienveillant de la précédente administration municipale. Le groupe de Kelly avait dressé une liste de problèmes à régler, notamment déterminer si la municipalité devait débourser la somme de douze dollars pour acheter une nouvelle paire de bottes à son unique policier. À huit ans, c'était le seul sujet qui m'intéressait, moi qui avais une passion pour les chaussures.

Dans les années 1950, pour se faire entendre, il fallait louer une automobile équipée d'un haut-parleur sur le toit et parcourir les rues du village en jappant dans un micro. Les Pèlerins de Saint-Michel, surnommés «Les Bérets blancs», un groupe ultracatholique de droite, avaient recours à ce système pour répandre la bonne parole jusqu'à ce que mon père les pourchasse sur la rue Principale en donnant des coups de klaxon. C'était au tour de papa et de ses acolytes de prendre le volant pour faire connaître leur programme électoral. Le village a été un lieu bruyant pendant les quelques semaines précédant les élections prévues en août. Lorsque Kate et moi entendions approcher les voix, nous courions pieds nus à l'avant de la maison pour voir si c'était papa et lui faire un signe de la main.

À première vue, notre père et son équipe semblaient s'opposer à la création d'emplois, ou du moins d'emplois en usine. Ils croyaient que le village devait plutôt miser son avenir sur le tourisme. Leurs adversaires politiques, les vieux francophones conservateurs, étaient furieux : les gens de la ville osaient se prononcer sur l'avenir de Saint-Sauveur. Des familles venues d'aussi loin que Mont-Laurier s'étaient déjà installées au village pour occuper les postes de patronniers, de couturières et d'emballeurs dans cette usine de jeans en denim, et plus encore étaient attendues avec les travaux d'agrandissement. Mon père avait vu suffisamment de villes manufacturières et leurs rues bordées d'immeubles à logements bon marché pour savoir qu'il ne voulait pas que Saint-Sauveur se transforme de la sorte.

Au désagrément de voir défigurée la pittoresque rue Principale, bordée de vieilles maisons élégantes et d'arbres feuillus majestueux, s'ajoutait le fait que l'usine recrutait sa main-d'œuvre dans les écoles des environs. Les filles, surtout, quittaient leurs études dès la cinquième ou la sixième année, soit parce qu'elles n'avaient pas les aptitudes nécessaires, soit parce que leur famille avait besoin d'un revenu supplémentaire.

Je me rappelle qu'un jour en rentrant à la maison avec Kate, lorsque nous étions dans les petites classes, nous avons été injuriées par des filles plus vieilles qui avaient quitté l'école Marie-Rose quelques mois auparavant. Elles prenaient une pause cigarette à l'entrée de l'usine et nous taquinaient en nous lançant des bonbons à une cenne et des cigarettes: «Viens-t'en, catin.» Nous devions leur sembler misérables dans notre tunique plissée bleu marine et nos épais collants beiges.

Nos parents nous avaient prévenues de ne pas entamer la conversation avec ces filles, de crainte que nous soyons nous-mêmes attirées par la «vie d'factrie», même si nous étions un peu trop jeunes pour songer à quitter les bancs de l'école. Ils n'avaient rien à craindre: ces filles nous intimidaient avec leur maquillage outrancier et leurs lèvres rouge mat, et nous traversions la rue pour éviter de les croiser.

JANE: J'avais fréquenté l'école Marie-Rose avec certaines de ces filles décrites par Anna. Mes parents brandissaient leur triste sort devant moi sous la forme d'une menace voilée: «Regarde la pauvre Unetelle! Elle ne s'est pas appliquée à l'école et, maintenant, elle doit travailler à l'usine. Tu veux finir comme elle? À l'usine?» Avoir la permission de porter du rouge à lèvres et gagner quelques dollars ne me semblait pas une idée si horrible, mais j'ai bien fait de me taire.

ANNA : La fille romantique en moi considère ces filles comme la version vingtième siècle de Carmen et ses compagnes qui travaillaient dans la manufacture de tabac de Séville. Georges Bizet les a immortalisées dans l'opéra du même nom, un des plus populaires au monde.

> Voyez-les… Regards impudents,
> Mine coquette,
> Fumant toutes du bout des dents
> La cigarette.

Si les choses s'étaient passées comme notre père l'avait voulu, il aurait conservé Saint-Sauveur tel qu'il l'avait découvert au début des années 1930 : suspendu dans le temps comme un paysage de Clarence Gagnon, avec ses petits chalets dispersés sur les collines perpétuellement enneigées et où les habitants se déplacent en traîneaux tirés par des chevaux. L'équipe de Kelly n'était pas *contre* le progrès, mais *pour* la promotion de l'industrie du ski et du tourisme en général. Heureusement, c'est cette orientation qu'a prise l'administration municipale quand Kelly a été élu. Mais il y a eu aussi de mauvais côtés : des parcs aquatiques quétaines et bruyants ont envahi les pentes de ski qui portaient les noms de positions alliées de la Première Guerre mondiale, comme la Côte 70 où les vétérans déposaient une couronne de coquelicots chaque année au jour du Souvenir. Heureusement, notre père n'a pas vécu assez longtemps pour être témoin de cette transformation.

Saint-Sauveur aujourd'hui

(JANE)

Quand je veux échapper au Saint-Sauveur d'aujourd'hui, je peux me plonger mentalement dans mon village tel qu'il était dans les années 1940 et 1950. Il repose dans mon esprit à perpétuité. Beaucoup de choses ont changé. Notre ancien village, qui a toujours été une destination touristique, a une population permanente de dix mille personnes, mais on a l'impression qu'il y a dix mille restaurants pour servir le million de visiteurs qui y viennent chaque année. Je me demande si, dans ses rêves les plus fous, mon père aurait pu prévoir l'ampleur et la vitalité de l'industrie touristique quand il arguait que ce serait la meilleure destinée pour notre village. Les centres de ski sont toujours là, de même que la grande église catholique dont le clocher illumine le cœur du village d'une lueur magenta dès la tombée de la nuit. L'église anglicane, une belle petite construction en bois rond, est toujours debout rue Saint-Denis, mais son ancienne salle paroissiale a disparu depuis longtemps. Quelqu'un a récupéré les rondins pour les utiliser à d'autres fins et on y a aménagé un terrain de stationnement. La quincaillerie des Dagenais est toujours florissante sous la bannière Rona à son emplacement d'origine dans la rue Principale. La famille a même acquis l'ancienne manufacture de vêtements Howick, que détestaient tant nos parents, pour se lancer dans le domaine de la décoration, un commerce prospère grâce à toutes les nouvelles copropriétés qui poussent comme des champignons dans la région.

À une ou deux exceptions près, toutes les charmantes maisons canadiennes de la rue Principale et des rues avoisinantes ont été converties en restaurants bruyants ou en boutiques de vêtements à la mode et de babioles que ma mère appelait des *gewgaws*. La fin de semaine, il y a tant de monde et de voitures qu'on circule difficilement tant sur les trottoirs que sur la chaussée. Finie l'époque où un

Crackpot pouvait arrêter son auto au milieu de la rue Principale pour saluer un congénère dans les règles. Il provoquerait une volée de coups de klaxon et, peut-être, quelques cas de rage au volant.

Il y a maintenant une boutique là où se trouvait l'atelier du forgeron et où notre père nous emmenait quand nous étions petites pour certains travaux de métal. Monsieur Ratelle ferrait les chevaux et réparait les chasse-neige et les équipements agraires. Il était toujours couvert de suie de la tête aux pieds, et son atelier sentait le fumier de cheval. Nous étions fascinées de le voir plier le fer rougeoyant au milieu des étincelles qui jaillissaient du fourneau pour lui donner différentes formes avec ses pinces et son marteau. Mon père profitait de ces visites pour réciter une version bâtarde d'un poème de Longfellow :

Under a spreading chestnut tree
The village smithy stands ;
The smith, a mighty man is he,
With large and sinewy hands ;
And the muscles of his brawny arms
Snap back like rubber bands.

Sous un large châtaignier
Se tient le forgeron du village ;
Le forgeron, c'est un homme imposant,
Aux mains grandes et vigoureuses ;
Et les muscles de ses bras puissants
Se détendent avec un claquement comme des élastiques.

Il le récitait avec panache, en accentuant ses inflexions à la dernière ligne et en ouvrant ses bras qui n'avaient rien de puissant. Nous adorions ces vers et nous ne nous lassions jamais de l'entendre.

Finie aussi l'époque où l'on connaissait tous les policiers du village, comme Tom Durocher qui a patrouillé à bicyclette pendant des années avant que le conseil municipal adopte le budget nécessaire à l'achat d'une auto-patrouille.

Il n'y a plus de service de police municipal à Saint-Sauveur ; c'est la Sûreté du Québec qui a pris la relève. Les policiers anonymes me rendent nostalgique de l'époque où Tom assurait l'ordre dans nos rues. Notre vieille amie Joan Green m'a raconté récemment une anecdote savoureuse. Toute la famille – Joan, ses parents Bill et Betty Green, ainsi que son frère Billy – était venue nous rendre visite à Saint-Sauveur en voiture un dimanche après-midi. Lorsqu'ils étaient arrivés chez nous, ils avaient constaté que notre auto n'était pas là et que nous étions absents. Bill avait grimpé sur le balcon du deuxième étage, s'était glissé à l'intérieur par une fenêtre et avait déverrouillé la porte avant pour laisser entrer sa femme et ses enfants. Ils étaient confortablement installés chez nous lorsque nous sommes arrivés. Nous revenions probablement d'une visite chez Lorne et June après la messe. Nous venions de mettre le pied dans la maison lorsque Tom s'était pointé à notre porte en uniforme. La petite Joan pensait qu'il venait arrêter son père pour être entré chez nous par effraction (ce qui aurait été plausible si un voisin avait alerté la police). Mon père l'avait plutôt invité à se joindre à nous pour prendre un verre.

À l'époque, il régnait au village un laisser-faire qui serait inconcevable aujourd'hui, mais ce n'était pas toujours pour le mieux. Une de mes consœurs de classe avait un oncle « bizarre », un homme court sur pattes et corpulent qui arpentait les rues du village vêtu d'une salopette et d'une casquette ridicule. Nous traversions toujours la rue quand nous le voyions venir vers nous pour éviter son regard vide et sérieux. Un après-midi d'été quand j'avais onze ans, je savourais un soda à l'ananas au casse-croûte lorsqu'Alcide a pris place sur le tabouret à côté de moi. Nous étions les seuls clients et la serveuse se trouvait dans la cuisine. Alcide s'est assis, il m'a fixée pendant un bon moment, puis il a posé sa grosse main sale sur ma cuisse (je portais un short) et ne m'a pas lâchée des yeux. J'ai fini ma boisson à la hâte et j'ai sauté sur mon vélo pour rentrer à la maison. J'ai raconté tout cela à ma mère qui m'a dit : « La prochaine fois, dis au vieux cochon sale de garder ses mains dans ses poches. » La prochaine fois! Aujourd'hui, son nom figurerait probablement sur le registre des délinquants sexuels.

Il y a une histoire plus triste : celle de Luc, père de deux garçons de l'âge de Kate et d'Anna. Cet homme d'une quarantaine d'années était courtier d'assurance, ou quelque chose du genre, et avait son bureau dans sa demeure, à quelques rues de chez nous. Nous le connaissions seulement de vue. Un jour d'automne, au début des années 1950, il s'est mis à faire de longues promenades dans le village, passant devant chez nous toujours à la même heure. Il a poursuivi ses balades l'hiver suivant, même pendant les journées les plus glaciales. Nous le voyions par la fenêtre du salon, marchant péniblement à la tombée du jour. Ma mère disait que nous pouvions régler nos horloges en fonction de l'heure où il passait. Sa posture a changé graduellement avec les années. Il marchait de plus en plus penché en avant, jusqu'à être pratiquement plié en deux. Son apparence aussi empirait: il avait les cheveux longs, il ne prenait pas soin de sa personne et son visage émacié, marqué par les éléments, affichait une morosité figée.

Un jour, nous avons remarqué qu'il marchait les deux mains dans les poches de son manteau, une hachette sous le bras. À partir de ce moment, nous avons traversé la rue pour l'éviter.

Quelque temps plus tard, une amie de nos parents, Esther Dinsdale, est venue demander conseil à mon père au sujet de Luc. Cette veuve habitait dans un beau petit château en pierres. Son terrain, délimité par une haie, n'était pas clôturé. Luc se postait, immobile, au milieu de la haie, parfois durant des heures, sa hachette à la main. Esther avait profité de son absence pour se précipiter chez nous. Mon père l'a rassurée et lui a dit que Luc voulait sans doute la protéger, ce qui a semblé calmer notre amie, mais pas ma mère qui s'est demandé à voix haute s'ils n'étaient pas tous les deux aussi toqués que le pauvre Luc.

Quoi qu'il en soit, personne n'est intervenu et, un jour, Luc a interrompu ses promenades. Sa famille, qui n'était pas originaire de notre village, a déménagé peu après. De ce que j'en sais, il a effrayé bien du monde, mais n'a jamais fait de mal à une mouche. Ce serait impossible aujourd'hui: quelqu'un aurait appelé la police, qui aurait alerté les services sociaux, qui l'auraient fiché dans le système, tout comme, d'ailleurs, l'oncle bizarre. Tout bien considéré, c'est une bonne chose, mais à l'époque, au moins, on connaissait les dangers qui nous menaçaient.

Le bon vieux temps

ANNA : Au printemps 1953, nous sommes partis à Ottawa en famille. Nous y étions allés une fois pour rendre visite à la cousine de mon père, Vesta Gillis, et à sa famille qui habitaient près du centre, dans une rue bordée d'arbres et de maisons victoriennes étroites, ce qui était différent de notre vallée laurentienne baignée par le soleil. Cette fois-là, nous n'allions pas voir Vesta : nous accompagnions papa, qui vendait des vérins d'avion, en voyage d'affaires.

Après la guerre, l'expansion de la société aérienne Trans-Canada Airlines (TCA) a sûrement entraîné une augmentation de la demande pour ces gros dispositifs jaunes. L'objectif de notre voyage était soit de livrer une offre de services préparée par mon père, soit d'aller chercher un ordre d'achat du gouvernement fédéral.

JANE : Cette excursion avait un air de fête. Il s'agissait d'une journée de semaine puisque papa visitait un client et d'habitude nous ne manquions jamais nos cours, à moins d'être malades et fiévreuses. Souvenez-vous : nous allions à l'école à pied, même lorsqu'on gardait les chevaux à l'écurie parce qu'il faisait trop froid. Gaby était probablement tannée du long hiver et avait besoin de changer d'air, mais, comme elle ne nous confiait jamais à personne, nos parents nous ont emmenées et ils ont profité d'un petit congé.

ANNA : Pendant que papa réglait ses affaires sur la colline du Parlement, notre mère contribuait à mousser l'économie locale en nous emmenant magasiner chez Ogilvy, le chic magasin à rayons montréalais, sur la rue Rideau. C'était l'année du couronnement de la nouvelle reine et on voyait partout des décorations rappelant cet événement. Pour respecter le thème royal, maman nous a acheté, à Kate et à moi, des robes en coton gris assorties, ornées d'une couronne rouge et dorée brodée sur le devant. Pour compléter notre tenue, nous avons eu des manteaux à carreaux vert et crème avec un col de velours vert foncé, ainsi que des chapeaux de paille qui s'attachaient sous le menton. Nous ressemblions à deux petites aristocrates prêtes à assister au défilé de la Saint-Patrick dans notre nouvel ensemble.

JANE: Moi, j'ai reçu un veston croisé corail à boutons dorés et un kilt en tartan vert et bleu marine, assorti d'un béret écossais tout ce qu'il y a de plus coquet. Je ne me souviens d'aucun enjolivement royal, mais cela m'importait peu : je me trouvais absolument magnifique dans mes nouveaux vêtements printaniers que j'adorais.

ANNA: Sur le chemin du retour, nous nous sommes arrêtés dans la région de Papineauville-Montebello pour rendre visite à des membres de la famille du Doc Byers, Jesse et Bronwyn. La première épouse du Dr Byers, Martha Jane Curren, était la jeune veuve de Louis-Joseph-Amédée Papineau, le fils aîné de Louis-Joseph Papineau, le chef québécois de la rébellion de 1837. Le Club Seigneurie à Montebello a été aménagé sur ce qui était la seigneurie Papineau surplombant la majestueuse rivière des Outaouais. Notre père a dû rencontrer les Byers au début des années 1930, lorsqu'il a participé à la construction du *lodge*.

Pendant que nous étions dans la région, papa est entré chez le concessionnaire Ford et a acheté impulsivement une nouvelle Monarch de l'année, un modèle de Ford vendu uniquement au Canada. Conçue dans l'esprit du couronnement à venir, cette voiture noire aux lignes pures était ornée d'un écusson rouge et doré en forme de couronne autour de la serrure du coffre, et un deuxième plus gros à l'avant, juste au-dessus de l'insigne du fabricant. Ces décorations peuvent sembler criardes et évoquer une auto de souteneur, mais ce n'était pas le cas à l'époque. Nous sommes sortis de la salle d'exposition assis dans notre nouvelle acquisition et nous sommes rentrés en suivant la route panoramique sur la rive nord de la rivière des Outaouais.

Des étrangers à Sainte-Angèle

(ANNA)

Notre père avait pour amie l'auteure Phyllis Lee Peterson et tirait un certain prestige du fait de connaître un écrivain. Ses histoires avaient été publiées dans les périodiques *Saturday Evening Post* et *Canadian Home Journal*. J'ignore où ils s'étaient rencontrés : au sanatorium peut-être, où Frank s'était lié à beaucoup de gens, ou bien par l'entremise d'un ami commun.

Il y a une anecdote intéressante au sujet de Phyllis et de son mari, Miller. Ils sont venus nous rendre visite à Saint-Sauveur quand Kate avait environ quatre ans. Voyant pour la première fois le crâne dégarni de Miller, notre sœur aurait lancé : « Qu'est-ce qui est arrivé à vos cheveux ? » avant de lui donner un bon coup de pied dans les tibias. Le pauvre homme a répondu qu'il était devenu chauve à cause de petites filles comme elle et il a murmuré à sa femme, de façon à se faire entendre : « Quelle horrible enfant. » Kate adorait entendre cette histoire de jeunesse qui alimentait sa légende. Elle rendait les hommes chauves !

Au début des années 1960, le réseau anglais de la télévision de Radio-Canada a produit *Strangers in Ste. Angèle* (Des étrangers à Sainte-Angèle), le premier épisode d'une série d'enquêtes écrite par Phyllis et campée dans un village fictif du Québec. Il mettait en vedette Bruno Gerussi, qui est devenu célèbre grâce à la télésérie *The Beachcombers*. Phyllis a fait engager Frank comme régisseur des extérieurs. C'était une période heureuse pour notre père qui a parcouru l'arrière-pays laurentien à la recherche de décors intéressants. Il perdait peut-être son chéquier ou son marteau dans sa propre maison, mais il savait où se trouvaient chaque scierie et chaque cimetière dans un rayon de quatre-vingts kilomètres autour du village.

Pour les besoins d'une scène, Frank a déniché la plus charmante petite ferme de subsistance dans les montagnes, à quelques kilomètres à l'ouest de Saint-Sauveur. La vieille maison en billots équarris à laquelle était annexé un hangar, la petite grange et quelques prés appartenaient à une vieille fille d'environ quarante ans. Dans les années 1950, cette grande femme maigre venait faire ses achats ou allait à la messe au village dans une charrette tirée par un cheval. Les Anglos la surnommaient « Annie Oakley » parce qu'elle leur rappelait la célèbre tireuse de l'Ouest qui a fait des tournées avec le Buffalo Bill's Wild West Show.

Frank lui a rendu visite, dans une zone appelée « le grand ruisseau ». Ce petit cours d'eau débouchait du lac des Chats et tombait des montagnes jusqu'à la plaine de la vallée de Saint-Sauveur, plus bas. Sa demeure n'avait pas l'électricité, ce qui n'était pas rare dans un lieu aussi reculé, mais mon père a été surpris de constater qu'elle vivait sous le même toit que son cheval. Par temps froid, la chaleur dégagée par l'animal réchauffait l'unique pièce où se trouvaient son box et les quartiers de sa maîtresse.

Elle portait toujours le même accoutrement quand elle allait au village : une jupe à mi-mollet en denim bleu surmontée d'une bavette, comme une salopette d'homme, un blouson en denim large, des bas côtelés épais en laine brune et des bottes de feutre, comme en portaient les fermiers et les garçons de la campagne qui les couvraient de claques quand ils sortaient. Son visage était profondément hâlé par le soleil et elle avait les cheveux courts comme un homme. Quand elle menait son tombereau, elle portait toujours un casque en cuir brun avec une visière et une lanière sous le menton. Elle avait du style à sa façon, comme une Amelia Earhart de la campagne, mais la ressemblance s'arrêtait là. Elle fumait des « rouleuses » à la chaîne, avait peu de dents et un mégot pendait toujours à sa lèvre inférieure. Au début des années 1960, elle se rendait encore au village en boghei (la dernière, à notre connaissance, à utiliser ce moyen de transport) et attachait sa monture à un poteau devant le magasin général Bélisle, sur la rue Principale, où elle faisait ses achats. En hiver, elle sortait un petit traîneau de travail sur lequel elle se tenait debout, les rênes à la main. Elle s'appelait Thérèse Beausoleil et, comme Annie O., elle était une tireuse hors pair.

Mademoiselle Beausoleil a obtenu un petit rôle muet dans *Strangers in Ste. Angèle.* On la voit par la fenêtre ouverte de sa chaumière qui regarde, un œil fermé, dans le canon de sa carabine. Si je ne me trompe pas, la CBC a utilisé cette photo pour faire la publicité de l'émission.

En 1966, les parents de mon mari Dane ont acheté une maison au lac des Chats et ont engagé Annie pour abattre quelques arbres sur leur propriété, parce que mademoiselle savait aussi manier la tronçonneuse. À l'époque, elle avait probablement troqué sa monture contre une camionnette.

Il y a eu beaucoup de va-et-vient durant le tournage. Gardencourt était le quartier général des techniciens et des acteurs, et certains ont séjourné dans nos chalets. Chaque jour à la fin du tournage, Frank les emmenait sans doute au Inn (l'ancien The Pub) ou au Pow-Wow Room pour se délasser.

Nous avons regardé *Strangers in Ste. Angèle* en famille lors de la diffusion à la CBC. Le fait d'avoir rencontré les gens qui avaient rendu possible la réalisation de ce projet pour le petit écran ajoutait une autre dimension au téléfilm. Mon père, comme nous d'ailleurs, a été particulièrement fier lorsqu'il a vu son nom défiler au générique : «Régisseur de plateau extérieur : Frank McGarrigle».

École St. Mary's à Combermere

(JANE)

L'école Marie-Rose accueillait les élèves jusqu'à la neuvième année seulement. Puisque j'avais « sauté » la huitième année, j'ai terminé le secondaire en 1955, un an plus tôt que prévu, et j'ai peut-être pris mes parents de court. Ils avaient toujours voulu que je fréquente une école secondaire anglophone, sans doute comme pensionnaire puisqu'il n'y en avait pas à proximité, mais je n'étais inscrite nulle part.

Maman a cru pouvoir me faire admettre au couvent du Sacré-Cœur de Montréal sans trop de problèmes, parce qu'il était dirigé par son ancienne consœur de classe, la Révérende Mère May Carter qui avait été sa meilleure amie jusqu'au secondaire à St. Patrick. Notre mère en avait beaucoup à raconter au sujet de May, une fille qui aimait s'amuser et qui a surpris tout le monde lorsqu'elle est entrée dans les ordres. Quand Gaby était jeune, le père Gerald McShane était le pasteur de la paroisse St. Patrick qu'il dirigeait comme son royaume. Il exerçait une autorité complète sur la vie de ses paroissiens et utilisait toute son influence pour améliorer leur situation dans le vaste monde. Il est juste de dire que ses ouailles le craignaient et le vénéraient à la fois. On s'imagine qu'il était particulièrement fier du parcours des membres de la famille Carter dans l'Église : May Carter est devenue mère générale de l'ordre du Sacré-Cœur, le père Alex Carter est devenu évêque, et le père Emmett Carter est devenu archevêque de Toronto, puis cardinal.

Le père McShane et les enseignants de St. Patrick trouvaient que Gaby était très intelligente et auraient souhaité qu'elle poursuive ses études. Pourtant, ils savaient bien que grand-papa Latrémouille avait hâte qu'elle entre sur le marché du travail pour soutenir sa grande famille. Ils ont réussi à la garder à l'école une année de plus pour qu'elle obtienne son accréditation de l'École normale et un certificat d'enseignement. Il s'agissait d'une bourse d'études non officielle puisqu'elle n'a payé aucuns frais de scolarité. Je soupçonne la main délicate et le poing d'acier du père McShane dans cet « arrangement ».

Quand maman est allée voir May Carter pour m'inscrire, elle a appris à son grand regret qu'il y avait une liste d'attente de dix ans. Le couvent du Sacré-Cœur était un établissement snob, même si les frais n'y étaient pas beaucoup plus élevés que dans les autres couvents, et les familles y inscrivaient leurs filles dès leur naissance. Gaby a plaidé en ma faveur, mais May n'a pas cédé et n'a pas permis à sa vieille amie de passer devant tout le monde. Selon mère May, elle avait été obligée de refuser la nièce du cardinal Léger parce que ses parents avaient eux aussi négligé de l'inscrire à temps. Je doute que May Carter ait réussi à diriger l'ordre du Sacré-Cœur en tenant tête aux cardinaux. Quoi qu'il en soit, ma mère a accepté la décision et mes parents se sont démenés pour me trouver un autre pensionnat.

Nous en avons visité quelques-uns et les avons rejetés – trop sévère, trop quelconque, trop loin de la maison – puis, un jour, mes parents ont rencontré la famille Ross, des Irlandais qui venaient de s'installer à Saint-Sauveur. Judith Ross avait fait ses études en Irlande dans un couvent administré par les Fidèles Compagnes de Jésus (FCJ), un ordre religieux de femmes pieuses et instruites semi-cloîtrées qui suivaient le modèle de la Compagnie de Jésus. Comme les Jésuites, elles favorisaient les études classiques. L'ordre s'était implanté à Combermere en Ontario, un petit village dans une région sauvage magnifique aux abords du parc Algonquin. Mme Ross a téléphoné à sa vieille amie, mère Zoe O'Connell, qui était à l'époque la Révérende Mère de St. Mary's, et nous a organisé une visite du couvent.

L'itinéraire était long pour l'époque – quatre cents kilomètres sur des routes à deux voies – et nos parents ont donné à cette visite des allures de vacances familiales. Nous avons paqueté la Monarch et, fidèles à notre habitude, nous sommes partis tard, si bien que, à l'heure du souper, nous n'avions parcouru que la moitié du chemin. Nous avons fait escale en route et sommes arrivés au couvent le lendemain à la fin de l'avant-midi.

Si on m'avait demandé de concevoir un slogan publicitaire pour cet endroit à l'intention de la jeune fille de quatorze ans que j'étais, j'aurais écrit : *Combermere, là où commence la magie.*

On accédait à la propriété des religieuses, délimitée par un mur de pierre, par le chemin Dafoe. Au bout d'une longue allée se trouvait un édifice moderne de trois étages, blanc, long et bas, surmonté d'un clocher en bois et comportant un portique de pierre et de verre.

Nous avons été chaleureusement accueillis par la sympathique mère Zoe qui, pour faire honneur à ses racines irlandaises, nous a servi du thé et des scones dans son bureau pendant qu'elle nous parlait de son ordre et de son école. Elle nous a tous captivés. Nous avons quitté son bureau pour faire une courte promenade sur la propriété jusqu'à l'externat que nous a fait visiter sa directrice, mère Miriam Ryan. Elle aussi exsudait le charme irlandais et a complètement envoûté nos parents. Je savais que c'était l'endroit où j'étudierais à l'automne.

Nous avons passé le reste de l'après-midi à visiter le village et nous sommes arrêtés à la Madonna House Apostolate ou Maison de la Madone, une communauté catholique laïque qui s'était établie à Combermere à peu près en même temps que les FCJ. Ses dirigeants, Catherine et Eddie Doherty, faisaient une promotion active de leur mission et avaient une politique de portes ouvertes pour les visiteurs*.

Les Doherty et leurs fidèles, qui s'étaient donné pour mission d'être au service de Dieu et des pauvres, se faisaient un devoir de marcher pieds nus et habillés en haillons pour mieux s'identifier aux plus démunis. On se moquait d'eux au milieu du vingtième siècle dans cette communauté d'Ontariens ruraux qui se demandaient bien pourquoi des gens se donnaient autant de mal pour avoir l'air de va-nu-pieds. Les sœurs ne les considéraient pas d'un bon œil et nous ont déconseillé d'aller les voir. C'est pourquoi mère Miriam a dit à mon père qui lui parlait de son intention de visiter Madonna House : « Si vous y tenez... »

---

* Cela peut sembler une coïncidence étrange que ces deux mouvements catholiques, diamétralement opposés en style si ce n'est en contenu, se retrouvent à quelques kilomètres l'un de l'autre dans la même petite ville ontarienne, mais ils n'ont jamais été associés et avaient très peu à voir l'un avec l'autre. Comme pour beaucoup d'autres choses, Combermere est un monde de contrastes.

Je n'avais pas encore été endoctrinée lorsque nous nous y sommes rendus plus tard dans la journée. Eddie Doherty m'a semblé sympathique et courtois. Il nous a fait visiter son domaine et nous a présenté des membres de la mission en nous expliquant le rôle de chacun. Deux hommes qui avaient la tâche de déneiger les chemins (*paths*) l'hiver étaient surnommés les «*pathologists*». Nous sommes repartis avec de jeunes pousses de pins que les *pathologists* ont obligeamment déracinés et déposés dans le coffre de la Monarch. Mes parents les ont transplantés sur notre propriété de Saint-Sauveur où ils ont atteint une hauteur spectaculaire: plus de quinze mètres.

Nous avons tout aimé de St. Mary's et de Combermere, et mes parents m'ont inscrite dès le lendemain matin. On a commandé les manuels scolaires et mon uniforme. Durant la semaine, les filles portaient une tunique vert foncé par-dessus un chemisier vert pomme, avec une cravate de la couleur de la tunique ainsi qu'un blazer, vert foncé lui aussi, et une calotte verte. Le dimanche, nous portions une chasuble souple verte à plis creux avec une blouse en nylon jaune pâle bordée de dentelle, un détail féminin qui contrastait agréablement avec l'uniforme que nous portions les six autres jours.

Dans cette région du pays colonisée par des Irlandais, des Polonais et des Allemands, les principales industries étaient à l'époque l'agriculture, la foresterie et les mines. Les FCJ, qui s'étaient donné une mission d'éducation, s'étaient établies à Combermere pour fonder une école secondaire desservant la région. Il s'agissait en théorie d'une école confessionnelle, mais les garçons et les filles n'étaient pas tous catholiques et il y avait quelques protestants d'une dénomination ou une autre. Je me souviens, entre autres, d'une pentecôtiste qui n'avait pas le droit d'assister à nos cours de danse. Pendant que tous les jeunes du pays dansaient le *jitterbug*, les FCJ se complaisaient dans le confort du siècle précédent, à l'abri de la modernité comme la famille McGarrigle, et nous apprenaient des *Virginia reels*, la *scottisch* ou *shottish*, et le *Highland Fling*.

Une fois rentrés, nous sommes allés acheter les vêtements de nuit, les sous-vêtements et les articles divers figurant sur la liste des religieuses. Mon père et moi avons fait un voyage spécial chez Ogilvy à Montréal pour m'acheter une boîte à chapeau. Elle était à carreaux, d'une trentaine de centimètres de diamètre, et munie d'une petite poignée sur le dessus. Papa m'a assuré qu'une femme bien habillée ne se déplaçait jamais sans sa boîte à chapeau. Moi, je m'en servais comme sac de voyage. Les religieuses se sont organisées pour que je rejoigne Chris McGuire, une autre pensionnaire, à Ottawa, puis que nous prenions le train ensemble jusqu'à Barry's Bay où quelqu'un devait venir nous chercher pour nous conduire en voiture à Combermere, dix-sept kilomètres plus loin. Je n'étais jamais partie seule de la maison. Je me sentais comme une adulte en voyageant en train, une boîte à chapeau à la main, et j'étais impatiente d'entreprendre cette nouvelle aventure.

Chris et moi sommes arrivées au couvent pleines d'entrain. J'ai plongé dans la routine et j'ai appris à connaître les sœurs une par une, selon leurs tâches. Combermere étant situé dans une région de chasse et de pêche, les gens offraient souvent des cadeaux en nature au couvent. Quand ils tuaient un chevreuil, les chasseurs – dont le père Dwyer, le prêtre de la paroisse – le dépeçaient et allaient l'apporter aux sœurs de la cuisine, deux Suissesses qui l'apprêtaient avec art. Nous mangions souvent du gibier, cuisiné sous les formes les plus variées et toutes délicieuses : en steak, en rôti ou en pot-au-feu. Polyvalentes, les cuisinières confectionnaient même des gâteaux et des pâtisseries. En fait, elles faisaient leur travail un peu trop bien : à Noël, j'avais engraissé de quatre kilos et demi et j'ai dû faire agrandir mes uniformes.

Mère Rita, qui enseignait aux externes et organisait les sports d'équipe, était aimée de tous les jeunes, les garçons comme les filles. Elle éprouvait une affection particulière pour Moise Franswa, le vieil Indien qui vivait seul au bord de la rivière, juste en bas du couvent. C'était un vétéran de la Première Guerre mondiale dont la famille possédait autrefois une ferme dans les environs. Il avait été guide de pêche pendant une grande partie de sa vie et homme à tout faire à la paroisse, mais il avait près de quatre-vingts ans à l'époque et était moins actif. Mère Rita s'occupait de lui et nous rappelait de prier pour lui parce que sa santé était précaire. À mes yeux, Moise était un personnage romantique et mystérieux qui vivait dans sa petite cabane au bord de la Madawaska et se déplaçait en canot.

Nous avions des cours d'anglais, de latin, d'histoire, de géographie, d'algèbre, de géométrie et de Saintes Écritures. Nous avions aussi régulièrement des leçons de musique et d'art. Mère Marie ramenait sur le droit chemin nos doigts errant sur le clavier ou notre main malhabile devant le chevalet au moyen d'une longue baguette à pointe de caoutchouc. Elle avait aussi la responsabilité de nous enseigner le maintien et de surveiller la salle à dîner. Elle circulait parmi nous avec sa fameuse baguette et nous donnait de petits coups secs sur les mains pour nous rappeler de ne pas négliger les bonnes manières. Cette personne sévère ressemblait vaguement à la reine Victoria sous sa guimpe. J'avais toujours l'impression qu'elle allait dire : « *We are not amused* » (Nous ne trouvons pas cela drôle), comme l'aurait lancé un jour la reine Victoria à propos des gestes d'un de ses chambellans. Mère Marie était rarement *amused*.

C'est mère Miriam qui enseignait le latin, ma matière préférée. J'y avais pris goût rapidement et j'attendais chaque cours avec impatience. J'entretenais mes connaissances en échangeant des messages écrits en latin avec mes compagnes pendant les autres cours. Je gardais ma grammaire latine à portée de main pour vérifier les déclinaisons. En interceptant un message, on aurait pu y lire : « *Larry non docetur in schola. Quare ?* » (Larry n'assiste pas au cours aujourd'hui. Pourquoi ?) Ce petit mot pouvait être l'amorce d'une correspondance sur les allées et venues de Larry et autres potins.

Nous nous levions le matin au son d'une petite cloche et d'une invocation, généralement « Jésus, Marie et Joseph », que nous répétions en chœur. La litanie se poursuivait pendant notre toilette et l'habillage, et ces quatre mots étaient les seuls permis jusqu'à ce que nous soyons assises pour le déjeuner. Tout de suite après, il y avait une courte période d'étude, puis nous marchions en rangs de deux jusqu'à l'école, à dix minutes de là. À la fin de la journée, nous rentrions au couvent pour le souper et une période d'étude avant d'être laissées libres dans la salle de récréation. Une moitié de la salle d'étude était occupée par des bureaux, tandis que l'autre partie était aménagée en salle de lecture confortable, avec une bibliothèque riche en œuvres classiques et contemporaines, mais loin d'être aussi éclectique que la collection McGarrigle. Ce qui était intéressant au sujet des FCJ, c'est que ces éducatrices catholiques nous encourageaient à nous interroger, dans une certaine mesure, sur le dogme catholique et d'autres idées reçues.

Mais, au bout du compte, elles nous ramenaient toujours à la ligne de parti.

Chaque matin, le père Dwyer ou un jeune prêtre venait dire la messe dans la chapelle du couvent. Nous n'étions pas obligées d'y assister, mais notre présence était fortement encouragée. La veille, nous laissions nos souliers à l'extérieur de notre cubicule si nous souhaitions être réveillées pour la messe de sept heures. J'y allais plusieurs fois par semaine, pas pour faire plaisir aux sœurs, mais parce que ça me plaisait beaucoup. Avec du recul, on pourrait dire que je vivais une expérience méditative parce que je m'évadais en écoutant les chants grégoriens et les belles images saintes glissées dans mon missel me mettaient en transe. La magie de Combermere me transportait parfois dans un état second, dans la chapelle. J'adorais ces expériences et j'en redemandais. Mon mysticisme d'adolescente ne faisait pas de moi une fille sage, loin de là. J'étais souvent sur les charbons ardents, habituellement parce que je me rebellais et me braquais.

St. Mary's m'a manqué quand je suis retournée chez moi pour les fêtes de Noël. Je comptais les jours jusqu'à mon retour en classe.

En revenant au couvent, Chris et moi avons appris que l'état de santé de Moise s'était dégradé pendant notre congé. Mère Rita se rendait à sa cabane plus souvent. Quand il fut sur le point de mourir, nous avons allumé des lampions et avons récité des prières dans la chapelle à son intention. Nous étions revenues en classe le 9 janvier 1956 et Moise est mort dix jours plus tard. Cette période est inscrite dans mon esprit comme un paysage de champs désolés et enneigés parcourus par la rivière Madawaska gelée. Je revois un petit groupe de collégiennes marchant dans le sentier menant à la cabane de Moise au coucher du soleil et des gens réunis autour d'un grand feu devant son refuge. À l'intérieur, Moise reposait au milieu de chandelles et de lampes à l'huile. Je ne me souviens pas s'il était toujours parmi nous ou s'il était déjà mort. J'ai su qu'on avait déposé son corps dans son canot qui a dérivé sur sa très chère rivière. Il est enterré dans le cimetière de l'église Holy Canadian Martyrs à Combermere. Sa tombe n'est pas très loin de celle du père Dwyer, mort après mon départ de Combermere.

La tristesse entourant la mort de Moise a été quelque peu atténuée par l'arrivée d'une nouvelle élève: Ann Bennett, une protestante, ce qui était inhabituel pour une pensionnaire de St. Mary's. Elle «purgeait» peut-être une peine au couvent – son arrivée en cours d'année laisse croire qu'elle avait quitté subitement une autre école –, mais St. Mary's n'était pas du tout un établissement disciplinaire. Ann était très amusante et tout le monde l'aimait, même les religieuses malgré qu'elle fût chahuteuse. Elle profitait de chaque occasion pour remettre en question l'autorité, surtout lorsqu'elle trouvait qu'une situation n'avait aucun sens. Je pense que nous avions tous l'impression de vivre un moment glorieux quand elle s'en prenait à la règle «arrêt interdit» que nous devions respecter lors de nos promenades. Nous allions nous balader tous les samedis et dimanches, à moins qu'il fasse un temps de chien. Certaines excursions duraient jusqu'à trois heures. Deux par deux, nous suivions une sœur et un élève qui ouvraient la marche et une paire semblable la fermait. Dès qu'elles quittaient leur propriété, les religieuses se voilaient le visage. C'était normalement mère Bridget ou mère Rita et, une fois de temps en temps, mère Miriam ou sœur Mary Agnes. Nous nous disputions pour avoir le droit de marcher à côté de notre sœur préférée. Mère Rita était la plus recherchée, mais ma préférée, c'était mère Miriam. Une élève avait le béguin pour mère Rita, mais ce n'était pas réciproque. La religieuse faisait tout pour l'éloigner et choisissait parfois elle-même sa compagne. Ce que l'on observe dans la vie laïque en amitié et en amour – nous repoussons ceux qui nous poursuivent – était aussi vrai derrière les hauts murs du couvent.

Un samedi après-midi, nous nous sommes réunies dans la cour dallée à l'arrière du couvent, nous avons choisi notre partenaire puis nous sommes parties. On nous rappelait toujours d'aller aux toilettes avant de partir parce que nous n'aurions pas d'autres occasions jusqu'à notre retour. Nous marchions habituellement le long de routes de campagne éloignées où il y avait très peu ou pas de circulation. Lors d'une longue excursion, Ann a senti l'appel de la nature et a demandé la permission de se cacher derrière un buisson pour faire pipi. «Il n'en est pas question», lui a répondu mère Bridget. C'était une question de bienséance et de pudeur, et les filles de St. Mary's n'arrêtaient pas sur le bord du chemin pour faire leurs besoins. Ann a tenu bon jusqu'à notre retour sur la propriété du couvent, puis elle a filé dans la cour. Elle a baissé ses culottes, s'est accroupie et a uriné sur les dalles. Quelle audace! Son culot nous a médusées. Elle a sûrement été réprimandée, mais, comme elle était toujours en classe le lundi suivant, la punition n'était manifestement pas très sévère. Les nouvelles circulaient vite et Ann Bennett était l'héroïne de l'heure.

J'ai fait à ma tête moi aussi, mais ce n'était rien à côté d'Ann. J'ai dû rester assise seule dans la salle à dîner longtemps après l'heure du coucher parce que j'avais refusé de manger mon morceau de tarte à la rhubarbe (je détestais la rhubarbe). Une autre fois, j'ai avalé une douzaine d'aspirines avec du coca-cola avant une soirée à l'école parce que j'avais entendu dire que ça me soûlerait. Sans succès. Tout ce que j'ai obtenu, ce sont des bourdonnements dans les oreilles pendant plusieurs heures.

Ces incidents n'étaient que des préliminaires à mon principal fait d'armes qui s'est produit peu après les vacances de Pâques. Je m'étais acheté un soixante-dix-huit tours d'*Heartbreak Hotel* d'Elvis Presley et je l'avais apporté à Combermere, soigneusement emballé dans ma boîte à chapeau. J'étais une grande fan d'Elvis et l'une des premières à posséder le disque de *That's All Right, Mama*, sur la face opposée de *Blue Moon of Kentucky* que j'ai enseignée à quelques filles dans la salle de récréation puis, plus tard, à Kate et à Anna. J'étais impatiente de faire jouer *Heartbreak Hotel* sur le gramophone de la salle de récréation. Mère Bridget était de garde quand j'ai mis cette chanson la première soirée suivant notre retour et elle a pété les plombs une minute après le début du morceau. Elle savait reconnaître une menace spirituelle. Elle a marché jusqu'au tourne-disque, elle a pris le soixante-dix-huit tours, puis l'a cassé en le frappant sur son genou. «Tiens, ta musique diabolique», m'a-t-elle dit en me remettant les débris.

Choquée de la voir détruire mon bien, je me suis réfugiée au dortoir, je me suis barricadée dans mon cubicule – enfin, dans la mesure où il est possible de s'enfermer dans un espace dont trois des quatre cloisons sont des rideaux de coton –, et j'ai refusé d'en sortir tant que la sœur n'aurait pas remplacé mon disque. Par la force des choses, je devais faire la grève de la faim et, sauf pour aller aux toilettes, je ne suis sortie ni le soir même ni le lendemain. Mère Zoe n'était plus en poste et sa remplaçante, la Révérende Mère Madeleine, m'a rendu visite pour me menacer d'expulsion si je ne changeais pas d'idée. Je me fichais de mère Madeleine et de son talent de négociatrice, sa stratégie de force n'avait aucun effet sur moi. Mère Miriam a appelé mon père le soir. Il a quitté Saint-Sauveur à l'aube le lendemain. À son arrivée à Combermere, au début de l'après-midi, je mourais de faim et je priais le ciel de trouver un moyen de me sortir de la prison dans laquelle je m'étais enfermée. Papa a agi comme intermédiaire et il a été convenu qu'il me rachèterait mon disque, que je serais suspendue pendant dix jours avec beaucoup de travail à faire à la maison et que je ne pourrais plus jamais apporter de disques à St. Mary's. Sur le chemin du retour, nous nous sommes arrêtés au premier endroit servant de la nourriture, puis nous avons pris la route pour Saint-Sauveur sans pause.

Le reste de l'année scolaire n'a été qu'une succession de journées formidables. Sous la direction de mère Bridget, nous avons présenté la comédie musicale *Oklahoma!* devant une salle qui a applaudi à tout rompre. Nous avons aussi organisé une activité de bienfaisance pour les missions. Je me suis déguisée en diseuse de bonne aventure – avec foulards, colliers et une ceinture de casseroles autour de la taille – et je lisais l'avenir dans les feuilles de thé. Je me suis mise à croire vraiment à cet art que je venais d'apprendre quelques heures auparavant. Je suis devenue une joueuse de basketball talentueuse : j'étais meneuse de jeu parce que j'étais petite, mais une meneuse de jeu très agressive.

Aux examens finaux, j'ai obtenu d'excellentes notes. J'avais hâte de revenir à St. Mary's l'automne suivant, mais cela ne devait pas arriver. Quand mon père est venu me chercher à la fin de la session, mère Miriam lui a annoncé que les religieuses croyaient que j'avais la vocation et pas n'importe laquelle : celle d'une sœur du Précieux-Sang, un ordre contemplatif. Je m'étais confiée à mère Miriam, probablement emportée par l'enthousiasme d'une élève plus vieille qui est devenue postulante immédiatement après la remise des diplômes. Mon père était complètement décontenancé. L'adolescente qui était montée aux barricades à cause d'un disque d'Elvis deux mois auparavant songeait à vivre cloîtrée. Papa n'a pas dit grand-chose dans un sens ou dans l'autre à mère Miriam, mais je savais que mon idée ne tiendrait pas la route.

Le hasard a alors bien fait les choses, comme cela arrive souvent. L'organiste de Saint-Sauveur se mariait cet été-là et allait déménager. Est-ce que Laury Jane McGarrigle accepterait de prendre la relève ? En acceptant, je devais vivre à Saint-Sauveur pour être disponible afin de jouer aux messes du dimanche, lors de certains services en soirée, sans oublier les funérailles et les mariages. Certainement, a répondu mon père, soulagé de me voir échapper au voile sans avoir à intervenir directement. Au début, j'étais triste de ne pas retourner à St. Mary's, mais je me suis faite à l'idée pendant l'été. C'était un honneur d'être l'organiste du village, un honneur *payant*. J'ai donc tourné la page sur St. Mary's et Combermere pour me chercher une autre école secondaire.

Orgues-anisée

(JANE)

Notre père entretenait pour ses filles de grands rêves et de grandes espérances. Il ne laissait jamais passer les occasions qui pouvaient être bonnes pour nous. En fait, il les guettait. Quand on m'a offert le poste d'organiste de notre église paroissiale, il a probablement pensé que la divine providence lui tendait la main.

Je me souviens d'avoir eu quelques doutes à l'époque. L'offre était accompagnée d'une longue description de tâches pour lesquelles je ne me sentais pas bien préparée. Entre autres, je n'avais pas autant de facilité avec la lecture à vue qu'on aurait pu le croire après huit ans d'études de musique, neuf si on tient compte des leçons de madame Landoska à Lachine.

En outre, l'horaire était exigeant. Je jouais à la grand-messe de dix heures le dimanche pour accompagner la chorale d'hommes et, parfois, le même jour, à la messe basse de huit heures trente qu'on appelait la «messe des anges» parce que les hymnes et la musique sacrée étaient interprétés par un chœur d'enfants dirigé par la sœur qui enseignait la musique. Au cours de l'année, il y avait des jours fériés qui exigeaient une messe chantée ou accompagnée à l'orgue, à l'occasion des vêpres et d'autres services en soirée. Sans compter, bien entendu, les mariages et les funérailles.

Cependant, il n'a jamais été question que je refuse cet emploi. Il y avait trop de choses en jeu : distinction personnelle, fierté parentale et même honoraires modestes. Mes parents ont accepté l'offre de la paroisse en mon nom, en échange d'un salaire annuel de cinq cents dollars payé par chèque, en un seul versement, directement dans la Daddy Bank, la Banque à Papa.

La Daddy Bank était notre institution financière personnelle. Tout l'argent qui passait dans mes mains ou dans celles de Kate et d'Anna, comme les cadeaux que nous donnaient à l'occasion les amis et parents venus nous rendre visite, était déposé dans la Daddy Bank. Il était convenu que nous pouvions faire des retraits si papa approuvait la dépense. Nous tenions rigoureusement des registres en utilisant des formulaires bancaires dont mon père ne se servait plus. Chaque fois que je déposais de l'argent dans la Daddy Bank, on remplissait un bordereau de dépôt et la somme était consignée dans un vieux livret de banque. Pour retirer de l'argent, j'écrivais mon nom et le montant sur une formule de chèque et je la signais. Papa me remettait l'argent et notait la somme dans le livret avec beaucoup de sérieux. Il y avait toujours des discussions sur la façon dont cette dépense cadrait avec le sens des valeurs que mes parents voulaient nous inculquer, mais papa honorait généralement son entente.

Mon nouvel instrument était un orgue à tuyaux Casavant à trois claviers manuels et pédalier. J'étais habituée aux jeux et aux ajustements parce que je jouais de l'harmonium à la maison. De plus, Hélène, la fille que je remplaçais, m'en a montré le maximum avant de quitter le village, mais je n'étais nullement une organiste à part entière et je n'avais pas la trempe d'E. Power Biggs ou de Marcel Dupré, le héros d'oncle Jimmy. Je n'ai jamais vraiment maîtrisé le pédalier, qui aurait dû se jouer avec les deux pieds. Je m'en tirais en utilisant le pied gauche sur le pédalier et en appuyant le pied droit sur la pédale de volume. Les organistes accomplis considèrent que c'est une mauvaise méthode, mais c'est comme ça que j'ai appris et je n'ai pas poussé plus loin, même si mon père insistait pour m'offrir des leçons.

Le fait qu'un petit village comme le nôtre, une paroisse peu nantie, ait pu s'offrir un instrument aussi magnifique est révélateur de la richesse de l'Église catholique à cette époque. Établi à Saint-Hyacinthe depuis 1879, Casavant Frères est le plus grand facteur d'orgues du monde. L'entreprise fabrique et restaure ces bêtes magnifiques et les expédie à ses clients sur tous les continents. L'Église a-t-elle offert aux frères Casavant quelques indulgences en échange de l'instrument?

L'orgue se trouvait dans la tribune à laquelle on accédait en gravissant une succession d'escaliers tournants étroits. De là-haut, l'organiste pouvait voir l'autel et les dix ou quinze premières rangées de bancs, ce qui l'aidait à suivre le déroulement de l'office. Les tuyaux, qui mesuraient d'un mètre vingt à près de cinq mètres de hauteur, étaient disposés harmonieusement en suivant la courbe du plafond, ce qui créait un arrière-plan majestueux pour la chorale derrière moi. Une fois que j'avais allumé l'orgue et tiré tous les boutons de registre, je devenais en quelque sorte la maîtresse d'un son impressionnant.

Hélène était toujours bien habillée le dimanche. J'ai un souvenir très clair de son dernier jour dans une robe chemisier à la Dior vert lime, avec une capeline en paille et des chaussures à talons hauts assorties. Sa remplaçante n'a jamais été en mesure d'atteindre ce niveau d'élégance. Une fois assise devant son clavier, elle se débarrassait de ses chaussures pour jouer sur le pédalier. Je me demandais si d'éventuelles échardes provenant des touches en bois faisaient des mailles dans ses bas de nylon.

L'église pouvait accueillir quatre cent cinquante fidèles, en plus de ceux qui occupaient la tribune et les jubés. Avant la laïcisation du Québec, elle était pleine à craquer le dimanche matin. Chaque messe dominicale était un spectacle pour lequel je voulais être prête et je répétais souvent, seule ou avec Marcel, le chef de chœur. J'avais les clés de l'église et de l'orgue et, parfois, j'y allais après souper lorsque l'endroit était généralement désert. Le lieu était assez sinistre dans l'obscurité et je devais trouver à tâtons l'interrupteur de la lumière en haut de l'escalier. Je pense au *Fantôme de l'Opéra*, quoique dans mon cas, c'était moi, le Fantôme, qui étais apeurée quand quelqu'un s'aventurait dans l'église que je n'avais pas verrouillée et grimpait à la tribune pour voir ce qui se passait.

J'ai appris quelques messes et de nombreuses pièces musicales d'occasion. Ma lecture à vue s'est améliorée et je n'ai pas mis beaucoup de temps à me familiariser avec la console du Casavant.

La communion est un passage tranquille de la messe au cours duquel aucune musique précise n'est prescrite. J'ai donc commencé à improviser pour mettre les fidèles dans le bon état d'esprit. C'étaient des airs très doux avec de nombreux accords suspendus qui leur donnaient une certaine authenticité religieuse.

Les membres de la communauté se sentaient libres de faire des commentaires aux jeunes qu'ils n'auraient jamais osé adresser à des adultes. On m'a donc félicitée (« C'était superbe ! ») et critiquée à l'occasion («C'était trop fort»). Quand on me demandait ce que j'avais joué durant l'Eucharistie, j'étais trop timide pour admettre que j'avais tout inventé au fur et à mesure et je donnais donc le nom d'un compositeur obscur ou imaginaire. Immanquablement, le paroissien hochait la tête d'un air entendu et disait: «Ah oui, je le reconnais…» C'était pour moi un vrai concert et, à l'exception de ce pieux mensonge, je prenais mes nouvelles tâches avec beaucoup de sérieux.

Quand j'ai joué à mes premières funérailles, j'étais excitée parce que Marcel avait choisi une messe funèbre de Pietro Yon qui comptait parmi mes préférées. La messe était concélébrée par cinq prêtres portant des vêtements sacerdotaux noirs et dorés: trois au maître-autel et les deux autres à chaque autel secondaire. On peut dire ce qu'on veut des catholiques, mais reste qu'ils savaient donner du panache aux cérémonies religieuses avant que le concile Vatican II n'ouvre la porte aux messes à gogo et ne chasse le latin au profit des langues vernaculaires.

Des années plus tard, j'ai lu des lettres échangées entre oncle Jimmy et Pietro Yon vers 1930. Ils s'étaient rencontrés après un récital d'orgue donné par Yon à Carnegie Hall, à New York, et étaient sortis prendre un verre. Évidemment, Jimmy a félicité le musicien pour son jeu, mais a critiqué son choix musical qui, d'après lui, manquait de Bach. Yon s'est probablement défendu dans une lettre que nous n'avons pas lue, mais le reste de la correspondance de Jimmy constitue une spirale descendante. Elle se conclut par une virulente critique de Yon qui aurait joué un trop grand nombre de ses compositions en concert et pas assez d'œuvres de «compositeurs de première classe». Oups…

Après avoir joué pour de nombreux services religieux et constaté à quel point le chef de chœur pouvait être nonchalant – il se moquait des mauvaises intonations du prêtre ou accélérait le tempo des chants pendant les funérailles –, je devenais moi-même négligente, particulièrement pendant les messes des skieurs, à midi, les dimanches d'hiver. Elles étaient bien différentes de la messe des anges et auraient probablement dû être surnommées «la messe des soûlons» si l'on se fie à l'état de nombreux participants. Herb O'Connell, le propriétaire du Mont Gabriel, un centre de ski luxueux à environ cinq kilomètres de Saint-Sauveur, entassait les clients de son hôtel dans son traîneau, leur jetait des couvertures sur les genoux et les emmenait à la messe basse. Vêtu de son gros manteau et de son chapeau de fourrure, il tenait lui-même les rênes. À leur arrivée à l'église, Herb confiait le traîneau et les chevaux à un garçon du village et remontait l'allée centrale, suivi de ses invités, jusqu'aux bancs réservés. Le chanteur de son bar, Jerry Travers, qui était magané de la veille et semblait recruté de force, gravissait péniblement l'escalier. Il se joignait à moi pour interpréter la musique que son patron voulait entendre. Les premières fois où nous avons joué en duo, il avait apporté des partitions : quelques hymnes, le *Panis Angelicus* de César Franck pour l'offertoire, d'autres grands succès comme *The Lord's Prayer* d'Albert Hay Malotte et les *Ave Maria* de Gounod et de Schubert. Une fois habitués l'un à l'autre, nous avons innové et jouions des hymnes que nous avions appris dans les chorales catholiques quand nous étions plus jeunes. Nous avons découvert que nous aimions tous deux *In the Garden*, un hymne mielleux, mais émouvant, provenant du livre de cantiques Sankey-Moody (c'est bien un chant protestant, mais la terre n'a pas tremblé) et nous l'avons inclus dans notre répertoire. Il n'y avait pas de rétribution additionnelle de la paroisse, mais Herb me donnait un pourboire de temps à autre et un abonnement de saison pour skier au Mont Gabriel.

À l'été 1958, oncle Gus et tante Muriel sont venus de New York pour passer quelques semaines avec leurs deux garçons, Frankie et Jimmy. *Great Balls of Fire* de Jerry Lee Lewis était le succès de l'été. Lewis était, à ma connaissance, le premier pianiste à devenir une vedette de rock'n'roll, tous les autres étant des guitaristes. C'était stimulant pour une jeune pianiste et je me suis mise à jouer et à chanter son succès à la maison, en reproduisant ses glissandos. Jimmy et les autres jeunes me réclamaient sans cesse cette chanson et me poussaient à taper le clavier avec mes pieds comme le faisait Jerry Lee Lewis sur scène. Je n'ai jamais osé infliger ce traitement à notre Steinway.

Il y a eu des funérailles pendant la visite de nos cousins et Jimmy m'a accompagnée pendant que je jouais. Le chef de chœur s'était éclipsé dès la dernière note du solo de la messe. J'étais en train de jouer l'hymne de sortie du clergé, un kyrie inconnu composé par un de mes amis, et j'ai demandé à Jimmy de me prévenir lorsqu'il n'y aurait plus personne dans l'église. Il s'est penché par-dessus le garde-corps et m'a fait signe que l'église était vide. J'ai décidé de voir comment sonnerait *Great Balls of Fire* à l'orgue et je me suis lancée en tirant de plus en plus de boutons de registre. Je jouais à plein régime, sans oublier les glissandos, le pied à fond sur le clavier de récit pour augmenter le volume. Jimmy était secoué de rires... parce que l'église *n'était pas vide* et certains endeuillés sortaient encore lentement. Jimmy était le diable en personne et je n'aurais pas dû lui faire confiance.

J'ai fini par abandonner mon emploi d'organiste et je n'ai joué sérieusement d'aucun instrument à clavier pendant assez longtemps.

Mon année de tous les dangers

(JANE)

Pendant que je m'habituais à mon nouveau travail d'organiste, mes parents se demandaient comment je poursuivrais mon éducation maintenant qu'ils m'avaient retirée de St. Mary's. Ils voulaient que je fréquente une école anglaise assez proche de Saint-Sauveur pour que je puisse vivre à la maison et jouer aux messes du dimanche et aux autres services religieux de la paroisse. Il y avait une solution toute simple, la Sainte-Agathe High School, mais il n'était pas acquis que j'y serais admise. Elle faisait partie de la commission scolaire protestante et, puisque nous étions catholiques, nous payions nos taxes à la commission scolaire catholique. Il y avait aussi le problème de la disparité des niveaux. On nous avait dit que les normes d'instruction du système protestant étaient beaucoup plus exigeantes et que les niveaux n'étaient pas nécessairement équivalents. Mes parents ont mis ces critiques sur le compte des anticatholiques, mais elles étaient en partie fondées, comme je l'ai découvert plus tard.

Pour préparer un peu le terrain avant de tenter de m'inscrire, mon père a décidé que nous devions rendre visite à Bruce Smail, un enseignant à Sainte-Agathe qu'il connaissait vaguement par l'entremise de Brownie Byers, notre ami de Papineauville. Sa stratégie était que j'avais de meilleures chances d'être admise si nous parvenions à convaincre monsieur Smail de présenter ma demande.

Nous nous sommes présentés chez lui avec mes bulletins. Smail et mon père se sont mis à discuter de choses et d'autres – leurs amis communs, les Laurentides dans le bon vieux temps, la menace du communisme – en prenant quelques verres. C'était une stratégie que mon père utilisait souvent : il commençait par briser la glace, puis il abordait sa mission, dans ce cas, solliciter l'aide de Smail pour mes études. Lorsqu'ils sont arrivés au but de notre visite, il a jeté un coup d'œil à mes bulletins et a accepté d'aller de l'avant avec ma demande. Je ne vois pas comment il aurait pu refuser.

Quelques jours plus tard, nous sommes retournés à Sainte-Agathe en voiture pour m'inscrire et rencontrer le directeur, monsieur Jacobsen. Nous avons commandé un nouvel uniforme : un kilt au motif Dress Gordon avec un cardigan vert foncé par-dessus un chemisier blanc. Les garçons, eux, portaient un pantalon de flanelle gris, un chandail vert foncé à encolure en V et une chemise blanche.

Sainte-Agathe High était une école régionale desservant la population dans un rayon de trente kilomètres, soit Saint-Sauveur, Piedmont, Sainte-Adèle, Val-Morin, Val-David, Saint-Jovite, Mont-Tremblant et Sainte-Agathe, bien entendu. Comme il n'y avait pas de transport scolaire, les jeunes s'y rendaient par leurs propres moyens. Quelques garçons utilisaient leur voiture ou l'auto familiale et, dans la mesure du possible, les élèves covoituraient. La plupart du temps, je m'y rendais en taxi collectif : le chauffeur arrêtait en route pour d'autres jeunes qui s'étaient inscrits. J'habitais le plus loin et j'étais la première des cinq (parfois jusqu'à sept) élèves à s'entasser matin et soir dans une Oldsmobile. C'était un modèle Rocket 88 à la silhouette carrée et elle portait bien son nom de « fusée » quand notre chauffeur devait filer sur la vieille route 11 pour essayer de nous faire arriver à temps malgré la météo ou le retard d'un élève.

J'ai eu tout un choc en arrivant à Sainte-Agathe. C'était complètement différent du cocon auquel j'étais habituée. Les élèves étaient en partie autonomes : il n'y avait pas de religieuse aux aguets pour s'assurer que nous comprenions bien la matière, pas de professeur qui prenait son temps pour permettre aux élèves plus lents de se rattraper. J'avais très peu de connaissances en maths et en sciences, et notre prof, monsieur Jacobsen ou Jake, appliquait une discipline rigoureuse. Il passait sa matière très rapidement. Je me suis rendu compte dès les premières semaines que j'étais dépassée, mais je ne savais pas quoi faire.

Je ne pouvais pas me confier à monsieur Smail, mon professeur titulaire et ancien ami de la famille. Le gentil éducateur que j'avais rencontré quelques semaines auparavant avec mon père s'était mystérieusement transformé en monstre misanthrope dès la rentrée scolaire. Il avait la réputation d'avoir recours à son esprit caustique pour humilier les élèves et il s'en était déjà pris à moi à quelques reprises pour une raison qui m'échappait. En fait, je réussissais bien les matières qu'il enseignait (anglais et littérature), mais il intimidait tout le monde équitablement : personne n'était épargné. J'ai perdu intérêt dans ses cours.

Après avoir étudié dans des couvents pendant des années, j'étais aussi étrangère à l'atmosphère permissive de ma nouvelle école qu'à son programme exigeant. Si Sainte-Agathe High avait été une fille, on aurait dit qu'elle était «*fast*», un terme utilisé dans les années 1950 pour désigner une personne sophistiquée et audacieuse. Les histoires d'amour abondaient au vu et au su de tout le monde. Un de mes camarades, qui n'avait pas plus de seize ou dix-sept ans, sortait avec une belle enseignante blonde de vingt-quatre ans et passait les fins de semaine chez elle. Personne ne semblait s'en formaliser. Il y avait énormément de partys : des soirées dansantes dans le gymnase de l'école et des fêtes chez l'un ou chez l'autre presque chaque fin de semaine, organisées par des élèves dont les parents étaient à la maison... ou pas. On y buvait très souvent de l'alcool : de la bière, du whisky ou du rhum dans des flasques pour «relever» le 7-Up ou le Coke et parfois du *sloe gin* ou du Manischewitz, le vin casher doux et épais.

Au début, j'ai mis beaucoup de temps à m'intégrer. La musique, ma monnaie d'échange habituelle, avait peu de valeur à Sainte-Agathe. Quand j'apportais la guitare de mon père à l'occasion, seulement quelques personnes étaient intéressées, dont Harry Marks, plus jeune d'une année. Il voulait apprendre à jouer et je lui ai montré quelques accords. Des années plus tard, alors que je vivais en Californie avec mon mari, Anna l'a croisé dans un club de Montréal où il se produisait avec son *band*, le Wizard. Ils ont parlé de Sainte-Agathe et il a appris à Anna que je lui avais montré son premier accord. Selon Anna, il a ajouté : «J'adorais regarder jouer Janie et la façon dont son sein se lovait joliment dans la courbe de la guitare.» Après tout, la musique était peut-être un outil plus puissant que je le croyais.

Au sommet de la pyramide sociale se trouvait une liste A de jolies filles qui avaient dans leur mire une liste correspondante de beaux garçons bien nantis. Au bas se trouvaient quelques intouchables des deux sexes et, entre les deux, moi et tous les autres tentions de faire bonne figure dans le capital génétique.

Ma *gang* était assez ouverte d'esprit pour inclure ceux qui n'étaient pas sur la liste A dans la plupart de leurs partys. Le transport exigeait toujours une organisation complexe, ou encore, nous couchions chez un ami qui vivait plus près de la fête, mais, quoi qu'il en soit, le samedi soir on se retrouvait chez l'un ou chez l'autre avec des piles de disques pour danser.

Les filles qui n'étaient pas en couple tentaient la chance qu'un garçon les invite à danser et on prévoyait toujours lors de ces soirées quelques danses «Sadie Hawkins» où c'étaient les filles qui demandaient aux garçons de danser.

Une petite station de radio, un peu au nord de Saint-Jérôme, présentait une émission constituée des succès du palmarès. L'animateur, Rockin' Eddy, faisait jouer les demandes des auditeurs. Il avait énormément de fans par chez nous et quelques-uns d'entre nous avons eu l'idée de l'appeler pour organiser une fête dans son studio. Rockin' Eddy n'aurait pas pu être plus heureux. Nous sommes donc partis, une douzaine de jeunes entassés dans des autos un samedi soir, et nous nous sommes rendus à CKJL avec une pile de disques et une liste de demandes pour les chansons que nous n'avions pas. Cette soirée endiablée avec des adolescents qui se déhanchaient au son de la supermusique des années 1950 a été diffusée en direct à tous les auditeurs de Rockin' Eddy. J'aurais pu lire ça dans un magazine américain, mais ça se passait chez nous, dans les Laurentides.

Le party de l'année a été organisé par Peter Ryan qui habitait à Mont-Tremblant. En fait, la famille Ryan *était* Mont-Tremblant. Ce centre de ski de renommée internationale, qui est maintenant le plus vaste dans l'est du Canada, a été développé dans les années 1940 par Joe Ryan, le père de Peter, à lui seul. Peter se préparait à participer aux Jeux olympiques en ski alpin et vivait à Mont-Tremblant avec sa mère, devenue veuve, même si elle n'était pas souvent là. C'était son entraîneur de ski, Ernie McCullough, qui assurait la présence parentale.

C'était une soirée chic. Je portais une jupe en taffetas noire, une crinoline, un chemisier transparent en nylon blanc et des chaussures à talons hauts noires que mon oncle Gus m'avait achetées à New York l'été précédent. Ma mère n'aimait pas trop ma tenue, qu'elle trouvait très banale. J'avais retiré de l'argent de la Daddy Bank pour l'occasion, ce qui pourrait expliquer pourquoi j'ai pu choisir mes vêtements. Avec du recul, maman avait raison : ce genre de chemise était affreux, particulièrement sur une fille à la poitrine généreuse comme moi.

Peter avait réservé des *station wagons* du Mont-Tremblant Lodge pour aller chercher et reconduire les jeunes qui n'avaient pas de transport. En arrivant chez lui, nous avons été accueillis par un bar bien garni et un garçon de l'hôtel qui prenait nos commandes de Grasshoppers et de Pink Ladies. Je lui ai demandé un Zombie, un mélange au goût sucré de jus de fruits et de plusieurs variétés de rhum qui avait la réputation de soûler vite. J'ai pu constater que c'était le cas. Le résultat était beaucoup plus efficace que ma recette d'aspirine et de Coke de l'année précédente. Il n'y avait pas de trace de madame Ryan nulle part.

Les jeunes dansaient le *jitterbug* au son de *Sh-Boom* ou s'enlaçaient étroitement sur *Crying in the Chapel.* Un par un, les couples se sont dispersés vers les chambres et les garde-robes aux quatre coins de la résidence des Ryan. L'eau avait coulé sous les ponts depuis les fêtes de St. Mary's où les garçons et les filles exécutaient mécaniquement, les bras raides, le pas de base enseigné par mère Rita.

La soirée a pris fin vers deux heures du matin et je suis montée dans une familiale du Mont-Tremblant Lodge. Une heure plus tard, le chauffeur professionnel me déposait devant chez moi. Je me suis levée plus tard ce matin-là avec la première gueule de bois de ma vie. J'avais seize ans.

Avec du recul, c'est un miracle que nous ayons parcouru tout l'hiver ces routes des Laurentides, parfois avec un adolescent en état d'ébriété au volant, sans que personne se blesse.

Les examens de fin d'année approchaient. J'avais plus ou moins abandonné aux vacances de Noël, mais la réalité me rattrapait. Pani-quée, je me suis mise à étudier, mais c'était trop peu, trop tard. Mes résultats ont été modérément bons dans les matières qui étaient fa-ciles pour moi, mais j'ai moins bien réussi dans celles qui étaient enseignées par Jake. L'ensemble était assez mauvais. Mes parents ont décidé de mettre un terme à l'expérience de l'école publique et se sont mis en quête d'autres établissements pour la rentrée d'automne.

La teinture de benjoin

(ANNA)

Selon mon père, pourvu que l'on soit en santé et heureuses, vivre à Saint-Sauveur n'allait pas freiner notre ambition, si nous en avions. Quelques habitants du village avaient réussi à se faire connaître sur la scène mondiale, mais ils étaient rares. Normalement, si une fille disparaissait subitement, la rumeur voulait qu'elle ait été enlevée par la pègre montréalaise. Il y a, par contre, mademoiselle Latreille, fille d'un humble chef de gare du CN, qui a bien réussi. C'est peut-être le fait d'avoir grandi à proximité du chemin de fer, mais, d'une façon ou d'une autre, elle s'est rendue à New York où elle est devenue l'assistante de Dag Hammarskjöld, secrétaire général de l'Organisation des Nations unies*.

Frank aussi entretenait des rêves pour ses filles. Il a bien dû me dire une bonne douzaine de fois qu'il se serait coupé volontiers le bras droit si cela avait pu me permettre d'étudier à Trinity College à Dublin. C'était peut-être mon manque d'enthousiasme devant ce projet grandiose, mais rien n'a été entrepris pour que ce rêve se concrétise. Cela ne me dérangeait pas. En juin 1958, j'étais une adolescente timide de treize ans qui réussissait correctement à l'école et qui venait de se découvrir un intérêt subit pour les garçons. Je ne voulais pas quitter mon village dans l'immédiat, ni jamais. Et, en plus, je ne voulais pas que mon père perde un bras : il était déjà assez amoché.

J'ai peut-être pris ce que mon père avait dit un peu trop au pied de la lettre, mais on ne rit pas de ces choses-là quand on grandit avec un parent souffrant d'une maladie chronique. Et mon père n'était pas du genre à cacher la vérité à ses jeunes filles. Il nous

---

* Mademoiselle Latreille a péri dans un accident d'avion avec son patron, en 1961, alors qu'ils étaient en route pour participer à une séance de médiation au Congo.

confiait d'un ton sinistre : « Je vis sur du temps emprunté, les filles. » Frank était asthmatique et enclin à attraper des pneumonies bronchiques. Quand cela se produisait, deux ou trois fois par année, notre père normalement plutôt facile à vivre devenait agité. Nous avions l'ordre de ne pas l'énerver pour éviter que son état empire. Puis l'odeur de la teinture de benjoin emplissait la maison comme un mauvais présage, le signe que papa était encore malade. Il versait cette essence à l'odeur vaguement goudronneuse dans le vieux vaporisateur en verre, qui ne quittait jamais son chevet, dans l'espoir que la vapeur chaude dégagerait ses voies respiratoires. Pendant des jours, le pauvre homme était penché au-dessus de ce bidule bancal qui gargouillait, la tête couverte d'une serviette, jusqu'à ce que ses poumons se dégagent.

Son état de santé précaire m'angoissait à un point tel que, pendant toute mon enfance, j'ai fait le cauchemar qu'il mourait. Je me réveillais en larmes et je descendais les trois marches menant à sa petite chambre sur le palier pour m'assurer qu'il respirait toujours. Satisfaite de le savoir sain et sauf, je m'allongeais à côté de lui, mais je n'ai jamais pu lui révéler la teneur de mes rêves. J'étais une poule mouillée quand il était question de mon père, une fille à papa, et, en guise de reconnaissance, il m'a légué ses poumons fragiles.

Notre mère manifestait moins de sympathie. Avec un sourire désespéré, elle se plaignait, mais jamais devant lui : « Pourquoi, mais pourquoi donc, est-ce que j'ai marié un homme malade ? » Au fil du temps, quand nous avons vieilli et que mon père est devenu plus faible, son mantra s'est mué en avertissement : « N'épousez jamais un homme malade ! »

Frank, lui, voyait son état avec l'âme d'un poète.

My Life
(Frank McGarrigle, 1950)

Is there then more happiness than this?
Those simple hours, all too fleeting, the bliss
Of being among the ones who love me most
And loving me would ask no more than that I
Rest awhile.

E'en as we toss the jest, watching the loved ones play
A great dark shadow, forming too swiftly in the East —
Taking a horseman's form, apocalyptic —
Bearing across my path, causing me to pale,
Veers, and brushing past, whispers
"Next time without fail."

Gathering courage I bid them fond adieu
Gabrielle, Janie, Anna Ruth and Kit
And hurry to the marketplace for grubbing battle,
Bartering my wits and sweat for daily bread
That I might hear their cries of joy 'ere Sun goes down
And giving thanks, embrace them all and rest

Ma vie

Y a-t-il plus de bonheur que celui-ci?
Ces heures simples, trop fugaces, la félicité
D'être parmi ceux qui m'aiment le plus
Et qui, dans leur amour, ne me demandent rien de plus
Que de me reposer un peu.

Même en plaisantant, en regardant jouer les êtres aimés,
Une longue ombre sombre, surgie trop vite à l'est –
Avec la silhouette d'un chevalier de l'Apocalypse –
Qui croise mon chemin et me fait pâlir,
Change de direction et, passant près de moi, murmure:
« La prochaine fois, sois-en sûr. »

Rassemblant mon courage, je fais des adieux sincères
À Gabrielle, Janie, Anna Ruth et Kit
Et je me précipite au marché pour livrer une bataille à l'arraché,
Troquant mon intelligence et ma sueur contre le pain quotidien
Que je puisse entendre leurs cris de joie au coucher du soleil
Et, reconnaissant, les embrasser toutes et me reposer.

Kate aussi prenait tout ce que mon père disait au pied de la lettre. Un jour, elle l'a entendu dire à ma mère, en parlant d'une dame britannique qui vivait à une rue de chez nous: «Je pense que madame Unetelle a beaucoup de rancœur.» L'expression anglaise qu'il a utilisée, *a chip on her shoulder*, signifie littéralement « elle a une cassure sur l'épaule ». Quand nous sommes retournées jouer chez elle avec son petit garçon, Kate cherchait le fameux défaut. C'était l'été et, comme madame Unetelle portait une robe bain de soleil sans manches, Kate a aperçu un gros creux sur le haut de son bras. Constatant que les doutes de notre père étaient fondés, Kate a crié d'un air triomphant : « Papa a raison. *You* do *have a chip on your shoulder.* » La brisure était une grosse cicatrice laissée par un vaccin. Je crois que la voisine, qui n'était pas très contente de ce que mon père avait dit, ne nous a plus réinvitées. Cette autre anecdote a alimenté la réputation de Kate, connue pour sa franchise et son sans-gêne dès son plus jeune âge. C'est ainsi que Kate se considérait.

Les délinquantes

(JANE)

Le dimanche 11 mai 1958, j'ai eu une dispute terrible avec ma mère et je me suis enfuie de la maison avec « Pandy ». Mon amie était surnommée ainsi parce qu'elle causait du chahut (*pandemonium*) partout où elle allait. Par une cruelle coïncidence, c'était le jour de la fête des Mères. Nous nous sommes absentées durant presque une semaine et, chaque soir, papa a allumé une chandelle qu'il laissait près de la fenêtre du salon jusqu'à ce que la famille aille se coucher. Il s'asseyait à côté de la chandelle et lisait ou jouait du piano durant des heures en attendant mon retour. Le sixième jour, ses prières ont été exaucées et sa fille est rentrée, mais pas comme il l'aurait souhaité.

Tout le monde, sauf les principaux intéressés, aurait pu prévoir cette situation, mais mes parents se sont rendu compte trop tard de l'erreur de confier leur fille élevée dans de la ouate à une école secondaire permissive. Ils se sont ensuite « surcorrigés » en retournant à l'option du pensionnat, cette fois dans un couvent de Montréal qui me permettait de rentrer à Saint-Sauveur la fin de semaine et de poursuivre mes tâches d'organiste à l'église. J'ai beaucoup résisté : ce serait ma quatrième école en quatre ans. Je leur disais : si je dois être pensionnaire, pourquoi ne pas retourner à St. Mary's? Mes parents tenaient mordicus à ce que l'emploi d'organiste soit déterminant dans le choix d'une école, et le couvent bilingue Our Lady of Angels, à Ville Saint-Laurent, était le plus proche de notre village. Je pense qu'ils croyaient sincèrement pouvoir renverser les effets de la liberté dont j'avais joui durant mon année à Sainte-Agathe et remettre le génie, ou plutôt la Janie, dans la lanterne magique.

J'ai donc repris mes études à l'automne. Mon père ou un de mes oncles m'accompagnait au couvent le lundi matin et me reprenait le vendredi soir pour que je passe la fin de semaine dans ma famille.

L'école avait une population étudiante nombreuse et les filles étaient séparées selon leur langue. Il y avait au moins deux fois plus de francophones que d'anglophones et, bien que nous prenions nos repas ensemble, les deux groupes ne se mêlaient pas beaucoup. La salle à dîner, bondée et bruyante, servait des repas médiocres et j'y ai découvert la pratique dégoûtante d'avoir à laver ma propre vaisselle à table. On passait un bac vide d'une fille à l'autre dans lequel nous devions jeter nos restes. Suivait un deuxième bac rempli d'eau savonneuse où nous lavions nos assiettes et nos ustensiles avant de les essuyer pour le prochain repas. Lorsque la bassine atteignait les filles assises au bout de la table, des morceaux de nourriture flottaient dans l'eau devenue froide et graisseuse.

Quelques étrangères fortunées, originaires d'Amérique latine, fréquentaient cette école pour apprendre le français et l'anglais. L'une d'elles, Elena Lemus, était la fille ou la nièce du président du Salvador de l'époque, le colonel José María Lemus. On sait maintenant que ce dictateur avait exercé une répression brutale dans son pays troublé. Ces filles étaient plutôt gentilles, mais elles jouissaient d'un traitement de faveur, ce qui suscitait une certaine aversion parmi leurs camarades. Elles n'avaient pas à laver leur vaisselle ni à exécuter les autres tâches routinières. C'était irritant d'avoir à laver nos sous-vêtements et nos bas alors qu'elles jetaient les leurs aux poubelles quand ils étaient sales et en portaient toujours des neufs. On les emmenait magasiner de temps à autre pour regarnir leur réserve, ce qui était révoltant, ça aussi, puisque nous ne pouvions jamais quitter le terrain du couvent. Disons simplement que cet endroit n'avait pas l'élégance pittoresque et l'idéal égalitaire que l'on trouvait à St. Mary's. J'avais hâte à la fin de l'année.

J'ai fait une année combinée, junior et senior. J'avais de bons résultats aux bulletins mensuels et tout se passait bien en classe. J'étais sur la bonne voie pour recevoir mon diplôme et passer les examens d'admission à l'université.

Mes parents me laissaient peu de latitude la fin de semaine. Je me rappelle être allée au cinéma Nordic un samedi soir avec un garçon qui habitait de l'autre côté de la rue. Il aurait très bien pu nous conduire dans la Buick de la famille, mais, comme je n'avais plus la permission de me trouver en automobile avec des garçons, nous avons fait le trajet à pied. J'étais gênée de voir mon père au volant de notre Monarch noire nous suivre à une trentaine de mètres. Il nous attendait à la fin du film pour nous raccompagner à la maison. Ironiquement, l'été précédent, j'étais allée au cinéma et la fille qui devait m'accompagner ne s'est pas présentée. Un ami de mon père s'est assis à côté de moi, il a passé son bras autour de mes épaules et m'a pris un sein pendant quelques minutes, puis il est parti. Je suis restée assise, incapable de bouger, comme un zombie, ne sachant pas quoi faire. Je n'ai rien dit à mes parents puisque j'étais certaine qu'ils auraient prétendu que je l'avais attiré d'une façon ou d'une autre. Ils ne comprenaient rien, et mon humeur passait de l'irritation à la rage et au ressentiment. Quelque chose était sur le point d'exploser.

Pandy était une grande et belle fille que mon père qualifiait de « junonienne ». On la disait souvent précoce, une façon gentille de dire qu'elle vivait son adolescence à un rythme effréné. Elle était charmante, provocante, entêtée et audacieuse. Elle avait étudié dans plusieurs des meilleures écoles privées de Montréal, qui l'avaient presque toutes expulsée. Elle s'enorgueillissait du fait qu'aucune prison ne pouvait la retenir. Je venais d'avoir dix-sept ans et Pandy était trois ans plus jeune, mais elle avait une énorme avance sur moi pour ce qui était des réalités de la vie.

La querelle de la fête des Mères avait été causée par une histoire d'amour clandestine que Pandy vivait avec un garçon plus âgé que nous appellerons Roman. Elle le fréquentait sans le consentement de ses parents et se servait de moi comme prétexte. Lorsque ma mère a découvert nos subterfuges, elle était furieuse contre mon amie qui avait fait de moi son chaperon et m'a traitée d'idiote de me prêter à ce jeu. J'ai piqué une crise lorsqu'elle a appelé ses parents pour leur révéler ce qui se passait.

Nous sommes sorties dans la rue en courant, nous avons couru à travers prés et nous nous sommes dirigées vers les pentes de ski. Pandy était résolue à trouver Roman et nous sommes allées chez lui en évitant les endroits où on aurait pu nous voir. Le fait d'avoir à nous frayer un chemin dans les montagnes et à travers les terres des cultivateurs ajoutait une bonne dose de drame à notre aventure. Nous sommes arrivées chez Roman vers dix-huit heures, mais il n'était pas là. Nous sommes donc reparties sans trop savoir quoi faire ensuite.

À l'époque, j'étais organiste de la paroisse depuis trois ans. Dans la liturgie catholique, mai est le mois de Marie, et je devais être à l'église à dix-neuf heures pour jouer lors d'une célébration spéciale en l'honneur de la mère de Dieu en ce jour de la fête des Mères. Toujours fâchée contre maman qui se mêlait de ce qui ne la regardait pas, j'ai pris la décision fatidique de ne pas rentrer à Saint-Sauveur. Lorsqu'il a été dix-neuf heures, j'ai imaginé le banc vide de l'organiste à la tribune, l'assemblée impatiente, la gêne de mes parents et leur rage à l'endroit de leur fille disparue. J'ai commencé à regretter mon geste et ses conséquences, mais il devenait de plus en plus difficile de rentrer à la maison, ce qui convenait parfaitement à Pandy. Elle était bien contente de rester près de chez Roman jusqu'à ce que nous trouvions une meilleure idée. Pendant ce temps, nous devions trouver un endroit où passer la nuit.

Nous nous sommes enfoncées dans les bois, en direction de la rivière du Nord, un beau petit cours d'eau qui longe plus ou moins la route vers Montréal. Nous avons marché jusqu'à l'épuisement. Nous avons découvert un chalet d'été délabré sur le bord de la rivière où nous avons pu entrer sans trop de difficultés. Nous avons fouillé dans les armoires de la cuisine en quête de nourriture et nous avons mangé des boîtes de conserve et des biscuits humides avant de nous coucher.

La journée de lundi est passée. Je n'étais pas retournée au couvent Our Lady of Angels et j'étais officiellement disparue.

Comme nous ne pouvions pas rester indéfiniment dans le chalet, nous avons repris la route. C'est moi qui ai eu l'idée de faire du pouce jusqu'à mon ancien couvent, St. Mary's, à Combermere, soit une distance d'environ quatre cents kilomètres au nord-ouest de Saint-Sauveur. J'imaginais que j'y trouverais un accueil amical et sympathique. De plus, je songeais depuis quelque temps à y retourner pour faire mon année d'immatriculation senior. J'avais été heureuse et stimulée intellectuellement là-bas, et je me disais que si je pouvais y retourner et reprendre là où j'étais deux ans plus tôt, cela effacerait les années précédentes et me donnerait un nouveau départ.

À l'époque, le pouce était un moyen de transport acceptable pour les filles, pourvu qu'elles voyagent avec une autre personne, et nous ne craignions pas particulièrement pour notre sécurité. En fait, ce qui nous inquiétait, c'était d'avoir été déclarées disparues et qu'un automobiliste alerte nous transporte au poste de police le plus proche pour que nos parents soient prévenus. Malgré tout, Pandy avait pris la précaution de piquer un gros couteau de cuisine dans le chalet et de le glisser dans son sac à main.

J'avais prévu notre itinéraire : nous nous dirigerions vers Ottawa, une route que je connaissais bien pour l'avoir souvent faite avec mon père. Ensuite, nous irions vers Barry's Bay à l'ouest puis, de là, nous pourrions facilement trouver un *lift* pour les dix-sept derniers kilomètres jusqu'à Combermere.

Mon souvenir d'une grande partie de cette nuit-là est embrouillé, mais je me souviens d'un homme très gentil qui nous a acheté un café et de quoi manger. Un autre personnage qui nous a fait monter a mis son bras autour des épaules de Pandy qui était assise à côté de lui sur la banquette avant de son camion. Il l'a lâchée dès qu'elle a ouvert son sac à main pour en sortir le fameux couteau. Il s'est immédiatement arrêté sur l'accotement et nous a laissées là. Nous y sommes restées pendant quelque temps. D'ailleurs, nos courts trajets étaient entrecoupés de longues attentes et nous avons peut-être passé toute la nuit sur la route. Quoi qu'il en soit, nous sommes arrivées à Combermere dans la matinée et nous sommes allées sans prévenir chez Shirley Pastway, une ancienne camarade de classe qui vivait dans le village avec sa famille. J'ai été surprise qu'elle hésite à nous faire entrer, mais je ne pensais pas à notre apparence : nos vêtements sales et froissés, la crasse et les éraflures sur nos mains et notre visage.

Nous avons marché jusqu'au couvent où on nous a dirigées vers le bureau de la Révérende Mère Madeleine, le grand manitou de St. Mary's, qui nous attendait avec mère Miriam. Shirley ou ses parents les avaient probablement prévenues de notre intention d'aller les voir. J'adorais mère Miriam, mais je n'éprouvais pas les mêmes sentiments pour la Révérende Mère. Elle était plutôt grincheuse et son apparence ne l'aidait pas : elle avait le nez crochu et ses dents avant étaient jaunes et proéminentes. Tout le monde la surnommait « Bucky », même ma mère.

Les deux religieuses ont été décontenancées en nous voyant, et mère Miriam était froide et réservée. Je ne l'avais jamais vue ainsi et cela m'a complètement saisie. Je lui ai demandé si je pouvais revenir à St. Mary's l'automne suivant et j'ai été anéantie quand elle m'a annoncé que c'était impossible. Lorsque mère Madeleine a fait mine de téléphoner à mes parents, Pandy et moi avons fui le couvent et nous nous sommes cachées dans les bois durant la nuit. Le lendemain matin, nous avons repris la route. Nous avons sorti nos pouces et la chance a voulu que le premier automobiliste qui s'est arrêté aille à Toronto.

Pendant ce temps, nos pères avaient alerté la Sûreté du Québec, qui avait émis des avis de recherche, et ils menaient leur propre enquête. Ils ont rendu visite aux parents de Roman et les ont accusés de nous cacher. Ces émigrants russes avaient survécu à une famine, à une révolution et à la Première Guerre mondiale avant de trouver la paix au Canada. Héberger deux mineures en fugue aurait été la dernière chose qu'ils auraient faite. On m'a dit que son père, indigné par une telle accusation, avait crié au mien avec un fort accent russe : « Quoi ? Pensez-vous qu'on va les manger ? »

Le lendemain, nos pères ont rendu visite à Roman sur son lieu de travail. Les policiers sont ensuite venus le chercher pour l'interroger pendant quelques heures, comme dans la série policière *Dragnet*, en essayant de lui soutirer une confession sur nos allées et venues. Ils ont fini par admettre que le jeune homme n'avait aucune idée de l'endroit où nous étions et lui ont permis de retourner travailler.

Pendant que les policiers cuisinaient Roman, nous filions à un bon rythme en direction de Toronto sur la route 62. Nous sommes arrivées au centre-ville au début de l'après-midi. Nous étions parties depuis cinq jours, mais il était hors de question que nous rentrions parce que nous craignions que nos parents nous envoient à l'école de réforme comme ils nous en avaient souvent menacées. Nous nous sommes assises dans un café et avons bu de l'eau en faisant des projets d'avenir. Nous allions premièrement trouver du travail, puis un appartement et nous établir à Toronto. Nous allions refaire notre vie.

Pour décrocher un emploi, nous avions besoin de vêtements propres. Comme le peu d'argent que nous avions au début de notre aventure était dépensé depuis longtemps, il nous faudrait dérober notre nouvelle garde-robe. J'étais une amatrice – j'avais déjà piqué un ou deux rouges à lèvres –, mais Pandy prétendait être passée maître dans l'art du vol à l'étalage. Nous avons déterminé que le grand magasin le plus proche, le Simpson à l'angle de Yonge et de Queen, allait nous soutenir financièrement. Beaucoup de carrières fructueuses ont été bâties sur des bases moins solides.

Nous avons été très productives chez Simpson en piquant des jupes et des chemisiers qui, selon nous, laisseraient une bonne impression aux futurs employeurs. Nous avons enfilé quelques-uns de ces vêtements et nous avons bourré les autres sous nos manteaux. Nous venions de passer la porte lorsque deux surveillants du magasin nous ont agrippées par l'arrière. Je me suis sentie mal physiquement.

Ils nous ont emmenées dans deux salles distinctes et ont commencé leur interrogatoire. J'ai craqué très vite et j'ai admis être en fugue. J'ai fourni à l'agent les informations nécessaires pour qu'il appelle mes parents. Je pleurais comme une enfant de quatre ans lorsque, pendant une conversation téléphonique avec un supérieur, il se demandait si je devais être accusée ou non. S'il essayait de me faire peur, ça a fonctionné. C'est comme si j'avais pris un raccourci pour être admise à l'école de réforme que je craignais tant.

Pendant ce temps, dans une autre pièce, Pandy donnait des réponses évasives et n'avouait rien au détective qui la cuisinait. Elle avait une carte d'identité dans son sac à main, mais, quand on l'interrogeait, elle s'en tenait au strict minimum, comme les prisonniers : « Nom, prénom et numéro de matricule. » Comme je m'y attendais, lorsque nous nous sommes revues plus tard, elle s'est moquée de moi avec mépris parce que j'avais flanché.

Après avoir parlé à nos parents, les agents de sécurité de Simpson nous ont réservé des billets d'avion pour nous renvoyer chez nous. Nous avons été menottées à un policier de Toronto et nous sommes montées à l'arrière d'une auto-patrouille qui nous a emmenées à l'aéroport Malton (maintenant appelé aéroport international Pearson de Toronto). Nous avons tous pris l'avion, y compris le policier, et nos pères sont venus nous cueillir à l'aéroport de Dorval (maintenant Montréal-Trudeau). Pendant que nous descendions de l'avion, le père de Pandy a aperçu un de ses collègues qui attendait quelqu'un sur le même vol que nous. Il l'a rapidement éloigné de la réunion de famille embarrassante pour laisser mon père accueillir les deux délinquantes, toujours menottées à un policier de Toronto. Nous avons été confiées à la garde de nos pères et ramenées à la maison dans deux voitures distinctes. Je n'ai plus revu Pandy pendant longtemps.

Mes parents n'ont pas parlé de l'école de réforme. Ils éprouvaient simplement un soulagement énorme de me revoir saine et sauve. Mon père a eu l'idée de me permettre d'organiser un party pour souligner mon retour, la fin de semaine suivante, dans l'un des chalets sur notre propriété. Il a apporté un tourne-disque et de quoi grignoter dans le chalet et, à la dernière minute, il a ajouté une caisse de bière. C'était sa façon de dire que maman et lui allaient me jeter un peu de lest. Pour le moment, j'étais à la maison, à ma place.

Les bonnes sœurs de Our Lady of Angels ont refusé de me reprendre quand je suis revenue de mon escapade à Toronto. Un mois plus tard, j'ai passé les examens pour mon diplôme de douzième année avec d'autres exclus, des adultes pour la plupart, dans un espace industriel froid aménagé pour les besoins de la cause. J'ai eu la note de passage dans huit matières, suffisamment pour terminer le secondaire, mais il m'en manquait deux pour pouvoir être admise à l'université. Ça ne me dérangeait pas, puisque je me sentais prête à décrocher un emploi et à acquérir mon indépendance.

3e PARTIE

RETOUR EN **VILLE**

MONTRÉAL, FREDERICTON, SAN FRANCISCO, SARATOGA SPRINGS, LONDRES, NEW YORK

3e
PARTIE

RETOUR
EN
VILLE

MONTRÉAL, FREDERICTON, SAN FRANCISCO, SARATOGA SPRINGS, LONDRES, NEW YORK

Les McG arrivent en ville

ANNA : Après le voyage impromptu de Jane à Toronto au printemps 1958 et devant l'éventualité de voir Kate ou moi nous lancer dans une telle aventure, notre mère a eu la sagesse d'intervenir. Nous allions déménager en ville. L'autre option – demeurer à Saint-Sauveur et fréquenter toutes les trois des écoles différentes – n'était pas réaliste. Notre histoire d'amour avec les Laurentides s'achevait au bout de onze ans, au grand désespoir de mon père. La construction de la maison familiale, puis des chalets à Saint-Sauveur, avait été l'œuvre de sa vie, sans oublier que son entreprise de location à Gardencourt rapportait un revenu non négligeable.

Pendant que Kate et moi profitions de l'été, Gaby organisait notre départ. Comme elle ne savait pas conduire, elle dépendait soit de mon père, soit de son frère Austin pour l'emmener à Montréal à la recherche d'écoles et d'appartements. Elle tenait à retourner à Westmount où elle avait vécu avec sa famille avant d'épouser Frank. À l'époque comme aujourd'hui, c'était peut-être le secteur le plus recherché, une enclave reliée au centre-ville par l'avenue Atwater. Notre mère s'imaginait probablement se balader rue Sainte-Catherine jusqu'à Peel, qui était le cœur de son univers, pour rencontrer ses anciennes collègues de travail toujours à l'emploi de la Distillers Corporation. Sa sœur Myrt habitait dans le quartier Snowdon, à quelques minutes en trolleybus de là, de l'autre côté de la montagne. Sa vieille copine de classe, Nora Leonard, qui vivait près du parc Westmount, lui avait parlé d'un logement à louer un peu plus haut dans sa rue. Tout s'organisait. Kate et moi étions sûres que nous irions nous établir à Westmount.

Toutefois, mon père avait fait, lui aussi, des recherches à notre insu et avait déjà signé un bail pour un appartement à Ville Mont-Royal sans que ma mère l'ait vu. Il n'y avait plus rien à faire.

Mont-Royal – *Town of Mount Royal*, TMR ou *The Town*, comme on l'appelait à l'époque – occupe un espace plat au pied du versant nord du mont Royal. C'est probablement son emplacement à proximité de la toute nouvelle autoroute des Laurentides qui a séduit papa. Cette voie à péage réduisait à quarante-cinq minutes la durée du trajet jusqu'à Saint-Sauveur, soit la moitié moins. Son entreprise de location de chalets était établie là-bas et il devait y voir. De plus, il en voulait peut-être à maman d'abandonner «l'expérience laurentienne». Nos parents ne nous informaient pas de leurs intentions, mais Kate et moi avons compris la déception de notre mère lorsque son projet de déménagement à Westmount a brutalement pris fin. Il faut savoir aussi que Janie vivait déjà à TMR, du moins temporairement, avec Lorne, le frère de Gaby, et sa famille, depuis qu'elle avait commencé à travailler au siège social de Bell Téléphone sur la côte du Beaver Hall.

Le bail annuel de notre nouvel appartement entrait en vigueur le 1er octobre, une date arbitraire qui ne coïncidait avec rien, certainement pas avec la rentrée scolaire qui était à l'époque le mardi suivant la fête du Travail, au début septembre. Comme beaucoup de choses au Québec, il est possible que cette date soit un vestige de l'ancien Code civil et qu'elle corresponde à la fin des récoltes.

Quelle que soit la raison, rien n'avait été prévu pour ma mère, Kate et moi. L'école commençait deux jours plus tard et il fallait agir vite. Frank savait que l'appartement de TMR était inoccupé, et le propriétaire lui avait déjà remis une clé. Il a donc pris le risque de se pointer la fin de semaine de la fête du Travail dans l'intention de négocier avec cet homme qui lui avait semblé raisonnable. Papa faisait lui-même preuve de beaucoup de souplesse : les baux de ses chalets à Saint-Sauveur commençaient le 15 novembre pour la saison d'hiver ou le 15 juin pour l'été, et il acceptait toujours d'accommoder les clients qui souhaitaient s'installer deux semaines plus tôt, sans frais additionnels.

Nous sommes arrivés à TMR dans la nuit de dimanche à lundi, avec quelques matelas arrimés au toit de la Monarch 1953. Nous avions sûrement apporté aussi la vieille guitare Gibson de papa qui nous suivait partout. Toutefois, ce jour-là, le plan malhabile de Frank pour obtenir un mois de loyer gratuit a foiré lorsque le propriétaire, furieux, s'est présenté pour nous expulser. Nous avons été coincés dans un bourbier, avec un bail déjà signé, mais nulle part où aller jusqu'à ce qu'il soit en vigueur. Papa a offert de payer la différence, mais le proprio a refusé de changer d'idée et mon père a perdu la face devant ma mère. Cet incident a envenimé les relations entre les deux hommes et ils ne se sont plus jamais fait confiance par la suite.

JANE : J'étais arrivée à TMR quelques semaines avant le reste de la famille. Je devais habiter chez oncle Lorne et tante June Latrémouille les trois dernières semaines de septembre 1958 parce que je commençais mon emploi chez Bell Téléphone immédiatement après la fête du Travail.

Lorne et June vivaient sur le chemin Canora près de la gare Port-Royal (maintenant appelée Canora), la dernière avant que le train de banlieue pénètre dans le tunnel sous la montagne en direction de la gare Centrale. Ils ont été gentils avec moi durant mon séjour, surtout June, ma tante par alliance, qui était plus souple chez elle que ne le laissait croire son comportement lors des réunions familiales. Elle était une mère de substitution tolérante et aimante. Je venais de découvrir Buddy Holly et j'avais développé une obsession pour sa musique. Le premier objet que j'ai sorti de mes boîtes en emménageant a été mon soixante-dix-huit tours de *That'll Be the Day* que j'ai fait jouer sans relâche tout l'après-midi sur le système haute-fidélité dernier cri de mon oncle. Lorsqu'il est rentré du travail et s'est installé dans son gros fauteuil pour lire le *Montreal Star*, Buddy Holly chantait à plein volume dans son salon. Il m'a crié d'enlever le disque après l'avoir entendu trois fois. Infirmière de formation, June a été d'une patience exemplaire. Elle lui a servi son *gin and tonic* en lui disant : « Oh Lorne, laisse-la. C'est seulement une adolescente ! Tu sais comment ils sont à cet âge-là ! » C'est vraiment ce que j'étais et j'avais suivi une route jalonnée d'embûches pendant quelques années. June le comprenait et éprouvait de la sympathie pour la situation chaotique de notre famille.

ANNA : Entre-temps, Gaby, Kate et moi avions dû nous installer dans la maison de grand-papa Arthur Latrémouille près de Sainte-Dorothée, qui fait maintenant partie de Laval. On n'aurait pas pu dénicher un lieu moins pratique et plus éloigné pour nous. Nos parents ont élaboré un plan de transport vers nos nouvelles écoles à TMR. La petite ferme sur une terre d'un demi-acre, perchée au bord de la rivière des Prairies (qu'on appelait à l'époque la Back River), avait été la maison d'été de la famille Côté, les grands-parents maternels de Gaby. À leur décès, notre grand-mère Laury en a hérité et venait y passer ses étés avec Arthur et leur marmaille de douze enfants. Il existe une photo très embrouillée sur laquelle on les voit tous à l'avant de la maison, probablement prise par un photographe de passage stupéfait d'apercevoir autant de personnes sur une galerie. On ne distingue pas leurs traits, mais on reconnaît aisément ma mère et ses frères et sœurs par la posture propre à chacun.

Pendant un mois, maman partageait l'unique chambre du rez-de-chaussée avec son père. C'était une pièce sombre du côté est, meublée de deux lits étroits en métal brun tendus de couvertures à points de la Compagnie de la Baie d'Hudson : une rouge à quatre points pour Gaby et une verte à cinq points pour grand-papa. Aujourd'hui, quand je vois les fameuses couvertures sur les dépliants léchés des magasins La Baie, je pense immanquablement à notre vieux grand-père qui n'était pas tout à fait le type de client auquel s'adressent les experts en marketing pour vendre leurs produits raffinés.

Gaby était toujours polie avec son père, mais elle n'éprouvait pas de respect pour lui. Elle lui en voulait encore beaucoup d'avoir maintenu sa mère, la belle Laury, dans un état de grossesse permanent. Et de l'avoir obligée, elle-même, à lui remettre tous ses revenus « pour tes petits frères et tes petites sœurs » comme il le disait, ou plutôt « pour ses sacrés bâtards », comme le corrigeait maman. Un jour, son patron, qui avait remarqué qu'elle portait le même ensemble depuis plusieurs jours, lui a fait sous-entendre qu'elle était avare : « Gaby, vous devez avoir de belles petites économies, n'est-ce pas ? » Elle lui a avoué qu'elle versait tout son salaire à son père. Furieux, il lui a dit qu'à compter de ce jour-là elle devait se contenter de lui remettre uniquement de quoi couvrir sa pension, pas un cent de plus. Le jour de paie suivant, à l'arrivée de Gaby, Arthur se tenait à la porte, la main tendue. Elle lui a donné cinq dollars. Quand il lui a demandé où était le reste, elle a répondu : « Mon patron, monsieur Stinson, m'a dit de vous donner seulement ce montant-là pour ma pension. » Arthur a marmonné : « Qu'il se mêle donc de ses maudites affaires. »

Toutefois, selon ma mère, Arthur a révélé le pire côté de sa personnalité lorsque Ruth, sa fille de vingt-quatre ans, alitée au dernier étage de la maison sur l'avenue Metcalfe à Westmount, se mourait d'un problème cardiaque. Il s'était plaint devant Gaby : « Quand est-ce qu'elle va retourner travailler ? On a besoin d'argent. » Gaby a répondu : « Papa, vous ne comprenez donc pas ? Elle ne retournera jamais travailler. Elle est en train de mourir ! » Pendant les funérailles, Arthur a réussi à faire étalage d'une grande douleur. Il sanglotait éperdument en suivant le cercueil de sa fille dans l'église. Gaby n'a pas mâché ses mots : « C'était un grand hypocrite. »

Contrairement à ce qu'on voyait dans toutes les maisons catholiques canadiennes-françaises, je ne me souviens pas d'avoir remarqué un crucifix ou une image de la Sainte Vierge chez Arthur, un « bleu », un Canadien français conservateur à l'ancienne. Notre grand-père n'allait pas à la messe : sa religion, c'était la politique. Les murs de la cuisine de sa maison de ferme étaient ornés de calendriers partisans avec des photos de l'honorable John Diefenbaker, alias « *Dief the Chief* », qui était alors premier ministre du Canada, et de l'honorable Maurice Duplessis, le chef de l'Union nationale et premier ministre du Québec. C'était juste avant la Révolution tranquille. Ces deux fervents politiciens se toisaient mutuellement au-dessus de l'évier en émail où Kate et moi lavions nos bas et nos sous-vêtements le soir.

L'étage supérieur de la vieille demeure comportait deux grandes pièces. Longtemps auparavant, ma mère et ses quatre sœurs partageaient l'une des chambres, tandis que ses sept frères occupaient la seconde. Gaby se retrouvait, des années plus tard, sous les combles pour nettoyer et organiser une paillasse sur le plancher pour ses deux plus jeunes filles. Après avoir subi les caprices des adultes, c'était rassurant de dormir si près du sol. Au moins, nous ne pouvions pas tomber plus bas.

Parfois, nous étions si bien dans notre nid que l'heure passait et nous manquions notre *lift* du matin avec le voisin que mon père avait engagé pour nous déposer à la gare du train de banlieue à quelques kilomètres de là, de l'autre côté du pont de Cartierville. Les rares fois où cela s'est produit, notre mère était dans tous ses états – elle prenait l'école très au sérieux, à la différence de son père qui se vantait de n'avoir pas dépassé la troisième année. Craignant que nous arrivions en retard à l'école, elle nous envoyait sur le chemin pour demander à quelqu'un de nous emmener. Nous n'avions que douze et treize ans, mais nous étions deux. Il ne fallait pas beaucoup de temps pour que nous grimpions dans la cabine d'un vieux camion puant le fumier et la fumée de pipe. Je ne sais pas si les odeurs collaient à nos vêtements quand nous montions dans le train à la gare Val-Royal pour le trajet de vingt minutes jusqu'à TMR. Nous avions l'impression de traverser vingt années-lumière et de laisser derrière nous le Sainte-Dorothée du dix-neuvième siècle en gravissant l'escalier abrupt menant au quai de la gare et au Nouveau Monde inconnu. Nous qui parcourions sans jamais nous perdre les bois, les montagnes et les marais denses de la région de Saint-Sauveur, nous devions retrouver notre route dans le labyrinthe urbain soigneusement planifié de TMR où les rues se lovent autour d'un parc circulaire.

Coup de tête

À partir de l'âge de quatre-vingts ans, grand-papa Arthur alla séjourner chez chacun de ses dix enfants, à tour de rôle, pour une période d'un mois. Il était reconnaissant de se voir offrir un lit propre et des repas réguliers, mais moins d'être forcé de prendre un bain à l'occasion. Quoi qu'il en soit, il était beaucoup plus beau que lorsqu'il vivait seul.

Parfois, il avait une rage de tête fromagée, qui était son *comfort food*. Cet horrible mets, préparé en faisant bouillir une tête de porc, n'était jamais au menu, à moins qu'il ne le fasse lui-même. Étant un ancien chauffeur de tramway de la Montreal Street Railway, il se déplaçait en transport en commun. Après avoir acheté sa matière première au marché Bonsecours, dans le Vieux-Montréal, il prenait l'autobus jusqu'à l'endroit où il créchait ce mois-là en transportant la tête dans une vieille valise.

Un jour, il s'est présenté avec son bagage sanguinolent chez une de ses brus, une femme exigeante qui n'entendait pas à rire. Elle lui a demandé de repartir en lui disant: «Il n'est pas question que vous apportiez ça dans ma maison.» Par courtoisie, elle a appelé les autres femmes du clan Latrémouille pour les prévenir: «Il s'en vient chez vous avec la tête.»

Il s'est donc dirigé chez nous parce que sa propre fille Gaby était susceptible de céder et de lui permettre de préparer sa gâterie dans la cuisine du 1415, croissant Sherwood. Il fallait premièrement raser la tête, la nettoyer puis la plonger dans une marmite d'eau froide, avec les dents et tout le reste, ajouter des oignons et du céleri, et faire mijoter le tout jusqu'à ce que la chair se détache des os. La viande et une partie du gras étaient comprimées dans un grand plat, on ajoutait du bouillon par-dessus et on laissait le tout au froid pendant plusieurs heures. Notre grand-papa se régalait de ces quelques livres gélatineuses qu'il était le seul à manger. Il insistait pour que nous y goûtions, mais seule Gaby a osé en avaler.

ANNA : Quand grand-papa venait rester chez nous, il ne voulait pas être un fardeau pour notre mère et il lui donnait un coup de main dès qu'il en trouvait l'occasion. Il avait la vue basse – des cataractes opaques, comme du verre laiteux d'antan, lui couvraient les yeux – et ses mains tremblaient, il devait donc se contenter d'enlever les serviettes de table en papier après le souper et de les jeter dans la chute de l'incinérateur de la cuisine. Mais plus d'une fois, le vieil homme a pris par mégarde les lunettes de lecture ou la montre de Gaby, ce qui obligeait notre pauvre mère à descendre à la chaufferie de l'immeuble pour fouiller dans les vidanges de tous les locataires.

Je me rappelle un autre incident où Arthur a fait plus de mal que de bien. C'était l'été et nous étions tous à Saint-Sauveur. Il a insisté pour aider Gaby à faire le tri dans les cochonneries du sous-sol faiblement éclairé. Ils travaillaient à la chaîne : chacun remplissait une boîte en carton, montait au salon en passant par «la petite porte», puis vidait le contenu – en général, de vieux papiers et des morceaux de meubles brisés – dans l'âtre. Quand il était bien plein (notre mère avait l'habitude de le remplir de papiers jusque dans la cheminée), elle lançait une allumette et reculait. Gaby était une pyromane avouée et papa la soupçonnait constamment de vouloir mettre le feu à la maison. Cette fois, quelque chose a explosé dans les flammes. Des projectiles ont sauté à l'horizontale comme des feux d'artifice, ont traversé la porte moustiquaire du salon (jusqu'à ce que quelqu'un ait la brillante idée de l'ouvrir) jusqu'à la rue. Papa, qui était déjà furieux que sa femme et son beau-père fouillent dans sa réserve souterraine, nous a ordonné de sortir pendant qu'il enquêtait sur la cause de l'explosion. Nous avons découvert, sans surprise, qu'Arthur avait jeté par mégarde une bombe incendiaire que notre père avait rapportée en souvenir de la Grande Guerre. Les talibans n'étaient rien à côté de grand-papa. Cette mésaventure a mis un terme, du moins temporairement, aux efforts de ma mère pour nettoyer la maison… ou y mettre le feu.

En ville, mes cours à Mother House sur Atwater, à l'angle de la rue Sherbrooke Ouest, se terminaient à treize heures et, quand grand-papa séjournait chez nous, j'avais la tâche de rentrer à la maison et de lui préparer à dîner. Il pouvait lire le langage corporel malgré sa vue faible, particulièrement si c'était celui d'une femme. Il m'a confié un jour, devant un bol de crème de tomate Campbell's et une rôtie, qu'il était attiré par les femmes qui marchaient les pieds légèrement tournés vers l'intérieur (il s'est d'ailleurs levé de table pour m'en faire la démonstration). Le vieux aurait pu rédiger une chronique pour la revue *Cosmopolitan* ou alors ouvrir sa propre école de maintien.

Un jour, à Ville Mont-Royal, Kate se préparait à assister à un bal de finissants. Elle s'était fait faire une robe en soie rose et blanche par une des locataires d'Arthur, chez qui il logeait parfois. Cette dame était une couturière douée, même si elle n'avait qu'un bras valide. (C'est elle aussi qui avait confectionné ma robe de bal.) L'après-midi précédant la danse, ma sœur fouillait la maison en panique à la recherche des chaussures de soie qu'elle avait fait teindre pour les harmoniser avec sa tenue. Elle hurlait et nous accusait, maman et moi, d'être responsables de leur disparition. Grand-papa, qui avait entendu les récriminations de Kate, est apparu discrètement à la porte de sa chambre en lui tendant les souliers noirs lacés encore tout chauds qu'il venait d'enlever et lui a dit, d'un ton légèrement sarcastique : «Tiens, ma noire, prends les miens.» Une pique anodine d'un homme qui avait parcouru la distance entre Ottawa et Montréal à pied et sans chaussures, à l'âge de quatre ans, à l'endroit de sa petite-fille frivole.

Cette fois, au moins, Arthur a réussi à désamorcer une situation explosive, plutôt qu'à la provoquer, et nous avons tous éclaté de rire. On a retrouvé les escarpins roses de ma sœur sur le plancher de la chambre que nous partagions, sous une pile de vêtements. Kate est partie pour sa soirée telle une Jackie Kennedy adolescente.

Éducation permanente

(JANE)

Après la fête du Travail, je suis entrée à l'emploi de Bell Téléphone qui tenait lieu à l'époque d'école de perfectionnement pour les jeunes filles qui «allaient en affaires», comme aimait le dire ma mère. Le salaire de départ des commis au classement, au plus bas des échelons inférieurs, était de 35 $ par semaine, plus une prime de 2,50 $ allouée à celles qui parlaient couramment les deux langues. Le jour, je travaillais pour le service médical de Bell où j'ai appris l'étiquette au téléphone et au bureau et, le soir, je suivais des cours de sténographie et de dactylographie au O'Sullivan Business College.

Trois ou quatre médecins travaillaient dans ce service où l'on conservait les dossiers de tous les employés. Ils suivaient les patients souffrant de maux reliés d'une façon ou d'une autre à leur emploi. On accordait une grande importance aux problèmes causés par «le temps du mois» en raison de la prédominance de la main-d'œuvre féminine chez Bell et, par conséquent, de l'important déficit de productivité causé par la dysménorrhée. Le service médical trouvait continuellement de nouvelles façons de soulager les crampes menstruelles. Comme j'en souffrais moi-même, j'ai servi de cobaye pour de nombreux traitements, dont une série d'exercices qui se sont avérés très efficaces.

Je me suis liée d'amitié avec quelques secrétaires, notamment Gail Hartt, une belle fille aux cheveux auburn, aux yeux en amande et à la silhouette enviable. Elle avait un sens de l'humour loufoque et la capacité, si touchante chez les belles personnes, de rire d'elle-même et de ne pas s'enorgueillir de son apparence. Bell publiait un journal d'entreprise périodique et, lorsque le rédacteur en chef a découvert Gail, il lui a souvent demandé de poser pour des photos, surtout quand il s'agissait d'illustrer un article sur les vacances en lui faisant porter un maillot de bain deux pièces.

Gail avait des amies chez Bell qui sont devenues mes amies à moi aussi. Nous sortions souvent en groupe, comme aiment le faire les filles, mais j'ai développé une amitié particulière pour elle en raison de son goût pour la musique. Elle chantait bien, jouait de la guitare et admirait les Everly Brothers autant que moi. Nous nous sommes acheté des guitares Stella et avons appris toutes leurs chansons, particulièrement celles de l'album *Songs Our Daddy Taught Us* que nous interprétions en reproduisant fidèlement les harmonies de nos idoles. Nous avons commencé à apporter nos guitares dans les partys.

Je voyais quelques jeunes hommes, de simples copains sans plus, avec qui je skiais ou sortais, et mon nouveau groupe d'amies s'est fusionné à eux. L'un d'eux, Bryan Jones, simulait un air de dégoût quand il nous voyait sortir nos guitares et il nous taquinait sans merci. Quand nous entonnions *I'm not in this town to stay* (Je ne suis pas dans cette ville pour y rester), notre chanson préférée de l'album *Songs*, il criait: «Oh que non!» Peu de temps après, il a commencé à fréquenter Gail et ils se sont épousés.

Notre famille habitait dorénavant officiellement dans un appartement sur le croissant Sherwood à Ville Mont-Royal. Je dis «famille», même si mon père passait le plus clair de son temps à Saint-Sauveur. Le conflit entre mes parents au sujet de l'appartement où nous avons fini par nous installer a pris une nouvelle ampleur lorsque ma mère s'est trouvé un emploi. Papa s'est plaint que ce revenu additionnel le faisait grimper de tranche d'imposition, ce à quoi ma mère répliquait en riant, et il ne fait pas de doute que cela ne l'enchantait pas. Il a peut-être senti qu'il perdait le contrôle de ses femmes qui ne dépendaient plus de lui autant qu'avant. Nous n'habitions plus dans «sa» maison, au milieu de «ses» trésors, et nous avions une autre source de revenus que la Daddy Bank. Je pense qu'il s'est senti écrasé par le pouvoir féminin, notre volonté de fer et la salle de bain envahie de bas de nylon et de sous-vêtements en train de sécher.

Notre appartement était plutôt agréable et situé dans un beau quartier de la ville – mes parents étaient de la génération qui croyait à la signification des adresses –, mais c'est à regret que ma mère avait accepté d'y habiter. Elle a déniché un piano à queue que nous avons gardé pour son propriétaire, jusqu'à ce que nous l'achetions quelques années plus tard. Elle a fait aussi quelques efforts pour la décoration, mais nous ne nous sommes jamais senties chez nous.

Jusque-là, nous avions vécu dans une maison bien à nous et à notre entière disposition. Dans notre appartement loué, nous étions entassés les uns sur les autres. Kate et Anna dormaient dans une chambre, notre mère occupait celle de l'autre côté de la salle de bain et elle la partageait avec papa ou grand-papa, selon qui était en ville. Quant à moi, on m'avait assigné l'alcôve attenante au salon, un petit espace ouvert face au piano à queue. Je gardais mes vêtements dans la garde-robe de maman et il arrivait souvent que je voie sur le dos de Kate ou d'Anna le chemisier que j'avais lavé et repassé la veille en prévision du travail. Il y avait des cris et des sermons de mon grand-père sur l'importance de partager avec mes petites sœurs. C'était toujours la ruée le matin pour utiliser la salle de bain et partir à temps pour l'école ou le travail.

Le soir, Kate, Anna et moi nous disputions pour utiliser le téléphone, une innovation dont nous avions rarement besoin à Saint-Sauveur. À la suggestion d'un collègue de travail, j'ai fait installer ma propre ligne dans l'alcôve. J'adorais avoir mon appareil à moi, mais, un soir, j'ai reçu tant d'appels et j'ai été au bout du fil si longtemps que ma mère, complètement exaspérée, a arraché le fil du mur au beau milieu d'une conversation. Elle a annulé le service chez Bell dès le lendemain. Elle croyait, entre autres, que c'était un gaspillage éhonté d'avoir deux lignes téléphoniques dans le même appartement. Je ne voyais pas les choses de la même façon et je trouvais la situation injuste: c'est moi qui payais la ligne additionnelle, en plus de ma pension. Où était ma tante? Elle aurait pu calmer maman en lui disant: «Oh Gaby, laisse-la! C'est seulement une adolescente! Tu sais comment ils sont à cet âge-là!»

Même si j'étais dorénavant une fille de bureau et que mes sœurs étaient au secondaire, nous passions encore des soirées à faire de la musique ensemble. Nous nous sommes liées d'amitié avec une autre famille de musiciens, les frères Peter, Tommy et Jimmy Maniatis, qui venaient à l'occasion jouer avec nous. Ma mère encourageait ces rencontres: c'était un plaisir sain, malgré le volume sonore parfois élevé.

Quelqu'un a sonné à la porte un soir où les frères Maniatis et d'autres amateurs s'étaient réunis dans notre appartement pour une soirée musicale. En fait, ça sonnait depuis un bon moment, mais personne n'avait rien entendu à cause du vacarme ambiant. Ma mère est allée ouvrir à deux policiers de TMR qui répondaient à une plainte en raison du bruit. D'un air sévère, ma mère leur a demandé : « Combien de plaintes vous avez reçues ? » Quand ils ont répondu qu'ils en avaient reçu deux, elle leur a répliqué, avant de leur claquer la porte au nez : « Revenez quand il y en aura dix. » Ils ont fini par revenir et, devant leur insistance, nous avons dû arrêter de jouer.

Comme mes parents avaient décidé de louer la maison de Saint-Sauveur à des skieurs pour l'hiver, papa s'était aménagé une petite pièce dans ce qui devait être un garage à l'origine. Il y avait une chaufferette électrique puissante, une cuisinière à deux ronds, un petit évier, deux lits disposés tête-bêche, une table (autrefois un établi) fixée à un mur, une toilette en état de marche et une pomme de douche qui n'a jamais été raccordée à une alimentation en eau. Gaby a participé à l'aménagement du garage : elle a confectionné des rideaux en vichy bleu et blanc pour la fenêtre et une jupe du même tissu pour masquer les tuyaux sous l'évier.

Quand je montais dans le Nord la fin de semaine avec mes amis, je logeais normalement dans une pension modeste comportant deux petits dortoirs, un pour les garçons et un pour les filles. Souvent, nous y passions la soirée à chanter, à raconter des histoires et à boire un peu de tout. Mon père, qui était parfois réaliste pour certaines choses, me conseillait de boire du *sloe gin* et du soda, en insistant sur le soda.

En général, je n'allais pas à notre maison – ça me troublait trop de voir des étrangers aller et venir, tandis que mon père se terrait dans l'ancien garage –, mais je m'y suis arrêtée un samedi lorsque j'ai vu l'auto de mon père dans l'entrée. J'ai été surprise d'y trouver aussi ma mère qui préparait le souper : du steak accompagné de champignons rissolés et de patates au four qui embaumaient. Elle m'a invitée à rester à manger avec eux. Mon père lisait le journal de la fin de semaine à voix haute pendant que ma mère s'affairait. Je n'avais jamais aimé les champignons, mais, ce soir-là, Gaby a insisté et je les adore sautés depuis. Tout m'a alors semblé parfait : l'endroit était chaud et douillet, le steak était délicieux, mes parents s'entendaient bien. Je suis partie à regret, car ma *gang* m'attendait à la pension de madame Curie.

Plus tard cet hiver-là, je suis sortie à quelques reprises avec un certain Jean-Guy qui connaissait le groupe de garçons que je fréquentais. Son père, un homme fortuné, était quelqu'un d'important pour (ou dans) le gouvernement Duplessis. L'allocation de Jean-Guy était supérieure à notre budget familial annuel…

D'une générosité exceptionnelle, il payait la note de tout le monde quand nous sortions. Parmi ses autres qualités, il possédait une Pontiac Bonneville blanche décapotable qu'il me laissait parfois conduire. J'étais (et je demeure) une passionnée des automobiles grâce à l'endoctrinement de Ronnie Booth et l'amour des voitures hérité de mon père. Les gens disaient que l'essence coulait dans mes veines. Après une soirée au Chiriotto Lodge à Sainte-Adèle, je suis allée déposer Jean-Guy puis j'ai conduit la Bonneville jusque chez moi, soit parce qu'il avait un verre dans le nez, soit qu'il n'avait pas envie de prendre le volant. Je dormais dans le garage avec papa, dans le deuxième lit étroit qui servait de sofa le jour et que papa avait préparé pour moi. À trois heures du matin, je me suis glissée sous les draps, tout habillée, en laissant mon sac à main sur la table-établi.

En me réveillant le lendemain matin, mon père et la Bonneville avaient disparu. Ils ont fini par réapparaître tous deux dans l'entrée de garage. Papa brûlait d'envie de l'essayer et il avait fouillé dans mon sac pour trouver les clés. En rentrant, il me les a remises en disant : «Je suis allé faire un tour. Une vraie merveille.» Quand je lui ai dit que je devais aller la rapporter à Jean-Guy, il m'a donné ce conseil : «Fais attention, les routes sont glissantes.» Pas de sermon sur mon retour tardif ni sur le fait que j'avais conduit sur des routes de campagne au milieu de la nuit, après avoir bu quelques verres de *sloe gin*.

Gaby s'en va-t-au travail

(ANNA)

Une fois Jane sur le marché du travail, et Kate et moi bien installées dans nos nouvelles écoles en ville, Gaby a évoqué l'idée de se trouver un emploi. Elle aimait sortir de la maison. C'est sa belle-sœur June qui lui a parlé d'une offre d'emploi qu'elle avait vue dans le *Weekly Post* de Ville Mont-Royal. Le directeur de la sécurité chez Marconi Corporation cherchait une secrétaire à temps partiel.

Encouragée par June, ma mère a décidé de poser sa candidature. Âgée de cinquante-quatre ans, elle n'avait pas travaillé dans un bureau depuis plus de vingt ans, mais elle n'avait rien à perdre. Par contre, elle craignait d'avoir l'air trop vieille, du moins sur papier. Quand elle a rempli le formulaire, elle s'est donc rajeunie de cinq ans en donnant la date de naissance de sa défunte sœur Ruth. Au diable les règles de sécurité. De toute façon, elle ne pensait jamais être engagée, mais, juste au cas, elle a décidé de rafraîchir ses connaissances en sténographie. Pour ce faire, une de ses filles lui lisait un texte à haute voix, généralement un article de la *Gazette* de Montréal, et elle le retranscrivait le plus rapidement possible en utilisant la méthode Pitman qu'elle avait apprise toute seule trente ans auparavant. Et, pour achever sa préparation, elle a fait teindre ses cheveux poivre et sel en blond rosé, une couleur populaire à l'époque auprès des femmes respectables d'âge mûr.

Quelques jours plus tard, elle n'en a pas cru ses oreilles lorsqu'on lui a téléphoné pour lui demander de venir passer une entrevue. Notre père, tout aussi étonné, est allé la conduire en voiture et, après l'avoir déposée, il a baissé sa vitre et lui a crié: «Hé, Gaby! Tu as oublié ta canne!» Ce type de méchanceté n'était pas dans la nature de papa. Il sentait probablement qu'il perdait peu à peu son influence sur sa femme et ses filles. Il a peut-être cru que sa remarque désobligeante minerait la confiance de maman, mais elle a plutôt eu l'effet contraire. Après avoir fait un pied de nez à mon père, Gaby est entrée chez Marconi de sa démarche lente et assurée et en est ressortie avec un emploi. C'est Gaby qui a eu le dernier mot.

Le siège social de Marconi se trouvait à la limite sud de TMR, à l'est de la voie ferrée du train de banlieue du CN. La ville est traversée en diagonale par deux artères principales : les boulevards Laird et Graham. De nombreuses rues plus courtes rayonnent du centre (où se trouvent la gare Mont-Royal et un grand parc circulaire) et des rues les relient l'une à l'autre en créant des cercles concentriques. Pratiquement toutes les artères de la ville portent des noms d'origine écossaise – Carlyle, Dunsmuir, Dunvegan et Glengarry, par exemple –, ce qui peut porter à croire que la municipalité a des origines maçonniques. Les fans de *Holy Blood, Holy Grail* et du *Da Vinci Code* devraient se pencher là-dessus.

En revenant de son travail, Gaby passait devant les boutiques du centre de TMR, notamment la grande épicerie Dominion où elle arrêtait tous les après-midi pour acheter ce qu'il fallait pour le souper. En fait, *après* avoir repris des forces avec un ou deux gin-tonics chez June qui habitait sur le chemin, ce qui était fort commode. Puis, chargée de ses deux sacs d'épicerie en papier, elle franchissait le pont enjambant les rails du CN pour se rendre du côté ouest de la ville et traversait le grand parc circulaire avec ses terrains de boulingrin et ses massifs de roses-thé. Ensuite, elle passait par une allée piétonne qui longeait le mur sud en pierre grise de l'Église unie et la cour, délimitée par une haie, de notre édifice en stuc blanc. Nos voisines désœuvrées s'y réunissaient parfois à la fin de l'après-midi pour prendre le thé et fumer une cigarette. Cette routine pas très glamour a été celle de Gaby durant quelques années. Elle avait peu de distractions, à l'exception de son club de bridge et des concerts Dollar Symphony à l'ancien Forum sur Atwater. Je devrais préciser ici que, de jour en jour, les filles McGarrigle devenaient moins populaires auprès des voisins de l'immeuble à cause du piano et des fêtes bruyantes que nous organisions quand nos parents étaient partis à Saint-Sauveur pour la fin de semaine.

Un après-midi de fin septembre, j'étais déjà revenue de l'école avec mon chum Michael quand Gaby est entrée avec ses sacs lourds. Elle était manifestement bouleversée. Elle n'était pas triste, mais plutôt furieuse. Elle se plaignait que nos jeunes voisines, en bas dans le jardin, la snobaient, ou du moins l'ignoraient. Je me souviens de m'être sentie coupable d'avoir fait de ma mère la paria de l'immeuble. Michael était révolté et, avant que maman ou moi puissions l'intercepter, il s'est précipité vers la fenêtre ouverte du salon, qui donnait sur la cour, et a crié à pleins poumons : «Espèces d'incultes!» avant de fermer la fenêtre violemment. Les femmes ont émergé de leur torpeur. Nous avons ri aux larmes et Gaby a retrouvé le moral. Ma mère a beaucoup aimé qu'un homme la défende, elle qui avait été malmenée durant des années par son père, ses frères aînés et, dans une certaine mesure, mon père. Et, d'après moi, la réaction de Michael devant l'affront qu'elle a subi témoigne d'une rare sensibilité pour un adolescent : il a sauvé de l'humiliation une femme d'âge mûr, et elle n'était même pas sa mère. Elle n'a jamais oublié son geste et nous le citait souvent en exemple quand nous amenions d'autres garçons à la maison.

Nos dimanches en ville

(ANNA)

Notre père aimait nous emmener à la messe dans différentes paroisses quand nous n'allions pas à Saint-Sauveur la fin de semaine. Nous étions tous d'avis que notre église de banlieue à TMR était plutôt terne, alors qu'il y avait tant de lieux de culte plus intéressants au centre-ville. La remarque de Mark Twain voulant qu'il soit impossible de lancer une brique à Montréal sans casser la vitre d'une église est passablement juste.

Frank avait un penchant pour l'église catholique sur De La Gauchetière Ouest dans le *Chinatown*, un petit temple modeste où on lisait l'Évangile en chinois et où les McGarrigle étaient souvent les seuls non-Chinois de l'assemblée. Mon père était ouvert aux autres cultures, mais, quand nous allions manger au Jade Garden au bout de la rue après la messe, il appelait toujours le serveur Jim, ce qui nous embarrassait toutes au plus haut point.

Saint-Patrick, la vieille église paroissiale irlandaise en pierre grise à l'angle de Saint-Alexandre et Dorchester Ouest (maintenant René-Lévesque ou, comme dit mon fils Sylvan, René-Dorchester), était la préférée de Gaby. C'est celle qu'elle fréquentait avec sa famille quand elle était plus jeune. Le vieux père McShane, un homme sévère, dirigeait encore la paroisse. Il était tellement voûté que sa chasuble traînait sur le sol, mais il terrifiait toujours autant notre mère.

Nous, les filles, nous adorions la lumineuse cathédrale Marie-Reine-du-Monde plus à l'ouest sur Dorchester, près du square Dominion. Son baldaquin rococo noir et doré aux colonnes torsadées serait une réplique, en deux fois plus petit, de celui qui surmonte l'autel de la basilique Saint-Pierre au Vatican.

Nous commencions à connaître Montréal qui était une ville à petite échelle, une « mise en bouche ». Mon bal de fin d'études secondaires a eu lieu dans une salle de l'hôtel Reine Elizabeth où il n'y avait pas une seule goutte d'alcool, mais plein de chaperons. Ennuyé par la sobriété de l'événement, un groupe dont j'étais s'est faufilé dans la salle Panorama, le bar élégant au dernier étage de l'hôtel, pour boire quelque chose de plus fort que du 7-Up. Ce lieu populaire offrait une vue imprenable sur la ville, notamment sur la cathédrale Marie-Reine-du-Monde de l'autre côté de la rue. Ce soir-là, après quelques *rum zombies*, j'ai cru que les statues hautes de quatre mètres et demi alignées sur le bord du toit de l'église étaient en fait des gens faisant la file en attendant l'autobus 150. C'était mourant...

C'était juste avant le concile Vatican II (1962-1965), qui a instauré la messe en langue vernaculaire. À partir de ce moment, on a installé dans les églises de nouveaux autels qui permettaient aux prêtres de faire face aux fidèles pour qu'ils se sentent plus engagés dans la cérémonie. Le fait de voir le prêtre de face dépouillait la célébration de son mysticisme et certains considéraient cette nouvelle ouverture comme une banalisation de la liturgie. On a subi plus tard l'avènement d'une abomination connue sous le nom de «messe à gogo» où les prêtres hippies en surplis tissés à la main grattaient la guitare en chantant des chansons ineptes aux paroles simples («Vive l'amour, alléluia!») que tous les fidèles pouvaient entonner facilement.

Avant ces changements, les milliers de «franchises» de l'Église catholique à travers le monde servaient la messe en latin (*Credo in unum Deum...*), au son de la musique d'orgue vibrante et avec une hostie blanche toute simple à la communion. C'était le même menu, que l'on soit à Djibouti ou à Winnipeg, à quelques variantes près: l'homélie était prononcée en chaire dans la langue des fidèles, comme les nouvelles de la paroisse.

Au cours des décennies qui ont suivi, l'Église a faibli pour des raisons qui sont évidentes aujourd'hui. Les Québécois, comme les catholiques ailleurs dans le monde, ont fui en masse en laissant la plupart des églises de Montréal vides et ruinées. Encore aujourd'hui, elles sont vendues à des entrepreneurs pour être transformées en condominiums ou en gymnases.

Après la messe, mon père aimait rendre visite à des amis. Ces visites étaient-elles spontanées ou organisées à l'avance? Le connaissant, il se pointait peut-être chez les gens sans prévenir. Nous allions souvent chez les parrain et marraine de Jane, Beth et Stephen McGivern, à Valois, un village sur le bord du lac Saint-Louis. Originaire de Pictou en Nouvelle-Écosse, Beth Tobin était une bonne amie de Jim, le frère aîné de notre père. Leur fils adoptif, plus vieux que Jane de quelques années, avait été baptisé Frank Toby en l'honneur de papa. Il y a une vieille carte de Noël des McGivern à la maison de Saint-Sauveur, une photo de studio des années 1930 sur laquelle Beth et Stephen sont assis et fixent avec nostalgie un sapin orné de décorations, comme s'ils attendaient quelqu'un. J'ai toujours trouvé triste qu'il n'y ait pas d'enfants sur la photo. J'imagine qu'avec l'arrivée de Toby ils ne touchaient plus à terre.

Beth, une femme très exubérante, était une peintre et une musicienne accomplie. Pour développer les mêmes dons chez son fils, elle chantait sans relâche au-dessus de son berceau. Tous ses efforts ont porté fruit lorsque, un jour, le petit garçon a chanté pour elle à son tour. Elle se serait exclamée : « Oh Stephen ! Il sait chanter ! » Kate a utilisé la même technique et obtenu le même résultat avec bébé Rufus.

Je ne sais pas quelle méthode Beth a utilisée pour transmettre à Toby son talent pour le dessin et la peinture, mais, enfant, on lui permettait de dessiner sur la couverture et les pages de ses livres. Nous en avons hérité et nous, les filles, admirions ses esquisses de profils féminins qui évoquaient les annonces « *Draw Me* » à l'arrière des livres de *comics* des années 1950. Ses griffonnages étaient moins quétaines, plutôt de style égyptien, et les dames portaient des coiffures élaborées et de longues boucles d'oreilles. Ses dessins m'inspiraient, moi qui avais toujours un crayon à la main quand j'étais jeune.

La vieille tante Kate de Beth, une octogénaire infirme à la langue bien aiguisée, vivait chez les McGivern. Un jour où nous étions allés leur rendre visite, Toby a habillé la vieille dame d'une longue robe de velours, lui a mis les colliers les plus clinquants de sa mère, a maquillé ses joues et déposé une mantille en dentelle noire sur sa tête. Puis, vu qu'elle ne marchait pas, il l'a soulevée sur son dos, comme un sac de patates, pour la descendre du troisième étage jusqu'au rez-de-chaussée. Il l'a assise dans un ancien fauteuil roulant à haut dossier et à siège canné, la poussant dans la maison à toute vitesse, malgré ses cris de protestation. Enfin, il l'a installée au beau milieu du salon pour que nous puissions tous l'admirer. Elle nous rappelait ces poupées à tête de pomme toute fripée, mais nous l'avons assurée qu'elle était ravissante.

Cet après-midi d'hiver il y a longtemps, dans la lumière ambrée du salon rempli d'antiquités, Beth et notre père se sont assis au piano à tour de rôle pour interpréter les chansons sentimentales de leur jeunesse. Ensuite, Gaby a demandé à Toby, comme toujours, de faire son grand numéro : la ballade romantique tirée de la comédie musicale *Brigadoon*. Toby était ravi. Il s'asseyait au piano, le dos bien droit et la tête gracieuse comme celle d'un cygne, il se tournait vers Gaby et de sa voix chaude, légèrement nasillarde et admirablement recherchée, il se lançait dans le préambule de la chanson avant d'entonner *Come to Me, Bend to Me*, ce succès d'autrefois à l'eau de rose. Toutes les dames succombaient*.

Après le secondaire, Toby a fait les Beaux-Arts puis a été embauché au service de la publicité du grand magasin Ogilvy dont il dessinait les annonces de journaux si particulières. Mère et fils formaient un duo inséparable en musique et en arts, et négligeaient peut-être le père qui ne possédait pas ces talents.

Après le décès de la vieille tante Kate, Beth et Toby sont partis faire un long voyage en Europe. Le pauvre Stephen est mort seul chez lui, à Valois, pendant leur absence. Selon mon souvenir, notre père a été appelé pour identifier le corps et a eu la tâche d'informer sa femme et son fils, difficiles à joindre sur un autre continent.

Les dimanches, nous allions aussi chez les Black qui habitaient dans un appartement face à l'hôtel de ville de Westmount. Jack Black était un grand Terre-Neuvien à la voix de stentor qui accueillait généralement notre père avec ces paroles : « Frank McGarrigle ! En chair et en os ! Comment diable vas-tu, espèce d'enfant de chienne de catholique ? » Sa femme Bert et lui avaient une fille appelée Barry, légèrement plus âgée que Jane, qui avait fréquenté un collège privé. C'était un « bas-bleu », comme aurait dit ma mère, et Jack et Bert étaient très fiers d'elle. Elle occupait un poste intéressant à l'étranger, à New York

---

* À mon avis, Andrew Lloyd Webber a été fortement influencé par Lerner et Loewe, et par cette chanson en particulier : on reconnaît les deux premières lignes mélodiques du refrain dans *Music of the Night* tirée de sa comédie musicale *Le fantôme de l'Opéra*.

ou en Europe. Les femmes de la famille Black portaient des prénoms androgynes qui, selon Kate et moi, évoquaient la vie mondaine et la classe.

En fait, nous ne connaissions Barry que par ses différents exploits dans la région du monde où elle se trouvait, et par les livres qu'on nous refilait avec ses vêtements devenus trop petits, dont de nombreux tricots faits par sa mère. Il y a, entre autres, un chandail que nous avons porté toutes les trois, puis que les enfants de Kate ont adopté à leur tour. Je m'attends à le voir un jour sur le dos d'Arcangelo ou de Francis, les fils de Martha.

Skigirl

(ANNA)

À l'âge de quatorze ans, Kate s'est inscrite à une compétition au Al-pino Lodge, un centre de ski familial à quelques kilomètres à l'ouest de Morin-Heights. Notre père l'a déposée tôt un dimanche matin au pied de la petite montagne où la course aurait lieu. Dans le terrain de stationnement, il a reconnu un couple dont les enfants prenaient part eux aussi à la compétition et leur a demandé de ramener Kate à Saint-Sauveur à la fin de la journée, puisqu'il devait retourner à la maison pour emmener notre mère à la messe de midi. Il est allé voir Kate qui se préparait et lui a dit : « Quand ce sera fini, va voir les Machin. Ils vont te ramener à Saint-Sauveur. »

J'imagine qu'il lui a souhaité bonne chance avant de revenir chez nous pour prendre ma mère. Comme il n'avait pas à retourner au Alpino Lodge, maman et lui sont allés rendre visite à oncle Lorne pour le cocktail et le buffet que tante June organisait générale-ment après la messe. Comme papa passait la semaine seul à Saint-Sauveur pendant que Kate, maman et moi étions à Montréal, il était particulièrement heureux de participer à ces rencontres fami-liales où on riait, où on racontait des histoires et où on écoutait de la musique.

Mon oncle et ma tante habitaient dans une maison de campagne moderne sur le chemin de la rivière Simon dont les immenses fe-nêtres donnaient sur le village et les pentes de ski. Ils n'avaient pas de piano, mais ils possédaient un système stéréo dernier cri. Lorne ado-rait les grands chanteurs de l'époque, comme Mario Lanza et Bing Crosby, et leurs disques jouaient probablement cet après-midi-là. Lorne était lui-même un ténor talentueux et entonnait une chanson quand l'envie lui prenait, accompagné au piano par mon père ou Janie s'ils se trouvaient chez nous. Son gros succès était *Brother, Can*

You Spare a Dime?, une chanson de style Tin Pan Alley* écrite pendant la crise au sujet d'un militaire connu pour sa bravoure qui se voit contraint de mendier dans la rue après avoir traversé une période difficile. Lorne se déplaçait jusqu'au centre de la pièce, puis se mettait à marcher sur place comme un soldat, les poings serrés en balançant les bras pour incarner son personnage. Cet homme d'affaires flegmatique, portant des vêtements d'après-ski classiques, était très convaincant dans son interprétation du narrateur, un adolescent conscrit au début de la Première Guerre mondiale, débordant d'un enthousiasme démesuré à l'égard du conflit, qui devient un vétéran opprimé et sanglotant, forcé à quêter dans une rue animée du centre-ville.

Lorne jouait du saxophone quand il était enfant, mais il avait perdu la plupart des doigts d'une main lors d'une explosion survenue sur un chantier de construction où on l'avait engagé un été. Malgré cette épreuve, ou peut-être grâce à elle, il avait travaillé fort et était devenu un homme d'affaires prospère.

Pendant ce temps, au mont Alpino, la compétition de ski avait pris fin. Pour des raisons qui n'ont jamais été élucidées, Kate n'a pas retrouvé les gens qui devaient la ramener. Selon elle, ils n'étaient pas dans le terrain de stationnement quand elle s'y est présentée. Il n'y avait qu'une seule solution, à son avis, c'était de skier jusqu'à la maison. Elle a remis ses skis et s'est dirigée vers Saint-Sauveur en suivant les bancs de neige qui longeaient la route que papa et elle avaient prise pour se rendre à la montagne. La nuit tombait, mais elle a continué sur le chemin enneigé illuminé par les étoiles, bien visibles dans le ciel de fin d'hiver.

Kate n'était toujours pas à la maison quand mes parents sont rentrés. Mon père a appelé les gens qui devaient la ramener et ils lui ont expliqué qu'ils ne l'avaient pas vue après la course et qu'ils avaient tenu pour acquis qu'il était revenu la chercher. Notre mère était furieuse à la fois contre eux et contre mon père, à cause de son plan

---

* L'expression «Tin Pan Alley» (Allée des casseroles en métal) désigne la musique populaire américaine de la fin du dix-neuvième au milieu du vingtième siècle, à l'époque où sa diffusion était assurée par les éditeurs installés sur la 28e Rue, à New York. On jouait du piano dans la rue où l'on vendait les partitions.

défaillant. J'imagine qu'ils se sentaient tous les deux coupables d'avoir passé un après-midi agréable. Papa a sauté dans sa voiture et s'est dirigé vers Morin-Heights à la recherche de sa benjamine, tandis que maman est restée à la maison au cas où elle rentrerait.

Il y avait beaucoup de circulation sur la route menant à Morin-Heights, mais Kate se trouvait de l'autre côté du petit village, sur un chemin secondaire situé à l'ouest. Il faisait nuit noire lorsque papa l'a finalement aperçue, «une silhouette solitaire surgie devant les phares de l'auto qui glissait au sommet des hauts bancs de neige». Quand ma sœur a reconnu la voiture, elle a fondu en larmes. Papa a essayé sans succès de la réconforter.

Kate n'a jamais oublié le sentiment d'abandon qu'elle a éprouvé et il lui a fallu beaucoup de temps pour pardonner à mon père son manque de jugement.

Quelques années plus tard par une journée de fin d'été, Kate était allée à Saint-Sauveur. Plutôt que de rester avec notre père, qui était seul, elle a préféré loger chez son amie Nina, plus loin dans la rue. Elle lui en voulait peut-être encore de l'avoir «abandonnée» et ne s'était même pas arrêtée pour le voir. En fait, elle lui reprochait cet incident, mais elle avait aussi l'impression qu'il la faisait trop travailler. Elle devait corder le bois de chauffage pour la maison et les quatre chalets. J'ai rappelé à Kate plus tard que je l'avais toujours aidée à faire cette tâche automnale. Bien que nous rouspétions, Kate et moi avons régulièrement fait le ménage des chalets entre les locations, et ce, dès notre plus jeune âge.

Ce dimanche après-midi, Kate est partie de chez Nina pour retourner à Montréal en autobus Voyageur. Il roulait sur la route 11B et s'arrêtait dans les villages pour prendre d'autres passagers. À partir de Saint-Jérôme, il empruntait l'autoroute des Laurentides jusqu'à Montréal.

Plus tôt cet été-là, notre père avait ouvert un très modeste bureau touristique qu'il avait nommé Agence 29, au 29, route 11B à Shawbridge. Il avait loué une petite cabane à la façade ouverte qui avait servi autrefois de kiosque de crème glacée. Il y distribuait des dépliants colorés de différents hôtels, motels et attractions touristiques des Laurentides. Papa croyait tellement à l'Agence 29 qu'il avait fait imprimer du papier à en-tête et installer le téléphone. Les voyageurs pouvaient s'y arrêter et mon père faisait leurs réservations, empochant au passage une petite commission des hôtels.

En 1963, on a inauguré le tronçon de l'autoroute des Laurentides reliant Saint-Jérôme à Sainte-Adèle et aux villages plus au nord, ce qui a presque réduit à néant la circulation sur la portion de la vieille route 11B qui desservait ce territoire. Nous taquinions notre père au sujet de son Agence 29 et lui disions que c'était un *flop*, mais je crois qu'il se fichait de ce que nous pensions. Il se sentait probablement très seul, ce que Kate et moi, qui étions à l'époque des adolescentes égocentriques, n'avions pas compris. Papa connaissait les Laurentides comme s'il y était né. Il savait tout des personnages et des anecdotes locales, et il adorait rencontrer des gens. Ceux qui ont pris la peine de s'arrêter ont sûrement entendu l'histoire du loup-garou qui rôdait dans les montagnes sombres. De plus, l'Agence 29 était un bon endroit pour attirer des clients vers son autre entreprise, Gardencourt Cottages, qui avait aussi son propre papier à en-tête. Notre père dirigeait un conglomérat, mais nous n'en avions pas conscience à l'époque.

L'autocar dans lequel se trouvait Kate s'est arrêté à un feu de circulation à Shawbridge. Par la fenêtre, elle a aperçu papa de l'autre côté de la route, assis seul sur le balcon de l'Agence 29, lisant son journal dans le soleil de fin d'après-midi. En le voyant là, seul, âgé et vulnérable, elle a profondément regretté de ne pas être allée lui rendre visite. Elle s'est précipitée à l'avant de l'autobus au moment où le feu virait au vert et a demandé à descendre, ses beaux yeux noisette brouillés de larmes. Le chauffeur a cru qu'elle avait perdu la tête. Elle a traversé l'intersection en courant malgré le feu rouge et en criant : « Papa, papa ! » Frank a levé les yeux, étonné et ravi de la voir. Elle s'est effondrée dans ses bras en pleurant. Beaucoup plus tard, elle m'a avoué qu'à ce moment-là elle avait fait en quelque sorte la paix avec notre père.

En 2008, Kate a mis sur pied la Fondation Kate McGarrigle pour soutenir la recherche et le traitement du sarcome à cellules claires, le cancer « orphelin » sous-financé dont elle souffrait. Pendant quelques années, ma sœur a organisé avec ténacité des concerts de Noël pour amasser des fonds. En plus de choisir les chansons et de déterminer qui chanterait quoi, elle a conçu le sac promotionnel remis aux donateurs. À l'été 2009, Kate se baladait en voiture dans les Hamptons avec son amie Mae Mougin, une céramiste new-yorkaise établie à Southampton. Elle cherchait de l'inspiration pour orner un porte-savon, un linge à vaisselle et une décoration de Noël. Mae a donné à Kate un bout de papier et un stylo feutre. Sans hésiter, celle-ci a dessiné une petite fille en skis portant une longue jupe. Elle l'a baptisée Skigirl.

Ce dessin est reproduit sur le monument en pierre blanche de Kate dans le cimetière paroissial de Saint-Sauveur, situé entre le village et la maison de Lorne, où mes parents se sont amusés un dimanche après-midi en ignorant la fâcheuse situation de leur fille.

Parlez-nous d'amour

(JANE)

Notre déménagement au 1415, croissant Sherwood, à Ville Mont-Royal, avait mal commencé. Outre le conflit avec le propriétaire (après que nous eûmes essayé de nous installer dans le logement plus tôt et à son insu) et le ressentiment que maman éprouvait à l'endroit de mon père et de son caractère autoritaire, mes sœurs et moi n'avions pas très envie d'habiter à TMR, une ville que nous trouvions très conservatrice. Bien sûr, il y avait de belles maisons, de grands immeubles d'appartements et énormément d'espaces verts, mais on pourrait penser de Ville Mont-Royal la même chose que Gertrude Stein disait à propos d'Oakland : «Il n'y a pas de là, là.» Durant des années, il y a eu une grande enseigne sur le boulevard Graham, à l'entrée de la ville, où était écrit «VILLE MODÈLE» en grosses lettres, ce qui évoquait pour nous des vies organisées et un manque d'imagination.

Il y avait tout de même de bons côtés. Nous y avons rencontré des gens intéressants, comme Bobby Kirk qui vivait en face de chez nous, avec ses parents et sa sœur, dans une jolie maison de pierres que j'admirais depuis notre déménagement (en fait, je me lamentais : «Pourquoi on ne pourrait pas vivre dans une place comme ça, *nous* ?»). C'est sa voiture – une TR3 noire – qui avait d'abord attiré mon attention, mais il avait d'autres qualités : il était chaleureux, dynamique et enjoué, en plus d'avoir beaucoup d'humour. Ma mère adorait Bobby, il l'amusait toujours et elle était contente de le voir quand il me rendait visite.

Bobby, qui était aussi un grand skieur, fréquentait le collège Middlebury au Vermont où il profitait des centres de ski remarquables de la région entre les partys de confréries d'étudiants et ses cours. Après quelques mois de fréquentations et une correspondance régulière, il m'a invitée à venir à Middlebury pendant la fin de semaine du carnaval d'hiver. J'étais très excitée : c'était la première fois que j'allais rendre visite à un garçon sur un campus universitaire. Au programme, il y avait une compétition de ski, une danse, quelques événements organisés par des groupes d'étudiants et plein de partys. Cinq décennies plus tard, j'ai oublié certains détails, mais j'ai conservé le souvenir d'une visite clandestine dans les quartiers des garçons où se trouvaient déjà quelques filles qui gloussaient sans cesse. Nous nous sommes beaucoup amusés et avons continué à correspondre par la suite.

Bobby et ses amis adoptaient certains mots et expressions et les utilisaient à toutes les sauces. Celui de l'époque était *winner* (champion), qu'ils employaient inlassablement pour décrire des gens ou des situations de manière positive («Ce gars-là, c'est tout un *winner*!») ou avec sarcasme («Tiens, regarde le *winner*!»). Un jour, Bobby est venu me chercher pendant que mon grand-père séjournait à la maison. J'étais un peu gênée de mon aïeul édenté qui arpentait l'appartement dans ses pantoufles élimées et ses vieux vêtements généralement pas frais lavés. J'essayais d'éloigner Bobby et de l'entraîner vers la porte, mais il est resté à écouter patiemment grand-papa qui racontait une histoire, de sa respiration sifflante, puis il m'a dit : «Hé! ton grand-père est un vrai *winner*!»

J'ai fait la gaffe stupide de rompre avec lui pour sortir avec un garçon qui était tout ce qu'il y a de plus ordinaire, et crétin en plus. On apprend à tout âge. Ma mère n'a jamais oublié Bobby et sa gentillesse à l'égard de grand-papa et, pendant des années, elle m'a demandé : «As-tu des nouvelles de Bobby Kirk? C'était tout un *winner*, lui.»

Par l'entremise de Bobby, j'avais rencontré Bob Dykes et nous étions sortis à quelques reprises avec sa blonde. Plus tard la même année, pendant le congé de Noël, Bob a emmené son ami Dave Dow chez nous, au 1415. Bob avait peut-être l'intention de nous *matcher*, mais j'avais des plans pour la soirée et nous sommes sortis chacun de notre côté.

En 1959, le Pub de Saint-Sauveur avait changé de mains et subi quelques rénovations. Les nouveaux propriétaires l'avaient rebaptisé The Inn, mais l'endroit demeurait le repaire des skieurs le week-end, comme il l'était à l'époque de mes parents. Mon père s'y arrêtait à l'occasion en milieu de semaine pour prendre « un p'tit verre », mais ce n'était plus son monde et il s'installait rarement au piano. Doc Reid, le nouveau pianiste attitré, était embauché pour jouer les fins de semaine. Je m'y trouvais avec des habitués un samedi soir d'hiver, assise à une grande table couverte de grosses bouteilles de Labatt et de Molson. Tandis que Doc Reid interprétait une valse, un jeune homme s'est frayé un chemin à travers le nuage de fumée de cigarette pour m'inviter à danser. C'était Dave, l'ami de Bob Dykes, qui était venu skier dans le Nord pendant son congé de l'université. Nous nous sommes revus à quelques reprises pendant ses vacances. Je me souviens d'une soirée que nous avons passée assis dans un banc de neige à Saint-Sauveur à nous bécoter en buvant, à même la bouteille, du Manoir Saint-David de Brights, un vin horrible que mon oncle Austin appelait « la maladie de Brights ». Nous avons correspondu lorsqu'il est retourné à Fredericton et il m'a invitée à venir le voir à l'occasion du carnaval de l'Université du Nouveau-Brunswick.

Je n'ai pas à faire d'effort pour me souvenir de mes premières impressions, puisqu'il n'a pas beaucoup changé depuis cinquante ans, si ce n'est quelques livres de plus : visage aux traits expressifs, regard bleu perçant qui vous fouille l'âme, grand (un mètre quatre-vingts), plutôt maigre, humour fin… Aujourd'hui comme hier, c'est une personne à connaître. J'aimais son côté subversif et le fait qu'il pensait autrement.

Dave habitait à TMR avec ses parents, Don et Irene Dow, et sa sœur Debbie de dix ans sa cadette. Sa sœur aînée, Joan, vivait avec son mari John à l'autre bout de TMR.

Je n'en savais pas beaucoup plus à son sujet quand j'ai pris l'avion pour Fredericton à l'hiver 1960, et j'en savais encore moins sur l'Université du Nouveau-Brunswick, qui n'avait absolument rien à voir avec Middlebury. UNB n'était pas reconnue pour son excellence académique (je ne m'étais pas informée avant de m'y rendre) et il n'y avait pas de confréries d'étudiants, mais elle était fréquentée par bon nombre de têtes fortes, des garçons issus de familles de l'*establishment* canadien qui commettaient toutes sortes de mauvais coups. Dave les connaissait tous.

Dave est venu me chercher à l'aéroport et m'a conduite directement à son appartement, dans la rue Queen, où se trouvaient quelques amis affairés à assembler des détonateurs de dynamite en vue de faire sauter un barrage. Nous nous y sommes dirigés peu après mon arrivée. L'ouvrage étant très petit, il a été démoli assez facilement. Satisfaite, notre joyeuse bande de vandales est rentrée et a décapsulé quelques bières, ce qui était plus compliqué à faire qu'à dire à l'époque, comme on le verra plus loin. Leur expérience précédente avait causé la destruction de l'évier de la cuisine chez Dave, surnommé «le Diacre» parce qu'il gardait contenance, peu importe les circonstances. Ils avaient fui l'appartement à la hâte après avoir alerté le concierge. En guise d'explication, ils avaient laissé un débouchoir à ventouse dans ce qui restait de l'évier en fonte émaillée. On imagine la perplexité du pauvre concierge devant le cratère de trente centimètres.

En 1960, le Nouveau-Brunswick, qui n'était pas officiellement prohibitionniste, était tout de même la province canadienne où il était le plus difficile de se procurer de l'alcool, à cause des pressions de la Ligue de tempérance des femmes chrétiennes et de la population baptiste inflexible. Je me souviens d'un magasin d'alcool provincial qui avait de drôles d'heures d'ouverture, mais il n'y avait aucun bar, et on ne servait ni vin ni bière dans les restaurants, même pas dans l'élégante salle à manger de l'hôtel Lord Beaverbrook. Par contre, quand on veut, on peut. Les clubs sociaux titulaires d'un permis d'alcool (le Elks Club, le Air Force Club) accordaient le titre de membres au grand public. De nombreux étudiants universitaires bon chic, bon genre, venus de l'extérieur, devenaient ainsi membres honoraires du Benevolent and Protective Order of Elks et pouvaient se prévaloir de leurs privilèges le samedi soir. Nous y sommes allés pendant mon séjour et avons eu un petit avant-goût de la vie nocturne de Fredericton : un groupe de joyeux Elks (originaux) qui se déchaînaient sur la piste de danse au son d'un orchestre local.

Le lendemain soir, nous avons assisté à un spectacle à l'université donné par un supergroupe de l'heure dont le nom m'échappe. Selon Dave, il s'agissait des «*Four* quelque chose». À l'époque, il y avait beaucoup de quatuors masculins : les Four Lads (*Standing on the*

Corner), les Four Preps (*Sh-Boom*), les Four Aces (*Three Coins in the Fountain*) ou encore les Four Freshmen (*Graduation Day*).

Quoi qu'il en soit, ni Dave ni moi n'écoutions ce genre de musique. Après avoir découvert le jazz, j'ai accordé moins d'attention à la musique pop grand public. À cette époque, mon microsillon préféré était la bande sonore du film *I Want To Live*, une œuvre magnifique de Gerry Mulligan avec Art Farmer et Shelly Manne. Dave, lui, avait des goûts éclectiques (jazz, folk, rhythm and blues) et il m'a fait connaître Ray Charles, qui deviendra, et pour toujours, mon pianiste préféré et un des artistes que j'admire le plus et que je redécouvre constamment. Pendant la fin de semaine du carnaval, nous avons écouté de la musique sur son système de son, un tourne-disque portatif dont on détachait le haut-parleur pour le déposer dans une petite poubelle en métal afin d'améliorer le son. Comme Dave était en troisième année de génie électrique, de quel droit pouvais-je remettre en question son savoir-faire en matière d'audio ? Il m'a aussi fait découvrir Jack Kerouac, George Orwell et Aldous Huxley. Je suis rentrée à Montréal avec une nouvelle ouverture culturelle et des sentiments plus forts à l'endroit de Dave. Beaucoup de matière à réflexion.

Avant ma visite à Fredericton, nous n'avions pas vu souvent nos parents. Dave était venu au 1415 à quelques reprises, tandis que j'avais participé à quelques soupers de famille chez ses parents. Nous avons continué à nous écrire et, outre les visites « officielles » à Montréal pendant les congés, il prenait parfois un *lift* pour venir me voir et couchait chez des amis qui vivaient en appartement. Comme il n'allait pas saluer ses parents, qui ignoraient tout de sa venue, ma mère avait des réticences à le recevoir chez nous. Elle a manifesté son mécontentement en étant un peu sèche avec lui lors de sa première visite non autorisée. En lui ouvrant la porte, elle lui a dit : « Je vois que tu n'as pas engraissé. » Et lui, de répondre du tac au tac : « Et vous, je vois que vous n'avez pas maigri ! » Gaby a éclaté de rire : elle venait de trouver chaussure à son pied.

J'ai souvent vu Dave pendant l'été 1960 et j'ai appris à connaître ses parents que j'admirais sincèrement. C'étaient des gens très bien qui avaient un grand talent pour organiser leur vie. Don, un *self-made man*, était en quelque sorte une légende. Il avait commencé au bas de l'échelle à la maison de courtage Nesbitt Thomson dans les années 1930 et avait gravi les échelons jusqu'au service des ventes. Lors de la Seconde Guerre mondiale, l'entreprise l'a muté à Rouyn-Noranda où il vendait des obligations aux mineurs abitibiens. Après qu'il eut subi une crise cardiaque dans les années 1950, l'entreprise l'a envoyé à l'étage de la haute direction. Alors au sommet de sa carrière, il est devenu l'homme de confiance de la famille Bronfman pour ce qui était des obligations chez Nesbitt Thomson. Cet homme doux et simple, très dévoué à sa famille, n'était pas du tout le genre de vendeur à distribuer les poignées de mains. Éternel autodidacte, il passait ses samedis matin au Musée des beaux-arts de Montréal à étudier les tableaux et à apprendre pour son propre plaisir. Puis, l'après-midi, il regardait des reproductions en écoutant la radiodiffusion de l'opéra du Metropolitan de New York à la CBC. Au fil du temps, et à raison d'un tableau par année, il a constitué une importante collection d'œuvres d'artistes canadiens. La résidence des Dow était une minigalerie de tableaux de Jean Paul Lemieux, David Milne, Jacques de Tonnancour et A.Y. Jackson, entre autres.

À l'exception des familles éminentes comme les Molson et les Bronfman, l'histoire des Québécois anglophones a été en quelque sorte éclipsée par la domination du français dans les régions où on parlait autrefois majoritairement anglais. L'histoire d'Irene Dow m'a fascinée. Née Irene Scott, elle était originaire de Scotstown, un village près de Mégantic dans les Cantons-de-l'Est fondé par des colons écossais en 1872. Son père était un éminent citoyen : il travaillait dans l'industrie du bois, exploitait le magasin général et possédait la compagnie locale d'électricité à Bury. L'une des premières tâches d'Irene, alors âgée de douze ans, a été de faire la tournée des clients de son père au volant de l'automobile familiale pour réclamer leurs paiements. Parfaitement bilingue, Nathaniel-George Scott a été élu à la législature du Québec en 1916, selon la *Gazette du Québec*, où il a siégé durant sept ans. Il est mort subitement d'une crise cardiaque à l'âge de cinquante ans, une tragédie qui a coïncidé avec le krach boursier qui a réduit à zéro la fortune familiale. Sa veuve et ses quatre enfants adultes ont ensuite déménagé à Montréal.

J'ai admiré Irene Dow dès notre première rencontre. Cette dynamo pesant quarante kilos était dotée d'une volonté de fer qui se manifestait de la façon la plus douce et la plus féminine qui soit. Elle exploitait ses talents d'organisatrice, qui auraient fait l'envie de n'importe quel PDG, pour assurer le confort et faciliter la vie de sa famille, de ses amis et de la collectivité. Pendant presque toute ma vie, j'ai essayé de reproduire les talents domestiques d'Irene (elle était aux arts ménagers ce que Meryl Streep est au jeu d'acteur), mais, malheureusement, je n'ai obtenu que des résultats mitigés. Au fil du temps, mon admiration pour Irene s'est muée en affection sincère.

J'ai été invitée à une soirée chez les Dow quelques jours avant Noël. Joan, la sœur de Dave, et son mari John y étaient aussi, de même que sa petite sœur Debbie, en congé de son école à Neuchâtel en Suisse.

Personne ne fêtait Noël avec autant de panache que Don Dow. L'extérieur de la maison était couvert de décorations : des lumières et des ornements dans chacune des fenêtres et autour du porche, sans oublier un père Noël grandeur nature et son traîneau tiré par des rennes sur le toit. Don concoctait des *drinks* spéciaux sur le thème de Noël et nous en étions à notre deuxième verre lorsqu'on a sonné à la porte. Quelqu'un a reconnu la voiture du Dr Organ, le pasteur de l'Église unie à laquelle étaient (théoriquement) rattachés les Dow.

Puisque le Dr Organ était connu pour son opposition farouche à l'alcool, nous avons rapidement caché nos verres derrière les meubles. Sa visite de dix minutes nous a semblé durer une éternité, pas seulement parce que nous avions soif, mais parce que nous sentions la tonne. Irene lui a offert du thé qu'il a, Dieu merci, refusé. Dès qu'il a passé le seuil de la porte, nous avons récupéré nos verres dans un parfait synchronisme et recommencé à respirer. J'ai eu un peu pitié du Dr Organ, qui recevait probablement le même accueil chez tous ses paroissiens, mais il allait à contre-courant.

Après les Fêtes, Dave est retourné à l'université à Fredericton et nous avons poursuivi notre correspondance tout l'hiver.

Nos premières guitares

(ANNA)

Lorsque Joan Baez a lancé son premier disque sur étiquette Vanguard en 1960, elle est devenue un modèle pour Kate, moi et quantité d'autres adolescentes. Jeune et belle, elle avait de longs cheveux et jouait pieds nus, même dans les endroits les plus conventionnels. Nous voulions être elle. La plupart des musiciens folk de l'époque possédaient des guitares à rosace ronde, dont les cordes étaient en nylon ou en acier. Elles avaient un beau fini en bois naturel et les plus beaux modèles étaient fabriqués par C.F. Martin. C'est le genre de guitare que Kate et moi désirions.

Souhaitant nous faire une surprise, maman et grand-papa Arthur, qui ne connaissaient rien à ces instruments, se sont rendus sur la rue Craig, près du boulevard Saint-Laurent. On y trouvait beaucoup de prêteurs sur gages qui vendaient des guitares neuves de qualité moindre.

Le matin de Noël 1961, deux paquets à la forme révélatrice attendaient sous le sapin : des boîtes trapézoïdales dans lesquelles on vendait des guitares bon marché. Gaby et Arthur nous regardaient fièrement, parvenant à peine à contenir leur enthousiasme pendant que Kate et moi déballions nos cadeaux. Appréhendant probablement notre réaction, papa a préféré sortir de la pièce.

Les guitares flambant neuves étaient en bois verni foncé avec motif «*sunburst*» au centre et deux esses pour laisser sortir le son plutôt qu'une rosace. Comme les cordes se trouvaient à un centimètre et quart au-dessus du manche, il était impossible d'appuyer dessus pour jouer un accord. Nous n'avons pas caché notre mécontentement en recevant ces instruments grossiers et nous avons marmonné : «Ce n'est pas ça qu'on voulait ! C'est des guitares western !» Et nous sommes parties. Si seulement ils nous avaient demandé notre avis plutôt que de vouloir nous faire une surprise !

Notre grand-père, éternel orphelin, n'en revenait pas à quel point Gaby avait élevé des filles ingrates. Nous avons échangé nos cadeaux contre des guitares en bois blond à cordes en nylon de qualité médiocre.

Le Trio Canadien

(ANNA)

Kate et moi fréquentions la TMR Catholic High/École secondaire catholique VMR. L'immeuble bâti à la fin des années 1950 était une boîte rectangulaire à la façade ornée d'un mur-rideau vert cendré. Il accueillait une école francophone et une anglophone, et chacune comportait une section pour les garçons et une autre pour les filles. On aurait donc dit qu'il y avait quatre établissements en un. Les élèves de langue française occupaient le premier étage, ceux de langue anglaise, le deuxième, tandis que le gymnase et les salles d'activités servaient à tout le monde. Les sœurs de Sainte-Croix, qui dirigeaient la section des filles, maîtrisaient l'art de planifier l'horaire des activités dans les zones communes de façon que les garçons et les filles ne se trouvent jamais au même endroit en même temps. Dans l'éventualité improbable qu'une fille croise un garçon, son uniforme l'aurait complètement repoussé : une jupe grise à plissé accordéon confectionnée dans un tissu en acrylique inflexible qui descendait bien en bas du genou, un chemisier blanc fabriqué, lui aussi, dans une étoffe de l'ère spatiale qui nous faisait suer abondamment ainsi qu'une cravate bleu roi, au cas où une fille aurait l'idée malencontreuse de détacher quelques boutons pour exposer son cou juvénile. Un blazer bleu marine à la coupe généreuse complétait cette oblitération totale de la silhouette féminine et, de surcroît, s'il se trouvait un fétichiste parmi les garçons, les pieds féminins étaient enserrés dans des forteresses : de confortables richelieus en cuir brun. Le rouge à lèvres était interdit, mais les francophones contournaient le règlement en appliquant du fond de teint et beaucoup d'*eye-liner*. En général, les Anglaises étaient plus sages, mais quelques-unes transgressaient les règles. Les garçons portaient essentiellement le même uniforme, à l'exception du pantalon qui n'était pas plissé.

Nous avions parfois l'impression que les sœurs souhaitaient plus conserver leur école flambant neuve en bon état que nous enseigner. Il y avait un laboratoire de chimie équipé avec suffisamment de becs Bunsen, de béchers et d'éprouvettes pour que toutes les élèves de notre petite classe de quinze fassent des expériences simultanément. Mais nous n'avions la permission de ne toucher à rien. Comme des enfants de maternelle, nous devions plutôt nous rassembler autour de la religieuse pour l'observer pendant qu'elle faisait l'expérience avec ses mains pâles et tremblantes, lisant les instructions à voix haute dans le manuel au fur et à mesure. J'ai l'impression que certaines sœurs ne savaient pas grand-chose des matières qu'elles devaient enseigner. Kate m'a raconté qu'une année une de ses profs lui a demandé de donner le cours de maths à sa place. Notre titulaire de classe, qui était aussi la directrice de la section des filles anglophones, était tellement incompétente que les parents de toutes les autres élèves avaient présenté une pétition à la commission scolaire pour exiger son renvoi. Mon père a été le seul à refuser de la signer parce que, selon lui, c'était cruel. La religieuse a terminé l'année, mais a pris sa retraite peu après.

À l'automne 1961, Michèle Forest étudiait en dixième année dans la section francophone. Elle venait d'arriver à notre école, qui avait été inaugurée deux années auparavant. Michèle était le genre de fille que l'on remarquait immédiatement. Vive et très drôle, elle a été la clown de la classe durant tout son cours secondaire. D'un naturel curieux, elle cherchait toutes les occasions de s'amuser dans cet endroit austère. Un jour où elle errait dans les corridors vers la fin de 1961, elle a entendu de la musique. Elle en a cherché la provenance, comme un personnage de conte suit la trajectoire d'un arc-en-ciel pour trouver la marmite de pièces d'or. Dans un local étroit, elle a découvert Kate en train de chanter d'une voix pure et aiguë, selon Michèle, en s'accompagnant au piano droit de l'école devant un groupe d'élèves admiratives. Ma sœur était en dixième année du côté anglo. Les deux filles ont très rapidement tissé des liens et commencé à se voir après les cours pour faire de la musique.

J'avais obtenu mon diplôme en juin de cette année-là et j'étudiais à l'école de secrétariat Mother House. J'ai donc rencontré Michèle par l'entremise de Kate. Notre nouvelle amie connaissait un tas de chansons en français, en anglais et dans différentes langues. Par contre, je ne me rappelle pas l'avoir vue jouer d'un instrument. Issues d'une famille bourgeoise, les filles Forest ont fort probablement suivi des leçons de piano avec les sœurs. Contrairement à Kate et à moi, Michèle connaissait la musique populaire francophone : des chansonniers populaires de l'époque, Gilbert Bécaud et Guy Béart, jusqu'à Mary Travers, la fameuse Bolduc célèbre pour son turlutage que Michèle pouvait imiter à la perfection. En grandissant à Saint-Sauveur, nous entendions à la radio les succès de la musique country francophone comme *Le rapide blanc* (ou *Awigniahan*) d'Oscar Thiffault, une chanson suggestive «à double sens» au sujet d'un homme qui rend visite à une femme dans l'intention de la séduire pendant l'absence de son mari parti au chantier de bûcherons.

Toutefois, la plupart des chansons francophones que Kate et moi connaissions étaient des rondes enfantines ou de jolis hymnes comme *Mère du bon conseil* et *Rose d'Israël* que l'on chantait à l'église. Jane nous avait enseigné certaines chansons pittoresques de la campagne qu'elle avait apprises à Combermere, comme *The Blackboard of My Heart*. En 1961, par contre, nous cherchions plutôt des chansons comme celles que Joan Baez avait enregistrées sur son premier disque l'année précédente. Cette chanteuse, un véritable phénomène, était la Lady Gaga de l'époque, en moins provocante.

Nous avons rapidement formé un trio : Michèle chantait, accompagnée par Kate et moi à la guitare et aux harmonies vocales. *Swing Low, Sweet Chariot* et *Green Fields*, un hymne écologique primitif rendu célèbre par les Brothers Four, ainsi que la complainte afro-américaine *Every Night When the Sun Goes Down* ont été les premières chansons que nous avons apprises. Michèle se souvient qu'un jour nous avons pris l'autobus numéro 65 pour descendre Côte-des-Neiges en traînant nos guitares (nous n'avions pas d'étuis) jusqu'au bar de l'hôtel Berkeley sur Sherbrooke Ouest. C'est là que se réunissaient les étudiants bon chic, bon genre de McGill après une partie de football. Nous avons donné un spectacle impromptu. Après avoir trouvé un emplacement en vue, Michèle a commencé à chanter pendant que Kate et moi l'accompagnions à la guitare. Il n'y avait ni scène, ni micros, ni personne pour s'alarmer du fait que nous étions mineures. J'aime penser que notre numéro improvisé a été apprécié par les jeunes clients du bar qui connaissaient déjà le Kingston Trio et d'autres artistes folk populaires. Nous avons aussi chanté de manière impromptue à La Poubelle, la boîte à chansons folk de Tex Lecor sur la rue Guy.

C'est peut-être Michèle qui a proposé que nous passions l'audition pour nous produire au concert du carnaval d'hiver du collège Loyola. L'école jésuite pour garçons était reconnue pour son programme de théâtre et les productions étudiantes de première qualité. Michael, mon copain de l'époque, était un auteur dramatique en puissance qui étudiait là-bas. Nous venions de voir *Volpone*, la pièce de Ben Jonson, mettant en vedette dans le rôle-titre le jeune Richard Monette, âgé de dix-sept ans. Cet adolescent québécois d'origine italienne, qui se produisait sur scène avec une diction propre au théâtre classique, était si convaincant dans le rôle du vieux roué vénitien que je m'étais dit à l'époque : « Ce gars-là va aller loin. » Et je ne me trompais pas : il a été directeur artistique du festival de Stratford durant quatorze ans.

La seule vraie pièce de théâtre que j'avais vue était une production amateur de notre école dans laquelle jouait Kate. Elle interprétait un rôle secondaire, mais avait deux répliques plutôt importantes : la première au début et la seconde vers la fin. Nerveuse, elle a lancé sa deuxième réplique en premier, ce qui a dérouté les autres comédiens et a entraîné la fin abrupte de la pièce.

Seymour était l'étudiant responsable d'embaucher les musiciens pour le concert de Loyola. Cet aspirant chanteur folk est devenu auteur dramatique par la suite. Il devait venir chez Michèle, sur l'avenue Kenilworth à TMR, pour entendre notre trio. Nous n'oublierons jamais son entrée théâtrale ni la façon dont il a jeté son manteau noir à la doublure rouge vif sur le sofa modulaire moderne dans le salon des Forest. Nous avons toutes eu le souffle coupé. J'étais intimidée, et notre nervosité collective s'entendait dans nos voix plus tremblantes qu'à l'accoutumée. Sans surprise, ce jeune Svengali de banlieue a trouvé notre répertoire quelconque, ce qu'il était sûrement. Il nous a proposé des chansons plus audacieuses et plus sombres. Pour illustrer son point de vue, il a empoigné une guitare et a entonné *Kilgary Mountain (Whiskey in the Jar)*, une chanson folklorique irlandaise au refrain entraînant :

Musha rig um du rum da,
Whack fol the daddy-o,
Whack fol the daddy-o,
There's whiskey in the jar

Seymour grattait la guitare puis se frappait la cuisse de la main droite chaque fois qu'il chantait le mot «*whack*» (frappe). Nous avons compris le message et Seymour nous a engagées pour le spectacle.

Entre-temps, en consultant des recueils de chants folkloriques à la bibliothèque de TMR et à la librairie Classics, nous avons repéré la chanson *Two Brothers on Their Way* racontant l'histoire de deux jeunes immigrants irlandais qui appartenaient à des camps ennemis durant la guerre civile américaine. Ils avaient été enrôlés comme substituts rémunérés par des familles aisées qui ne voulaient pas perdre leurs propres fils dans le conflit. *One wore blue and the other wore grey.* L'un portait du bleu et l'autre, du gris. La chanson à répondre canadienne-française *En filant ma quenouille*, que Kate et moi allions enregistrer vingt ans plus tard sur notre *French Record*, s'est aussi ajoutée à notre répertoire à cette époque. Ainsi que la ballade de pêcheur *Mary Ann* transcrite à Tadoussac par l'ethnologue Marius Barbeau.

A lobster in a lobster pot,
A blue fish wriggling on the hook,
They're suffering long but it's nothing
Like the ache I feel for you my dear Mary Ann.

Un homard dans l'eau bouillante,
Un poisson bleu pendu à l'hameçon,
Ils souffrent beaucoup, mais ce n'est rien
À côté de la douleur que tu me causes, Mary Ann bien-aimée.

Ma mère adorait cet air et, quand nous répétions à la maison, elle disait: «Chantez la chanson sur le homard dans la marmite.» Nous avions été tellement médusées par la performance de Seymour que nous avions décidé de nous appeler Kilgary Balladeers, du moins pour cette soirée. Le quotidien *Montreal Star* a publié une critique du spectacle, puis un article sur notre trio.

Shimon Ash et son épouse Neema, les propriétaires du Finjan Coffee House à l'étage au-dessus de la boulangerie Arena sur l'avenue Victoria à Snowdon, se sont intéressés à nous. Puisque nous chantions dans les deux langues, Shimon nous a baptisées Le Trio Canadien.

Ce Sud-Africain progressiste se trouvait à cheval entre les deux solitudes du Québec. Au fil du temps, Michèle s'est procuré une autoharpe et nous avons appris de nouvelles chansons, comme *Poor Wayfarin' Stranger* ou *L'eau vive* de Guy Béart. En peu de temps, nous avons constitué un répertoire assez riche pour jouer en première partie des artistes réguliers du café Finjan. Et ils étaient nombreux : le chansonnier québécois Claude Gauthier dont la ballade *Mouette de goéland* était une des préférées de notre mère ; Wade Hemsworth, dessinateur technique pour le CN et compositeur de *The Log Driver's Waltz* et de *The Black Fly Song* ; le duo formé de Shirley Singer (la petite amie de Wade) et de Shirley Brown qui chantaient en français et en hébreu ; et Derek Lamb, un cinéaste d'animation à l'Office national du film d'origine britannique qui interprétait des chansons de music-hall de son pays et que nous venions de rencontrer à La Poubelle. Le Trio Canadien se produisait presque toujours sur la scène de ce petit café israélien qui servait des falafels et du café turc préparés sur la vieille table de cuisson au gaz dans la cuisine. L'itinéraire menant de nos domiciles à TMR au Finjan était très fréquenté. Nous prenions l'autobus numéro 16 en direction ouest sur le boulevard Graham, puis sur Lucerne vers le sud jusqu'à l'angle de Kindersley. De là, nous montions dans le 124 qui nous amenait devant le cimetière Baron de Hirsch et sur l'avenue Victoria jusqu'au chemin de la Côte-Sainte-Catherine où nous descendions. Le 124 poursuivait sa route sur Victoria, gravissait la côte dans Westmount puis la redescendait jusqu'à la rue Sainte-Catherine Ouest où il faisait demi-tour.

Un hiver, il y a quelques années, je suis montée dans cet autobus par nostalgie et je me suis assise en avant, comme le faisait grandpapa Arthur. Il semble que les seuls autres passagers étaient de petites dames des Philippines à la peau foncée qui s'en allaient faire des ménages à Westmount. Elles avaient l'air encore plus menues dans les manteaux en duvet qu'elles portaient presque toutes, probablement offerts par leurs employeurs parce qu'ils n'allaient plus à leurs adolescentes. Elles me rappellent Melida, une femme de ménage de la République dominicaine qui travaillait pour Dane et moi lorsque nous habitions à Westmount. Elle se pointait généralement chez nous avec des sacs remplis de vêtements usagés que lui donnaient ses autres clients fortunés et qu'elle envoyait à son tour à sa parenté. Melida se trouvait chez nous un jour pendant que je préparais les vêtements que Kate et moi devions porter quelques heures plus tard lors d'une émission de télévision. Je cherchais un élément pour habiller le jeans que je comptais mettre. Melida est venue à mon secours en pigeant dans ses sacs : elle y a déniché un veston en satin couleur rouille qui allait parfaitement avec le reste de ma tenue.

Au cours de la brève carrière de notre trio, nous avons participé à au moins une émission du réseau anglais de Radio-Canada mettant en vedette de jeunes talents. C'était à la fin de l'été 1962. Michèle et moi travaillions au centre-ville. Michèle était réceptionniste à l'agence de publicité Young & Rubicam dans la nouvelle tour de la CIBC située à l'angle de Peel et de Dorchester Ouest. Le studio où l'émission était enregistrée se trouvait dans une ancienne église de Ville Saint-Laurent, autrefois une banlieue juste au nord de TMR. J'ai donc pris le train de banlieue avec Michèle jusqu'à Ville Mont-Royal pour rejoindre Kate et récupérer nos instruments. Nous étions déjà en retard et Michèle se souvient que nous avons intercepté le chauffeur d'une camionnette transportant des pommes pour lui demander de nous y emmener. Deux d'entre nous étaient dans la cabine avec le conducteur et la troisième, avec les pommes et les guitares à l'arrière. Quelle jolie pochette de disque nous aurions pu faire avec une photo de cette scène… si nous avions pu en produire un. Grâce au soutien moral et financier du père de Michèle, nous avons enregistré un démo au studio Marko, qui se trouvait sur Dorchester Ouest dans l'ancien hôtel Ford. Malheureusement, nous avons perdu la bande.

On pourrait croire que je généralise, mais je me rappelle que les enfants de la famille Forest (cinq filles et deux garçons) étaient tous beaux et grands. Les filles aînées portaient un trench-coat et un fichu comme leur idole Audrey Hepburn, qui était à l'époque la star la plus brillante dans le firmament du cinéma. La famille s'habillait chez

Holt Renfrew, le petit magasin de luxe situé dans un immeuble Art déco, sur Sherbrooke Ouest à l'angle de la rue de la Montagne, qui était hors de la portée des sœurs McGarrigle. Une collègue de travail de ma mère chez Marconi lui avait parlé d'une boutique de robes à rabais sur Côte-des-Neiges, pas très loin de Ville Mont-Royal. Elle était tenue par un homme souffrant d'obésité morbide. C'est là que Kate et moi faisions nos achats. Cet appartement sombre et exigu était toujours bondé d'adolescentes et de leurs mères qui fouillaient sur les supports pleins de robes et de tailleurs confectionnés dans le «quartier de la guenille» montréalais, autrefois si dynamique. Bon nombre de ces vêtements portaient l'étiquette familière Algo Originals. De temps à autre, maman nous procurait un ensemble de couturier chez Ogilvy ou à l'Ensemble Room chez Eaton, mais le prix devait être radicalement réduit.

Je crois que c'est Michèle qui avait proposé que nous portions toutes les trois les mêmes habits de scène, pour avoir l'air plus professionnelles avec des tenues moins disparates. Nous sommes allées choisir notre tissu chez Marshalls sur Sainte-Catherine Ouest: du coutil blanc pour les jupes droites et de la toile à matelas rayée rose et bleu pour les vestons. C'était un patron Simplicity pour débutantes, sans doublure, ni col, ni boutonnières; seulement quelques pinces à la taille, une fermeture à glissière sur le côté de la jupe et une pince sur chaque panneau avant du veston fermé par trois boutons-pression. Nous avons étrenné nos ensembles lors d'une séance de photo organisée par le père de Michèle.

Je devais rencontrer Kate et Michèle au café après le travail. Comme je trouvais que le veston à la coupe carrée ne m'allait pas bien (moi qui ai déjà le torse court et compact), je l'ai remplacé par un cardigan lavande qui, selon moi, était dans le même ton que les vestons de mes compagnes. Quand je suis entrée dans la pièce sans le veston officiel, Kate et Michèle ont voulu savoir où il se trouvait. Les soupçonnant de vouloir insister pour que je porte l'uniforme, je l'avais laissé au bureau. Les deux ne m'ont pas adressé la parole de la soirée, ni pendant le spectacle ni après, au retour dans l'autobus, et peut-être bien pendant plus longtemps.

Le trio s'est dissous au bout d'un an et demi environ. D'après Michèle, Kate et moi manquions de plus en plus de répétitions pour faire autre chose, alors qu'elle était la seule à cette époque qui songeait sérieusement à faire carrière en chanson. Pourtant, elle m'a confié récemment que c'était elle qui avait abandonné. J'étais heureuse d'apprendre que ce n'était pas à cause de l'épisode du satané veston. Quoi qu'il en soit, nous sommes demeurées de bonnes amies et je lui serai éternellement reconnaissante de m'avoir fait découvrir la musique de Claude Léveillée.

Il y a longtemps, un soir d'été, Michèle, son frère Gaston et moi sommes allés au Domaine de l'Estérel à Sainte-Marguerite pour voir et entendre cet auteur-compositeur-interprète et pianiste autodidacte qui a composé des chansons «éternelles» parmi les plus inspirantes du Québec, dont *Le vieux piano* et, surtout, *Frédéric*.

Il partageait la scène avec le pianiste André Gagnon, chacun à son piano à queue, l'humoriste Yvon Deschamps assis devant une batterie rudimentaire, ainsi qu'un contrebassiste dont le nom m'échappe. La salle de style Art déco, toute blanche aux angles arrondis, me rappelle maintenant le décor du film *La passion de Jeanne d'Arc* de Carl Dreyer.

Quelques années avant cette soirée, Édith Piaf était venue à Montréal en tournée. Un soir, des amis l'ont emmenée voir Léveillée qui se produisait dans une petite boîte du centre-ville. Il l'a tellement charmée qu'elle l'a invité sur-le-champ à partir vivre avec elle à Paris où il lui composait des chansons. En 2009, Martha a repris une de ses compositions, *Non, la vie n'est pas triste*, sur son disque hommage à Piaf, *Sans fusils, ni souliers, à Paris*. Léveillée a écrit cette chanson au 67 bis, boulevard Lannes où il passait tout son temps assis au piano à composer des mélodies. Il dormait dans un placard que madame Piaf avait gentiment aménagé pour lui. Son séjour de deux ans dans la capitale française est relaté dans le film *67 bis boulevard Lannes* réalisé par Jean-Claude Labrecque pour l'ONF. On y apprend, entre autres, que Piaf se déplaçait dans son appartement avec une clochette qu'elle faisait tinter quand elle entendait Léveillée jouer un air qui lui plaisait. Elle l'appelait affectueusement «mon petit Canadien», mais il était en réalité son esclave musical. C'est amusant de penser que les compositeurs talentueux étaient à ce point recherchés qu'il fallait pratiquement les enfermer.

Parlez-moi d'amour

(JANE)

Comme c'était généralement le cas lorsqu'une catholique épousait un homme qui n'était pas de sa religion, Dave et moi nous sommes mariés au printemps lors d'une modeste cérémonie célébrée à la Lady Chapel de la basilique Saint-Patrick à Montréal. Dave a dû suivre des cours de religion au préalable et promettre que nos futurs enfants seraient élevés dans la foi catholique.

Skippy Edwards était ma demoiselle d'honneur, tandis que Russell Bailey était le témoin de Dave. Le prêtre insensible n'a pas souri une seule fois et nous étions heureux de le quitter pour notre petite fête à l'hôtel Reine Elizabeth, un peu plus à l'ouest. Papa s'était organisé pour que l'organiste joue *Annie Laurie* pour accompagner notre sortie de l'église, en guise d'hommage à la grand-mère de Dave, de confession presbytérienne écossaise. Il voulait peut-être compenser en partie le fait que ses éventuels arrière-petits-enfants lui seraient arrachés par l'Église catholique. Nana Scott l'a remercié de cette attention qui l'a beaucoup touchée.

Nous avions prévu de passer l'été à Montréal et de revenir à Fredericton à temps pour le début de la session de cours de Dave à UNB. Nous avons loué un appartement rue University dans une rangée de vieilles maisons qui avaient été transformées en logements pour étudiants et en confréries. Il se trouvait à proximité du campus de McGill et un peu plus bas que l'ancien hôpital Royal-Victoria. Selon mon souvenir, il s'agissait d'une seule grande pièce avec une cuisinette, une salle de bain et quelques meubles essentiels. Sur le même étage vivaient des étudiants étrangers dont les efforts culinaires emplissaient l'immeuble des odeurs les plus étranges.

Outre son emplacement au cœur de l'activité, le plus grand avantage de notre appartement était une haute fenêtre donnant sur un toit légèrement incliné, qui permettait d'installer des chaises sans risquer qu'elles glissent jusqu'au trottoir deux étages plus bas. Nous avons mis quelques pots de géraniums sur notre « terrasse » et y avons passé plusieurs chaudes soirées d'été. Moi qui n'avais jamais habité au centre-ville, j'aimais la circulation, la musique qui s'échappait des maisons des *fraternities* et les sirènes des ambulances qui filaient au Royal Vic en pleine nuit. Notre terrasse était dépourvue de balustrade et c'est toute une chance que nous n'ayons pas abouti nous-mêmes à l'urgence.

Oncle Lorne avait trouvé un emploi d'été à Dave dans le local à outils d'une raffinerie de l'est de la ville. Je travaillais déjà, moi aussi grâce à Lorne, pour Morgan Realty, qui deviendrait plus tard la Hudson's Bay Development Company. J'ai été engagée comme réceptionniste, mais Lorne avait prévu de me faire gravir les échelons jusqu'au poste de secrétaire du patron, le général Alfred Ernest Walford. Le Général (c'est comme ça que tout le monde l'appelait) était un vétéran des deux guerres mondiales et avait longtemps travaillé pour la Henry Morgan Company. Ce petit homme distingué avait les cheveux poivre et sel soigneusement peignés vers l'arrière et une moustache bien taillée. Ses complets à fines rayures aux vestons croisés lui allaient très bien en raison de sa silhouette mince et de sa posture militaire impeccable. Même s'il était svelte, le Général surveillait son poids et suivait le régime Metrecal. Il s'agissait d'un supplément alimentaire sous forme de poudre qui, une fois mélangé à de l'eau, se transformait en boisson à la vanille au goût atroce. De temps à autre, la secrétaire du Général me demandait de lui préparer son « lunch liquide » et de le lui apporter à son bureau au bout du corridor. Toujours ravi quand il apprenait que j'avais eu un contact direct avec le Général, oncle Lorne était persuadé que j'avais un bel avenir dans l'entreprise. Il a été très déçu de notre décision de déménager à Fredericton à la fin de l'été. D'après moi, il croyait que je gâchais ma vie.

Dave et moi nous rencontrions à l'appartement après le travail et soit nous sortions en ville, soit nous recevions des copains sur notre terrasse improvisée. Nous fréquentions souvent mon amie Anne Tripe qui sortait avec Johnny Sansome, un ancien collègue de Dave à UNB qui avait abandonné ses études pour devenir écrivain. John était un personnage intrigant : né en Grande-Bretagne, il avait grandi au Venezuela avant d'étudier au Nouveau-Brunswick puis de s'établir

au centre-ville de Montréal, dans un appartement vaguement délabré à l'angle de Burnside et Drummond. Il ne possédait guère plus
qu'une machine à écrire et l'espoir de suivre les traces d'Hemingway,
son idole. Il avait des manières exquises et ce sens de l'humour subtil
qui fait la renommée des Britanniques, mais il manquait toujours
d'argent. En fait, nous en manquions tous. La fin de semaine, nous
arpentions les ruelles derrière les immeubles d'appartements en quête
de bouteilles vides sur les balcons que nous pouvions échanger contre
de l'argent pour nous acheter de la bière à notre tour. Un après-midi,
un résident furieux nous a pris la main dans le sac et nous a demandé
si nous volions les bouteilles de ses voisins. Très poliment, John a
répondu avec son accent *british* le plus savoureux : « Oui, oui, nous
leur rendons service », puis il est descendu à la hâte, la caisse de bouteilles vides sous le bras.

Il y avait quelque chose de délicieusement clandestin au sujet de
ce gars-là. Sans le dire ouvertement, il donnait l'impression d'être en
fuite et avait l'intention de partir incessamment pour Tampico au
Mexique, un départ qui semblait urgent et incontournable. Nous
passions les chaudes soirées d'été sur notre terrasse à manger de la
pizza une bière froide à la main et à écouter John nous expliquer ses
plans de fuite. Je l'imaginais voguant sur un tramp à vapeur en direction du golfe du Mexique. Pourtant, il a épousé Anne et ils se sont
établis à Halifax. Fin de la fantaisie.

Cet été-là, nous écoutions Los Tres Compadres, un groupe de
musique folk mexicaine qui nous a amenés, Dave et moi, à nous
procurer des guitares à cordes de nylon et à apprendre *Malagueña
Salerosa* que nous jouions à tous ceux qui voulaient bien nous écouter. Notre version était plutôt endiablée. Les amis se joignaient à
nous pour chanter le refrain pendant que nous jouions « à la ma-
riachi » les passages de guitare si amusants à interpréter. Nous avons
appris, pour notre grand plaisir, que les Tres Compadres se produi-
raient dans une boîte au centre-ville. Le spectacle ne nous a pas déçus
et nous étions enchantés de pouvoir les voir.

Le temps a filé, l'automne est arrivé et nous sommes partis à
Fredericton. Dave nous avait déniché un appartement sur la rue
York, au-dessus du salon de coiffure de madame Cora Walker, qui
était aussi notre propriétaire. Cora a voulu savoir sur-le-champ com-

ment je parvenais à faire bouffer mes cheveux à ce point. Elle coiffait encore ses clientes avec des bouclettes et souhaitait moderniser leur *look*. J'ai donc apporté mes bigoudis au salon et j'ai coiffé une de ses clientes en expliquant à Cora comment crêper les cheveux. Elle s'est procuré des bigoudis et, depuis ce jour, grâce à la technologie montréalaise, ses clientes quittent le salon avec de beaux cheveux bouffants.

Par l'entremise de Bob Dykes, Dave m'a permis de rencontrer Mike Gordon, un étudiant de deuxième cycle en sciences politiques qui était le chef de cabinet de l'honorable William R. Duffie, le ministre de la Jeunesse et du Bien-être de la province. Ce ministère venait d'être restructuré sous le nouveau gouvernement libéral de Louis Robichaud, le premier Acadien à diriger le Nouveau-Brunswick. Il combinait les services aux jeunes avec le bien-être social selon la logique que, si les citoyens bénéficient dès leur plus jeune âge de services-conseils et de soutien sur le plan de la formation et des loisirs, ils auraient moins de besoins en matière d'assistance sociale plus tard. C'était une idée intéressante. Mike cherchait une secrétaire et c'est moi qui ai décroché le poste. Il travaillait à son mémoire de maîtrise portant sur l'administration d'un ex-premier ministre du Nouveau-Brunswick, Andrew G. Blair, et il était plongé dans l'histoire de la province. Dévoué et vigilant, Mike Gordon était l'attaché politique idéal. Il veillait à l'image de Bill Duffie et était sensible au ton de chacune de ses déclarations.

Les Néo-Brunswickois sont des gens bons, au grand cœur, et je me suis rapidement fait des amis au ministère, surtout quand j'allais chercher un café ou quelque chose à manger. Puisque la cantine était exploitée par l'Institut canadien pour les aveugles, la personne au comptoir était non voyante. Elle ne nous remettait pas toujours le sandwich qu'on avait demandé et renversait parfois le café, mais personne ne se plaignait jamais. Les clients devaient annoncer le montant du billet qu'ils lui donnaient pour payer et je n'ai jamais entendu dire que quelqu'un avait triché pour en profiter.

J'ai adoré tous ceux que j'ai connus au Nouveau-Brunswick. Ils étaient, comme l'aurait dit mon père, le sel de la terre. Ils appelaient leur province «le pays de Dieu» et aimaient se dire «pauvres, mais fiers». Fiers à outrance des attractions du Nouveau-Brunswick : les chutes réversibles, la côte magnétique et le pont couvert le plus long au monde.

Parmi les personnages intéressants et colorés que j'y ai rencontrés, il y avait Barry Grant, un vieil ami de Bill pour qui il avait écrit des discours pendant sa campagne électorale. Cet ancien professeur du secondaire, qui avait quelques années de plus que Dave, faisait dorénavant partie de l'administration des Services à la jeunesse.

Nous avons bavardé à la cantine un jour et lorsqu'il a appris que j'adorais lire, il a commencé à me prêter des livres pour me les faire découvrir: des œuvres de James Thurber – *My Life and Hard Times* (*Ma chienne de vie*) et *The Years with Ross* –, de George Orwell – *The Road to Wigan Pier* (*Le quai de Wigan*) et *Burmese Days* (*Une histoire birmane*) – et d'autres dont j'ai oublié les titres. À l'époque, il était en train de colliger des expressions argotiques et familières propres aux Canadiens, et j'étais toujours à l'affût pour lui proposer de nouvelles entrées pour son dictionnaire. Il m'apportait de la lecture sans arrêt et souvent, quand nous n'étions pas très occupés, nous prenions de longues pauses pour manger le midi à la cantine. Je suis devenue en quelque sorte une disciple de Barry. Il était un grand fan du magazine *The New Yorker* et me communiquait les bons mots de Robert Benchley et Dorothy Parker, de même que les autres perles de la célèbre Algonquin Round Table. D'ailleurs, ce raconteur formidable était lui-même très instruit et avait un humour acerbe, des caractéristiques qui me rappelaient mon père, un autre *Maritimer*. Barry partageait aussi avec papa le plaisir de picoler, ce qui a peut-être mis fin à sa carrière dans la fonction publique.

Un matin, en arrivant au travail, j'ai trouvé sur mon bureau un exemplaire du *Daily Gleaner* de Fredericton ouvert à la page où on annonçait l'arrestation d'un certain John B. Grant dans un club social pour avoir tenté de voler une cireuse à planchers. C'était Barry, bien entendu. Il avait essayé de convaincre les policiers qu'il ne voulait pas chiper l'appareil, mais plutôt danser avec (ce qui avait beaucoup plus de sens pour ceux qui connaissaient Barry). Les agents ne l'ont pas cru et il a passé la nuit en prison. Quoi qu'il en soit, Barry ne faisait pas partie de ce monde-là; il n'était pas un fonctionnaire au fond de son cœur. Je ne l'ai pas souvent revu après son départ du ministère et nous avons perdu contact.

Nous avons quitté l'appartement de madame Walker et emménagé dans une maison louée sur l'avenue University, juste en bas de la côte où se trouve le campus. Lors de la visite, nous n'avions pas remarqué la voie ferrée entre la maison et l'université. Le premier matin, et tous ceux qui ont suivi, nous avons été réveillés vers six heures par un train qui donnait un coup de sifflet au moment où il passait sous la fenêtre de notre chambre. Nous avons fini par nous habituer et, à l'exception de ce détail, la maison nous plaisait. Nous avions beaucoup de visiteurs, qui souvent ne s'annonçaient pas et s'arrêtaient en chemin avant ou après leurs cours.

L'argent était rare, même si j'avais un emploi et si Dave recevait de l'aide de sa famille. Nous subsistions donc en mangeant de la saucisse et des pommes de terre, des denrées peu coûteuses au Nouveau-Brunswick. J'avais teint les patates pilées en vert pour la Saint-Patrick et j'ai continué cette pratique pour rompre la monotonie de nos repas. Dans le but d'économiser, nous avons essayé de brasser notre propre bière. Nous avons commis une erreur dans la recette et avons produit un liquide hautement volatil qui explosait spontanément en faisant sauter les capsules. Ce *crac* sonore survenait parfois en pleine nuit et nous nous réveillions complètement paniqués, avant de nous souvenir que ce n'était que la bière. Nous ne pouvions pas vraiment la boire et un après-midi, pour passer le temps, nous avons eu l'idée de lancer une ou deux bouteilles sur le train qui passait devant chez nous. Il s'est produit une explosion très satisfaisante et nous nous sommes débarrassés de toute notre production au bout d'une semaine, avec l'aide d'amis.

Dave a obtenu son diplôme d'ingénieur en mai 1962 et nous avons décidé de rester un peu plus longtemps à Fredericton. La New Brunswick Electric Power Commission l'a embauché et avant même sa première journée de travail, nous avons commandé une belle MGA décapotable bleu ciel toute neuve. Dave a dû m'enseigner comment conduire avec une transmission manuelle. Il n'y avait pas de synchroniseur en première, mais après avoir fait crisser la transmission pendant quelques jours, j'ai fini par avoir le tour.

Nous avons déménagé dans une autre maison louée, à Marysville cette fois, à environ vingt minutes en voiture au nord, après le pont Nashwaaksis (maintenant baptisé le pont de la rue Westmorland).

Nous avions visité quelques endroits, mais cette maison avait un piano. J'étais heureuse de retrouver mon instrument. Jusque-là, il fallait que je me contente d'accompagner le groupe sur la scène du Elks Club quand je voulais jouer du piano.

Notre bungalow moderne avait trois chambres, une salle de bain, un salon et une cuisine-salle à manger de bonnes dimensions. Le propriétaire nous avait laissé ses meubles, ainsi qu'une immense plante en pot. Nous nous sommes facilement habitués à cette maison confortable. Nous avons fait la connaissance des voisins de chaque côté et quelques autres dans la rue. Ils étaient un peu plus vieux que nous et beaucoup auraient fait presque n'importe quoi pour aider les jeunes aventuriers que nous étions. Nous ne fermions jamais la porte à clé et, parfois, il y avait un plat, un dessert ou un pot de confiture laissés pour nous sur la table de la cuisine. Nous passions à l'occasion nos samedis soir en leur compagnie et, vers la fin de la soirée, inspirés par la bière que nous avions bue, nous allions au piano jouer une version larmoyante de *In the Garden*.

Mes parents avaient évoqué l'idée de venir nous rendre visite puisque nous avions deux chambres libres, mais nous n'avions pas fixé de date. Un jour, peu après avoir emménagé, une chose étrange est arrivée. Dave et moi rentrions du travail en auto. Par la fenêtre du passager, j'ai eu la surprise d'apercevoir ma sœur Kate assise sur une clôture. J'ai demandé à Dave de s'arrêter pour mieux regarder, mais elle avait disparu. Une demi-heure environ après notre arrivée, à notre grande surprise, Frank, Gaby et Kate se sont pointés chez nous dans l'auto de papa. J'ai dit : « Alors, c'était bien *toi* qui étais assise sur la clôture ! Pourquoi vous êtes-vous arrêtés là ? » Ils ne s'étaient arrêtés nulle part et n'avaient aucune idée de ce que je racontais.

J'ai relaté mon « expérience psychique » à papa, qui m'a expliqué le plus sérieusement du monde : « Les événements futurs jettent leur ombre avant de survenir. » Vers la fin de sa vie, Kate prétendait être une sorcière, une *bonne* sorcière, mais une sorcière tout de même. Elle l'était peut-être, ou bien elle avait un sosie de seize ans qui vivait dans les parages. Tout ce que je sais, c'est que j'ai aperçu Kate à huit cents kilomètres de chez elle et trente minutes plus tard, elle se trouvait dans ma cuisine.

Frank, Kate et Gaby ont passé quelques jours fort agréables chez nous, puis ont poursuivi leur route vers Saint John, la ville natale de papa.

La vie n'était plus la même lorsque Dave a terminé ses études. Bon nombre des gens que nous avions côtoyés avaient quitté l'université pour regagner leurs régions d'origine. Nous nous sommes fait de nouveaux amis au travail et nous sommes passés à des divertissements plus raffinés, comme des soupers, et j'ai appris à cuisiner pour pouvoir recevoir moi aussi.

Plus tard cette année-là, Anna est venue nous rendre visite.

Une visite au Nouveau-Brunswick

ANNA : Au printemps 1962, j'ai eu l'occasion de rendre visite à Jane et David à Marysville au Nouveau-Brunswick. J'ai pris un vol de TCA à destination de Fredericton. C'était la première fois que je montais dans une machine volante : un Viscount à turbopropulseur. Pour l'occasion, je portais mon plus bel ensemble : une copie de tailleur Chanel en lainage bouclette beige liséré de cuir brun aux poches. J'avais mis un fichu par-dessus mon chignon en choucroute, semblable à celui de l'impératrice Farah Diba, troisième épouse du shah d'Iran et grande icône de la mode du début des années 1960. Comme les temps ont changé !

Le soir de mon arrivée, nous bavardions chez eux lorsque quelqu'un a mentionné que Fred McKenna, le guitariste aveugle de l'émission de télévision *Singalong Jubilee* de la CBC, habitait aussi à Marysville. Kate et moi admirions toutes deux son style inhabituel : assis sur une chaise, il posait sa guitare à plat sur ses genoux, ses doigts de la main gauche jouaient sur le manche comme sur les touches d'un piano et il grattait énergiquement les cordes avec un plectre dans la main droite. (Jeff Healey jouait de la même façon.) Avec sa voix riche de baryton qui montait en crescendo, McKenna était un vrai de vrai, un musicien country expérimenté et pas un *folkie* moderne.

C'est Jane, je pense, qui a proposé de l'appeler. Après avoir trouvé son numéro dans l'annuaire local, je l'ai composé et j'ai attendu patiemment au bout du fil. Une femme a répondu et je lui ai demandé d'une voix humble : « Est-ce que je pourrais parler à monsieur McKenna, s'il vous plaît ? » Elle m'a demandé d'attendre un moment d'une voix nasale étrangement plaisante et je l'ai entendue crier : « Fred ? C'est pour toi ! »

À l'arrière, je percevais les marmonnements étouffés d'un homme probablement fâché de se faire déranger un vendredi soir pendant qu'il prenait sa bière (comme nous, d'ailleurs). Je l'ai entendu marcher d'un pas traînant jusqu'au téléphone en renversant des objets sur son passage et en sacrant. J'ai réprimé mon envie de raccrocher à cause de tout le mal qu'il se donnait pour venir me parler.

Il a crié «Hello!» de sa voix familière de baryton.

«Je suis désolée de vous déranger, monsieur McKenna. Je suis une admiratrice de Montréal et je me trouve à Marysville pour visiter ma sœur. Je voulais simplement vous dire à quel point j'aime vous entendre chanter dans l'émission *Singalong Jubilee.*»

Après un silence, il a dit: «Ben, merci de votre appel.» Rien de plus. Je me suis juré que plus jamais je n'appellerais une célébrité à l'improviste. Quelle idée stupide! Au fil des ans, Kate et moi avons reçu notre part d'appels d'admirateurs venus de loin. Recevoir un téléphone d'un parfait étranger admiratif, ça me donne toujours des frissons.

Un après-midi, Dave m'a prêté le volant de sa nouvelle MGA bleue et nous sommes allés faire une balade. Il a dû m'apprendre à conduire une auto à transmission manuelle. Nous étions à la campagne, au sommet de Mill Hill, qui, comme son nom l'indique, est une pente abrupte. Je ne savais pas rétrograder et pendant que nous descendions, j'ai peut-être appuyé sur l'embrayage en croyant que c'était le frein, et j'ai paniqué. Normalement, quand ça m'arrive, je me couvre les yeux. Je pense bien que c'est Dave qui a arrêté l'auto en appliquant le frein à main, ce qui nous a fait virevolter comme une toupie avant que nous puissions nous immobiliser. Dave m'a fait remarquer que nous avions évité de peu un tas de pierres, puis, avec le plus grand calme, il m'a demandé: «Veux-tu que je conduise maintenant?» J'ai découvert ce jour-là à quel point il est facile de se tuer, et à quel point il est difficile de mourir.

JANE: Nous avons eu une autre mésaventure avec une auto au cours de la même fin de semaine.

Notre ami George Gunter, un célibataire, est venu chez nous le samedi pour faire la connaissance d'Anna et nous sommes sortis souper, chaque couple dans une auto sport. Après le repas, nous sommes repartis: Dave et moi en avant, suivis d'Anna et de George dans sa TR3. Personne ne se souvient qui était au volant, mais la TR3 a fait une sortie de route au moment de s'engager dans notre entrée de garage derrière la MGA. Ne sachant pas quoi faire, nous avons décidé de la laisser dans le fossé et d'appeler une remorqueuse le lendemain matin.

George est resté à coucher et au lever, l'auto était garée bien sagement dans notre entrée. Nos voisins s'étaient simplement chargés de l'extraire de sa fâcheuse position. Dave nous a fait une démonstration de son humour subversif habituel en commentant ce geste. «Espèces de Samaritains indiscrets! Qu'est-ce qui leur a fait croire qu'on ne la voulait pas dans le fossé, notre auto?» Bien entendu, nous les avons remerciés d'être venus à notre rescousse.

Nous sommes allés fêter Noël à Montréal cette année-là et la suivante. Si mes souvenirs sont exacts, c'était un long voyage de dix à douze heures sur des routes à deux voies glacées, dans une auto mal isolée conçue pour le climat britannique. Dave conduisait la plus longue partie du trajet pendant que j'essayais de ne pas penser aux risques de faire un tête-à-queue. Il me changeait les idées avec des explications scientifiques sur la raison pour laquelle un objet qui se déplace en ligne droite maintient sa trajectoire, glace ou pas. Je m'endormais à mi-chemin – vers Rivière-du-Loup – pour me réveiller saine et sauve devant la maison de la famille Dow à Montréal. Une semaine plus tard, nous faisions le chemin inverse. C'était une expédition plutôt pénible dans l'ensemble, mais ça valait la peine d'être chez nous pour le congé des Fêtes.

Dave ne se voyait pas faire carrière à la New Brunswick Electric Power Commission. Il ignorait ce qu'il voulait exactement, mais il avait envie de voir du pays. Il a donc décidé de faire des études de deuxième cycle et a envoyé des demandes d'admission à deux universités californiennes: Stanford à Palo Alto et Berkeley, où il a été accepté. Nous avons donc commencé à planifier notre voyage transcontinental et notre nouvelle vie en Californie.

Téléscripteur

(ANNA)

J'ai décroché mon premier emploi à l'été 1962. Je venais de terminer un cours d'un an à la Mother House Secretarial School où l'on m'a enseigné la dactylographie, la sténographie Perrault-Duployé (une obscure méthode bilingue inventée à Montréal) et la comptabilité commerciale. Une année entière, ça peut sembler long pour suivre seulement trois cours, alors que le personnel soignant rwandais reçoit à peine six mois de formation. En tout cas, c'est ce que j'ai entendu récemment à la télé.

J'ai été embauchée par une maison de courtage de l'ancienne école à l'angle des rues McGill et Notre-Dame, à la frontière ouest de l'ancien quartier des affaires de Montréal. Si on compare cette zone à une planche de Monopoly, notre bureau aurait été une propriété de l'avenue Baltic : un espace loué légèrement éculé au rez-de-chaussée d'un immeuble au revêtement blanc. Il se trouvait à quelques rues de la Bourse de Montréal sur Saint-François-Xavier, un édifice occupé aujourd'hui par le théâtre Centaur.

Officiellement, j'étais la secrétaire du contrôleur financier, mais étant l'employée la plus jeune et la dernière embauchée, je bouchais pas mal de trous. Le midi, je remplaçais la standardiste, une femme corpulente tout droit sortie des années 1940 avec son volumineux manteau noir et son chapeau garni d'une voilette. Les bourrelets de son immense corps débordaient mollement du fauteuil pivotant bancal sur lequel elle roulait dans le petit espace qu'elle partageait avec un antique standard téléphonique. Cette dame manipulait avec adresse les dizaines de câbles recouverts de toile épaisse munis à chaque extrémité de prises d'un demi-centimètre avec lesquels elle établissait la communication entre les clients et leurs courtiers respectifs... tout en aboyant des ordres d'achat et de vente par une ligne directement reliée au négociateur de l'entreprise qui se trouvait sur le parquet de la Bourse. Cette pièce était adjacente à un petit salon où trônait un téléscripteur bruyant qui crachait par soubresauts un serpent de papier dans la main veineuse d'un vieux Britannique squelettique vêtu d'un couvre-tout gris. Il notait les cours à la craie blanche sur un grand tableau noir. Je me demande bien ce que mon vieil ami dirait en voyant l'activité générée par les trois géants technos AAPL, MSFT et GOOG (Apple, Microsoft Corporation et Google)... Il faudrait qu'il se munisse de quelques boîtes supplémentaires de craie, c'est sûr.

Contre le mur opposé au tableau étaient alignés quelques-uns de ces vieux fauteuils en bois verni – si courants dans les bureaux autrefois et dont personne ne veut nous débarrasser, même si on paie – où s'asseyaient les clients désireux de suivre l'évolution d'un titre. Plusieurs y demeuraient durant les cinq heures d'ouverture des marchés, leur postérieur décharné sur les chaises dures, et ne se levaient que pour aller à la toilette. Contrairement aux mégaopérations à haute vitesse dans les marchés volatils actuels, la valeur des actions de premier ordre que détenaient nos clients baissait ou montait d'à peine un quart de point en une semaine, à moins d'une crise comme celle que nous avons vécue le jour de l'assassinat de JFK. J'étais sortie manger lorsque les coups de feu ont été tirés et je n'ai appris la mort du président américain qu'à mon retour au bureau. Je n'avais aucun souvenir de la façon dont les marchés boursiers avaient réagi et j'ai dû faire une recherche sur Google. Les titres sont tombés en chute libre durant plus d'une heure avant que la Bourse de New York ordonne une suspension des opérations. Je ne me rappelle pas ce que nous avons fait au Canada, mais nous avons probablement suivi cette directive. C'est ce qu'on fait habituellement.

Avant le début de la journée de travail, puis à nouveau à la fermeture des marchés, le père de famille d'une quarantaine d'années qui gérait la cabine allait au bout de la rue jusqu'à la chambre forte, une immense valise à la main, pour apporter les certificats d'actions et d'obligations qui devaient être traités le jour même. Une de mes tâches consistait à faire le transfert de propriété lorsque ces titres changeaient de mains. La plupart des clients laissaient leurs certificats dans la chambre forte de l'entreprise, mais, s'ils les conservaient et faisaient une vente, ils avaient trois jours pour les remettre. Dans le cas d'un achat, l'acheteur avait trois jours ouvrables pour le payer, à moins qu'il bénéficie d'une marge. Notre maison de courtage était réputée pour être la plus conservatrice du quartier. Les deux associés portaient des complets gris foncé bien taillés et je me rappelle avoir dit à Kate à quel point les vieux pour qui je travaillais avaient les cheveux couleur d'argent, de *pièces* d'argent. Elle avait aimé cette analogie. Et tout le monde fumait : la cigarette, le cigare ou la pipe. L'atmosphère pouvait être tendue à l'occasion, mais ces hommes n'avaient rien à voir avec les courtiers de haut vol et téméraires d'aujourd'hui, vêtus de leurs habits noirs à fines rayures blanches et de leurs chemises couleur pastel à col blanc. Seul l'élégant négociateur sur le parquet s'habillait de la sorte et nous ne le croisions qu'à la fin de la journée, à son retour au bureau pour faire un compte rendu des opérations quotidiennes. Il était le chevalier qui partait se battre au front pour l'entreprise de dix heures le matin à trois heures l'après-midi.

Mon père venait parfois me rejoindre au centre-ville pour aller prendre un bon repas, ailleurs que chez Murray's, ce restaurant canadien d'une autre époque où j'allais habituellement manger avec mes collègues. Il aimait le restaurant français dans l'édifice Aldred à la place d'Armes, dont les fenêtres donnaient sur la basilique Notre-Dame de l'autre côté de la rue. On dit que cet immeuble d'inspiration Art déco ressemble à l'Empire State Building avec ses étages en retrait, mais il lui manque environ quatre-vingts étages pour atteindre la même hauteur. Un autre de ses restaurants préférés était Le Petit Havre, un minuscule bistro breton au-dessus d'un ancien garage sur la rue Saint-Vincent, à quelques portes à peine de la morgue, comme aimait me le rappeler maman.

Mon père aimait marcher bras dessus, bras dessous dans la rue Saint-Jacques et se sentir au cœur de l'action, même s'il ne l'était pas vraiment : il était un homme de soixante-trois ans, vêtu d'un complet démodé, qui allait mourir quelques années plus tard, mais nous l'ignorions à l'époque. Il se penchait vers moi et me disait en souriant : « Les gens doivent se demander ce qu'une belle jeunesse fait avec un vieux bouc comme moi ! »

Un an après mon arrivée, l'entreprise a été vendue à un jeune entrepreneur bilingue qui prévoyait déménager les activités plus haut, à la Place-Ville-Marie. Les deux associés semblaient impatients de prendre leur retraite. Vers la même époque, j'avais un exemplaire de *Cité Libre*, un magazine de gauche dirigé par le célèbre Pierre Elliott Trudeau bien en vue sur mon bureau. Le nouveau propriétaire l'a aperçu. Il est tombé sur moi à bras raccourcis en me disant que c'était un torchon subversif et m'a ordonné de le cacher. Si j'étais anti-capitaliste, qu'est-ce que je faisais chez un courtier? Sa question était judicieuse.

Quand il a déménagé l'entreprise en haut de la ville avec la moitié du personnel, il ne m'a pas invitée à les suivre. Pas plus d'ailleurs que la grosse standardiste et la plupart des employés unilingues anglophones, dont le vieux scribe à la craie qui allait être remplacé par un téléscripteur électronique dans le nouveau bureau. C'est à ce moment que les deux associés d'origine, qui avaient cédé leur maison de courtage de grande réputation et sa longue liste de clients conservateurs fortunés, ont fait volte-face et ont créé une nouvelle entreprise. J'aimerais croire qu'ils ont agi ainsi parce qu'ils ne voulaient pas que leurs anciens employés se retrouvent sans emploi et que leurs vieux clients se seraient opposés au changement. Les vieilles chaises inconfortables ne les dérangeaient pas.

La Place-Ville-Marie, la Tour de la Bourse et la Tour CIBC, trois monolithes qui allaient changer le visage de Montréal, sortaient de terre et, quelques années plus tard, la Bourse de Montréal et de nombreuses maisons de courtage ont migré vers ces monuments rutilants, laissant moribond l'ancien quartier des affaires. À la même époque, les premières bombes ont sauté dans les boîtes aux lettres du bastion anglophone de Westmount. La Révolution tranquille devenait bruyante et violente. Il a fallu de nombreuses années avant que ce quartier de la ville s'en remette et devienne un prolongement du Vieux-Montréal vers l'ouest.

J'adorais travailler pour le courtier et manipuler les certificats colorés et superbement illustrés, imprimés sur du papier-monnaie. À notre ère électronique, je ne pense pas qu'ils impriment encore ces documents délicatement ornés. Tout comme le papier-monnaie, ils finiront par subir le même sort que le dodo.

Pendant que je travaillais là-bas, j'ai même persuadé maman d'acheter quelques actions de premier choix de CP et de Bell. Au cours de sa vie, leur valeur s'est accrue et elles ont été fractionnées à plusieurs reprises, générant de plus en plus de petits comme des familles prolifiques.

Au bout de deux ans, j'ai quitté mon emploi en vue de retourner aux études. Je me suis inscrite à l'École des beaux-arts à temps plein pour l'automne 1964. Avant la rentrée, j'ai pris un emploi temporaire dans le haut de la ville auprès d'une petite entreprise qui vendait aux agences de publicité du temps d'antenne dans les stations de radio et de télévision de partout au pays. Je travaillais en publicité même si ce n'était pas pour une agence de création comme Cockfield Brown, McKim ou MacLaren, qui étaient nos clients. Les deux jeunes associés se considéraient sans l'ombre d'un doute comme des personnes influentes dans le milieu, comme en témoigne leur choix de s'établir sur Crescent à l'angle de Sainte-Catherine Ouest, tout près de l'action. Notre bureau se trouvait à deux rues seulement du Bistro, rue de la Montagne, une artère dans le vent et un des repaires préférés de la faune artistique montréalaise. C'est là où Kate et moi sortions avec nos amis le vendredi soir.

Des années plus tard, quand nous faisions des tournées promotionnelles dans les villes canadiennes, pour donner des entrevues et chanter en direct en studio, je me souvenais encore des indicatifs de bon nombre des stations de radio commerciales les plus influentes. Malheureusement, nos disques ne tournaient pas beaucoup sur leurs ondes, du moins pas avant le lancement de *Love Over and Over* en 1981-1982. Le génial Mark Knopfler jouait de la guitare sur la chanson-titre, la seule de notre répertoire qui a figuré au palmarès canadien.

Les Mountain City Four

(ANNA)

Le Trio Canadien a rencontré Jack Nissenson au concert donné à Loyola. Ce baryton doué, qui possédait un riche répertoire de chants des îles Britanniques, a présenté Kate à son ami Peter Weldon, étudiant en biochimie* de deuxième cycle à McGill et ténor qui jouait du banjo et de la guitare. Ils ont invité Kate à se joindre à eux pour former un trio. Jack et Peter avaient tous deux travaillé en studio pour l'impresario montréalais Sam Gesser, qui était également le représentant de Folkways Records au Canada.

Le célèbre violoneux québécois Ti-Jean Carignan était lui aussi un complice.

Jean Carignan et Peter avaient accompagné le chanteur folk canadien Alan Mills lors de la tournée du Potato Festival dans les Maritimes. Plus tard, lorsque Sam Gesser a créé la troupe de danse folklorique montréalaise Les Feux-follets, Carignan faisait un numéro de violon. Il a joué ses célèbres *Reel du pendu* et *Le rêve du diable* partout dans le monde avec eux. Pendant une certaine période, Jack a fait partie du spectacle à titre de soliste. Par son entremise, nous avons rencontré la danseuse Deborah Adler, une petite blonde aux très longues tresses qui était une des vedettes de la troupe, et nous sommes devenues de grandes amies.

Jack et Peter ont commencé à venir à Saint-Sauveur les fins de semaine avec une auto remplie d'instruments. Souvent, Michèle et moi y étions aussi. Notre trio existait toujours, mais il n'allait pas durer. Kate et moi avons appris le style *fingerpick* de Peter et les trois membres du Trio Canadien ont craqué pour lui. Nous n'étions pas

---

* Si je ne m'abuse, il étudiait les effets du tétrachlorure de carbone sur le foie (CCl_4), un produit utilisé dans le processus de nettoyage à sec. Je n'envoie plus mes vêtements chez le nettoyeur depuis ce temps.

les seules. Quand Peter a interprété *Willie Moore* sur une guitare accordée en *drop C* (c'est-à-dire qu'il baissait la tonalité de la sixième corde pour qu'elle devienne un *do*), comme il l'avait appris de Peggy Seeger, les filles ont fondu. Cette complainte des Appalaches est en soi d'une grande tristesse. Elle raconte l'histoire de « la belle Ellen », la blonde de Willie, qui se noie lorsque ses parents leur interdisent de s'épouser. Le cœur brisé, le garçon erre de par le monde.

> *Willie Moore scarcely spoke to his friends they say,*
> *And at length from them he did part.*
> *When last heard, he was in Montreal (really?),*
> *Where he died of a broken heart.*

> On dit que Willie Moore parlait à peine à ses amis,
> Et il a fini par les quitter.
> Quand on a entendu parler de lui pour la dernière fois, il était à Montréal
> (pour vrai?)*,
> Où il est mort, le cœur brisé.

Le souvenir de Peter assis sur les marches du Camp 67 en train de jouer cette chanson m'a inspiré *Goin' Back to Harlan* (aussi connue sous le nom d'*Appalachian Dream*) qu'on trouve sur notre disque *Matapedia* de 1996. C'est une façon d'habiter le monde de la chanson folk.

> *... and if you were Willie Moore,*
> *Then I was Barbara Allen*
> *Or fair Ellen, all sad at the cabin door,*
> *Weepin' and a-pinin' for love.*
> *Frail, frail my heart apart*
> *And sing me little Shady Grove,*
> *Ring the Bells of Rhymney*

---

* D'après la légende, Peggy Seeger et Ewan MacColl habitaient chez les Weldon quand ils ont donné des spectacles à Montréal vers 1960. Nous avons supposé que Peggy avait changé la dernière étape du voyage de Willie Moore pour Montréal après avoir rencontré Peter, qui était dans la vingtaine. Une technique de folk? Peut-être bien.

'til they ring inside my head forever,
Bounce the bow, rock the gallows
For the Hanged Man's Reel
And wake the Devil from his dream.
I'm goin' back to Harlan.

... et si tu étais Willie Moore,
Alors moi j'étais Barbara Allen
Ou bien la belle Ellen, toute triste devant sa cabane,
Qui pleurait et se languissait d'amour.
Fends mon cœur tout fragile
Et chante-moi *Shady Grove,*
Fais sonner *Bells of Rhymney*
Jusqu'à ce que les cloches sonnent pour toujours dans ma tête,
Fais vibrer ton archet, ébranle la potence
En jouant *Le reel du pendu*
Et réveille le Diable, sors-le de son rêve.
Je retourne à Harlan*.

Peter, Jack et Kate ont donné leur premier spectacle à l'hôtel Vermont à Sainte-Agathe, un établissement familial dans la *borscht belt*** des Laurentides. J'y ai assisté et peu de temps après, je chantais avec eux. On a changé le nom du groupe pour Mountain City Four (MC4).

Peter et Jack connaissaient beaucoup de chansons. Ils en avaient appris un grand nombre en écoutant les enregistrements de la Library of Congress et de Folkways qu'ils empruntaient au Record Centre sur McKay à l'angle de Burnside (l'actuel boulevard De Maisonneuve Ouest). Cette discothèque de prêt appartenait à Edgar Jones, un Gallois, et à sa femme Charlotte, une actrice québécoise. Edgar avait perdu l'ouïe à la suite d'un traitement à la quinine suivi pour soigner la malaria qu'il avait contractée alors qu'il vivait en Inde. Malgré son handicap, il n'avait pas perdu son amour de la

---

* Le comté de Harlan au Kentucky est en quelque sorte le berceau de la musique folk anglo-américaine.
** La *borscht belt* (ceinture de bortsch) est le nom donné à la région des Catskills, au nord de New York, où de nombreux Juifs prennent leurs vacances.

musique et sur la table tournante, il y avait toujours un disque inhabituel qui attirait les clients curieux. Plutôt bourru, Edgar ne discutait pas beaucoup avec la clientèle. Il laissait ce soin à son sympathique assistant, Edward Ruznack, un luthier et bon ami de Peter.

Jack était le musicien le plus expérimenté des MC4. Il était allé au Royaume-Uni où il avait rencontré la famille McPeake dont il admirait la musique, et pendant un séjour à Londres, il avait présenté un petit spectacle au Singers Club, la boîte folk quasi mythique dirigée par Ewan MacColl et Peggy Seeger. Jack insistait pour nous dire qu'on ne s'y produisait que sur invitation.

Nous répétions tous les quatre, soit chez les parents de Jack à Côte-Saint-Luc, soit chez les Weldon sur la rue de l'Épée à Outremont. Outre les chansons apprises en écoutant les disques de la Library of Congress et de Folkways, nous avons découvert l'œuvre de légendes vivantes de la musique afro-américaine comme l'homme-orchestre Jesse Fuller qui jouait régulièrement dans les cafés du centre-ville, escales le long du circuit folk de la côte Est. Les Mountain City Four reprenaient la chanson *Twelve Gates to the City* du révérend Gary Davis, un autre artiste de tournée. Ce virtuose aveugle de la guitare à douze cordes avait un style particulier qui incorporait beaucoup de rythmes syncopés dans ses lignes de basse de style blues. Kate l'a appris par elle-même. Elle était aussi la principale interprète de ce *negro spiritual* qui prétend qu'il y a un boulevard circulaire autour du Paradis*.

> *There's three gates in the East,*
> *Three gates in the West.*
> *Three gates in the North*
> *And three gates in the South.*
> *That makes twelve gates to the city,*
> *Hallelujah!*

---

* J'imagine le périphérique encerclant Paris, là où se trouvait l'enceinte de Thiers. Les sorties et entrées correspondent à l'emplacement des anciennes portes de la ville.

Il y a trois portes à l'est,
Trois portes à l'ouest.
Trois portes au nord
Et trois portes au sud.
Ça fait douze portes qui mènent en ville,
Alléluia !

Pour *Hesitation Blues*, c'est Peter qui prenait le micro :

I ain't good lookin' and I don't dress fine,
But I'm a ramblin' boy with a ramblin' mind.
Tell me, how long do I have to wait?
(Not long!)

Je ne suis pas beau et je m'habille mal,
Mais je radote et mon esprit divague.
Dis-moi, combien de temps je dois attendre ?
(Pas longtemps !)

Jack nous a fait descendre dans les mines de charbon des Appalaches avec *Dark as a Dungeon* de Merle Travis. Malheureusement, Jack nous a quittés pendant que je retravaillais ce chapitre. Cette chanson est encore plus déchirante quand je le revois interpréter cette complainte d'un mineur qui souhaitait voir son corps métamorphosé en charbon à sa mort.

Notre « gros » numéro à Kate et moi était une interprétation a cappella de la complainte afro-américaine *Motherless Children* dont le refrain est « *Motherless children have a hard time when their mother is dead* » (Les enfants sans mère ont beaucoup de difficulté quand leur mère meurt). Nous avons réservé nos arrangements les plus élaborés pour *Mean Ol' Frisco* d'Arthur « Big Boy » Crudup, qui met en scène un train impitoyable.

Une ancienne blonde de Peter partie vivre à New York lui a envoyé un exemplaire du premier disque d'un certain Bob Dylan originaire de Hibbing au Minnesota. Nous sommes devenus ses admirateurs invétérés dès la première écoute et avons ajouté *One Too Many Mornings* à notre répertoire.

Les MC4 reprenaient aussi des compositions originales de Wade Hemsworth, qui était dessinateur technique pour le CN le jour et auteur-compositeur-interprète le soir. On lui doit certaines des chansons folk les plus célèbres au Canada. Jack était le meilleur pour interpréter les chansons de Wade, après Wade bien sûr, et il a contribué à populariser *The Blackfly*, composée par Wade alors qu'il travaillait avec une équipe d'arpenteurs :

I'll die with the blackfly pickin' my bones,
In North Ontari-o, i-o, in North Ontario.

Les mouches noires vont me faire mourir en me grignotant les os,
Dans le nord de l'Ontari-o, i-o, dans le nord de l'Ontario.

Il y avait aussi *The Story of the* I'm Alone, inspirée du naufrage d'un bateau de contrebande d'alcool canadien coulé par les Américains dans les eaux internationales pendant la prohibition.

Stern in the air, the I'm Alone *went down,*
A heavy sea around her,
It's a wonder only one man was drowned.
The bos'un was the one who was pulled aboard the cutter
When his life was gone.

La poupe au ciel, le *I'm Alone* a coulé,
Alourdi par la mer autour de lui.
Par miracle, un seul homme s'est noyé.
Le maître d'équipage, c'est lui qu'on a remonté à bord de la goélette
Mais la vie l'avait quitté.

Wade a écrit la plupart de ses chansons à l'intention d'hommes, mais il avait deux chansons « de filles », comme il les qualifiait, que Kate et moi interprétions – *The Log Driver's Waltz* et *Foolish You* – et que nous avons enregistrées par la suite.

Vers 1963, Jack nous a présenté l'auteur-compositeur Galt MacDermot, un ex-Montréalais qui avait suivi sa formation musicale en Afrique du Sud. Il habitait – et vit toujours – à Staten Island et venait régulièrement à Montréal pour rendre visite à sa tante, la peintre canadienne Anne Savage, membre du Groupe de Beaver Hall. Au cours de l'un de ses séjours, Jack a pris rendez-vous pour enregistrer

Galt chez les Nissenson où il avait installé un microphone et un gigantesque magnétophone monophonique de marque Ferrograph. Assis au piano droit des Nissenson dans le sous-sol fini de leur maison, Galt nous a donné un échantillon des chansons décalées qu'il a composées avec son ami, le parolier William Dumaresq. Souvent, son personnage principal était un type qui avait des problèmes avec la loi*. Les MC4 ont repris *No Biscuit Blues*, la complainte d'un enfant dont le père se tourne vers le crime pour subvenir à ses besoins. Ce dernier finit en prison.

Quelques années plus tard, toutes les étoiles du ciel étaient alignées pour qu'il collabore avec les paroliers James Rado et Gerome Ragni à la création de *Hair*, la comédie musicale qui célébrait l'ère du Verseau, le gros succès de Broadway. Rado et Ragni ont tous les deux joué dans la production originale new-yorkaise, tandis que MacDermot dirigeait l'orchestre en direct. J'ai vu *Hair* à New York lors d'un voyage de l'École des beaux-arts en 1968. Personne dans ma classe n'en avait entendu parler, alors je suis allée voir la comédie musicale toute seule, assise au paradis. À la fin du spectacle, je me suis levée comme tout le monde dans le théâtre et nous nous sommes balancés dans une grande vague d'amour en chantant *Let the Sunshine In*. Je me souviens d'avoir pensé que, quelques années auparavant seulement, Galt jouait au piano droit des Nissenson à Montréal pour un groupe folk peu connu dans l'espoir que nous prendrions une de ses chansons. À la fin des années 1970, Kate et moi avons enregistré *No Biscuit Blues* pour *Dancer with Bruised Knees*, notre deuxième album pour Warner.

En 2008, Kate (déjà malade) est allée à une clinique holistique à New York où les gens prenaient des bains de pieds dans une solution de peroxyde d'hydrogène et d'eau. Elle a entamé la conversation avec l'homme grand et élancé aux cheveux blancs assis à côté d'elle. C'était James Rado (qui n'était pas malade, lui). Ils ont parlé de Galt, de *Hair* et des merveilleuses années 1960. Elle lui a sûrement dit que les enregistrements des productions de New York et de Londres étaient parmi nos préférés depuis toujours.

---

* J'ai lu quelque part que le père de William Dumaresq était un policier.

Quand Peter a quitté la maison familiale pour s'installer en appartement sur Lincoln à l'ouest de Guy, au centre-ville, nous y avons déplacé les répétitions des MC4. Les séances de travail étaient toujours les moments les plus intéressants pour le groupe, lorsque nous essayions tous les quatre de couvrir toutes les notes d'un accord en lançant une note dissonante de temps à autre pour éviter de « sonner » commercial (Dieu nous en préserve!).

En 1966, on a demandé à Kate de composer une musique inspirée des paroles écrites par le cinéaste Derek May en vue d'accompagner un segment sur la goélette *Bluenose* dans *Helicopter Canada*, un film de l'ONF réalisé pour commémorer le centenaire du Canada en 1967. Elle y a travaillé toute la nuit plutôt que d'étudier pour un examen qu'elle avait le lendemain… et qu'elle a coulé. Mais elle n'a jamais regretté d'avoir écrit cette chanson. Toutes les deux, nous avons enregistré *Bluenose* au début de l'été dans le grand studio de son du siège social de l'ONF à Ville Saint-Laurent.

Vers la même époque, on a demandé à Peter de composer une musique originale pour *Cri-cri à l'école*, une pièce de théâtre pour enfants dans laquelle Charlotte Jones (la femme du propriétaire du Record Centre dont j'ai parlé plus haut) devait jouer. Peter a joué chaque instrument qu'il a enregistré sur une piste distincte puis il les a enregistrés par surimpression sonore sur son magnétophone stéréo Sony. Pour la première fois, des membres de notre petit cercle musical composaient quelque chose. Après avoir subi un cambriolage dans son appartement sur Lincoln, Peter s'est mis à cacher son équipement d'enregistrement dans le four quand il quittait la maison pour faire son boulot de chercheur à McGill.

Chaque mois, les Mountain City Four avaient quelques engagements de fin de semaine. Beaucoup de fans se présentaient religieusement pour nous entendre au café Fifth Dimension fondé par Morty Golub et Michael Nemiroff. Quand Gary Eisenkraft a pris la relève, il l'a rebaptisé le Fifth Amendment. Le club occupait le deuxième étage d'un immeuble dans l'ancien quartier de la guenille sur Bleury au nord de Sainte-Catherine Ouest (cette zone adjacente à la Place-des-Arts fait maintenant partie du Quartier des spectacles). Les MC4 se produisaient aussi au Potpourri de Moishe Feinberg, une librairie avec café stylé sur Stanley qui était dotée d'une vraie scène. C'était une amélioration par rapport à la plupart des établissements où on se débrouillait avec les moyens du bord. Bob Dylan a donné son premier spectacle à Montréal sur cette scène. Mon ami Michael et moi étions parmi les cinq spectateurs présents ce soir-là. Comme l'atmosphère était plutôt décontractée, je lui ai demandé de jouer *Baby Let Me Follow You Down*. Il était étonné de constater que quelqu'un connaissait ses chansons puis il s'est exécuté. Quand est arrivé le moment de jouer le solo d'harmonica, il s'est rendu compte que celui qui était dans le porte-harmonica accroché à son cou n'était pas dans la bonne tonalité. Il en a joué quand même et j'ai été frappée par son aplomb et impressionnée qu'il ait continué. C'est au Potpourri que Kate et moi avons rencontré Gail Kenney, une vieille amie photographe. Elle était chef cuisinière et laveuse de bouteilles. En 1975, elle a pris la photo de nous deux qui orne notre premier disque chez Warner.

Deux ou trois années plus tard, les MC4 se produisaient régulièrement au Montreal Folk Workshop sur l'avenue du Parc. Dans ce local appartenant à l'Order of the Moose (l'Ordre de l'orignal), un club social pour hommes, au-dessus du bar était accrochée une illustration d'un petit garçon qui récite sa prière agenouillé en chemise de nuit avec la mention « *God Bless Mooseheart* » (Que Dieu bénisse Mooseheart). Je viens d'en découvrir la signification en cherchant sur Internet : le club finançait un orphelinat, appelé Mooseheart, pour les enfants orphelins de ses défunts membres dans le Midwest, aux États-Unis.

Il arrivait que les MC4 s'aventurent hors de la ville, comme au campus de l'Université Bishop à Lennoxville dans les Cantons-de-l'Est ou à une fête privée à la campagne. Un jour, nous avons été invités à jouer à Mansonville, à environ 130 kilomètres au sud-est de Montréal, près de la frontière américaine. Nous voyagions dans la voiture du père de Jack. Peter, Kate et moi étions subjugués par l'histoire que Jack était en train de nous raconter. Jack était un conteur formidable, mais c'était lui aussi qui conduisait et il ignorait dans quelle direction nous allions. Dans ce cas-ci, c'était la mauvaise. Nous avons bel et bien traversé un pont, mais il avait environ le dixième de la longueur du pont Champlain que nous devions prendre. Au bout d'une heure, un des passagers a aperçu un panneau annonçant Toronto. Nous nous trouvions sur l'ancienne route 2, à la frontière de l'Ontario. Après avoir consulté une carte, nous avons fait demi-tour et sommes arrivés à destination à minuit passé. La fête était terminée et les hôtes, déjà couchés. Je me souviens que quelqu'un est venu à notre rencontre en pyjama en entendant arriver notre voiture.

Nous n'avons jamais manqué volontairement nos spectacles, sauf un (mais ce n'était pas notre faute). Un soir, nous étions attablés au restaurant Sun Sun dans le quartier chinois. Jack, qui lisait la rubrique des spectacles de la *Gazette*, nous a annoncé tout à coup: «Hé! Devinez qui joue au Folk Workshop ce soir?» Son enthousiasme avait piqué notre curiosité. «C'est nous!» a-t-il ajouté, pince-sans-rire, avant d'éclater de son petit rire diabolique.

L'annonce avait paru, mais le café avait omis de nous engager. Nous avons poursuivi notre repas. J'imagine que nous aurions pu nous dépêcher et arriver à temps, mais nous n'avions pas nos instruments. D'ailleurs, la musique n'était qu'un passe-temps pour nous à l'époque. Aucun des quatre n'envisageait sérieusement d'en faire son métier, ce qui pourrait expliquer la nonchalance collective des MC4.

Au cours des années suivantes, d'autres se sont joints à notre petite troupe d'élite: Chaim Tannenbaum, un joueur de guitare et de banjo très talentueux qui avait aussi une voix d'or, ainsi que Christopher, le frère de Peter et Dane Lanken, tous les deux de bonnes basses. Pendant un certain temps, Dane a même joué de la basse électrique. Plus tard se sont ajoutés Ron Doleman au violon et Phyllis, la sœur de Peter, au piano. Quand Dylan a adopté l'électricité au printemps 1965, nous avons fait de même. Chris, qui était bricoleur, a fabriqué à Kate une guitare en fausse fourrure avec un amplificateur et un haut-parleur. C'était une œuvre d'art, mais les grosses chevilles en bois qui avaient été soudées à la tête se sont mises à tomber et on devait accorder l'instrument avec des pinces. Chris a aussi conçu une basse en forme de boucle de ceinture. Elle était creuse à l'exception du manche et du cadre de la boucle. Une autre œuvre d'art. D'ailleurs, ces deux instruments sont dignes d'un musée. Nous n'avons jamais eu de batteur à part Jack, qui marquait parfois le rythme au dos de la caisse de sa guitare.

Kate et moi avons conservé des Mountain City Four la présence scénique peu élaborée et les séances d'accordage interminables lorsque nous avons formé le duo Kate et Anna McGarrigle. Au début, les critiques nous descendaient en flammes pour ce qu'ils percevaient comme un manque de professionnalisme, par exemple oublier un instrument ou un capo dans la loge et devoir interrompre le spectacle pour aller le chercher. Toutefois, le public s'est mis à s'attendre à un certain désordre. Je n'ai jamais été à l'aise sur scène et cette nonchalance m'aidait à me détendre. Quand nous étions trop prêtes, ce qui arrivait rarement, Kate et moi espérions en quelque sorte que quelque chose tourne mal.

Kate aimait raconter cette anecdote qui remonte à nos débuts sur scène. En 1971, alors qu'elle était une jeune artiste sans contrat de représentation, elle a accepté de donner un spectacle solo lors d'un festival folk à Long Island. Kate était fascinante à regarder chanter dans un café, mais elle se produisait en banlieue et elle ne parvenait pas à capter l'attention des spectateurs qui ont continué à parler fort pendant sa prestation, comme si elle n'était pas là. Ça arrive parfois quand le public ne nous connaît pas. L'épisode du chien qui s'est aventuré sur scène tandis que la foule hurlait de rire a été la goutte qui a fait déborder le vase. Kate a fondu en larmes et a dû sortir. Au moins, ça lui a fait une bonne histoire et chaque fois qu'elle la racontait, elle se mettait à rire hystériquement aux larmes quand elle décrivait l'arrivée du chien.

Nos parents ne venaient pas nous voir, à l'exception de quelques spectacles des débuts du Trio Canadien auxquels ma mère avait assisté. Notre père, qui nous avait légué son don, ne croyait pas que la musique était le gage d'un bel avenir. Il considérait que le show-business était un milieu minable et n'aurait jamais toléré que nous chantions dans les bars. Parce que nous nous produisions dans les cafés, où le public semblait sincèrement intéressé à la musique folk, il n'y voyait pas d'objection. Il aimait et respectait Jack et Peter, c'est pourquoi nos parents ont permis à Kate de les accompagner à New York pour aller entendre Bob Dylan au Town Hall en avril 1963, alors qu'elle n'avait que dix-sept ans.

Je m'y trouvais déjà avec mon amie Gail Kenney. Nous restions chez des amis à elle, à Gramercy Park. L'un d'eux était en train de peindre un énorme œil de bœuf rouge dans le style *hard-edge* propre à l'op'art. J'ai passé la nuit debout avec son colocataire et, à l'aube, j'ai partagé une flasque de rhum avec les sans-abri de la rue Delancey en me réchauffant les mains autour des feux qu'ils avaient allumés dans de gros barils vides. C'était une scène apocalyptique. Au début des années 1960, ce quartier de la ville était pratiquement en ruine.

Le lendemain, Kate et moi sommes tombées face à face sur la 42e Rue. Un parfait hasard! Nous avons appris que grand-papa était à l'agonie en appelant notre mère. Il était déjà hospitalisé quand nous étions parties. Nous avons proposé à notre mère de rentrer immédiatement, mais elle n'a rien voulu savoir et nous a dit de rester et de nous amuser. Nous sommes arrivées à temps pour les funérailles.

Ce soir-là, nous sommes tous allés voir le concert de Dylan. C'était son premier dans une vraie salle de spectacle new-yorkaise*. Les MC4 avaient déjà rencontré Harold Leventhal, le producteur de ce spectacle, à Montréal lors de son séjour chez l'impresario Sam Gesser. Sam avait organisé une réunion promotionnelle dans le salon de son appartement, sur l'avenue Marcil, pour présenter certains artistes à Harold. Nous étions parmi eux. Après un court numéro, monsieur Leventhal nous a dit: «Venez me voir quand vous serez prêts.» Ensuite, il s'est tourné vers Jack et a ajouté: «Et toi, mon grand, enlève tes mains de tes poches.» Jack avait cette habitude quand il ne tenait pas sa guitare, comme Jack Benny. Par la suite, il répétait à qui voulait l'entendre que le grand Harold Leventhal avait daigné nous parler. Il était un personnage important des milieux folk de New York, mais aucun d'entre nous n'était prêt à franchir cette étape, et c'était probablement mieux ainsi.

«*The times, they are a-changin'.*» Comme l'a chanté Dylan, les temps changent. À la fin de 1963, les Beatles, puis les Rolling Stones, et tout ce qu'ils ont entraîné, ont débarqué en Amérique du Nord. Et ces «armes de destruction massive» culturelles ont balayé la scène musicale nord-américaine telle que nous l'avions connue.

---

* Six mois plus tard à peine, Dylan se produisait au Carnegie Hall, plus vaste et plus prestigieux. Les MC4 sont retournés à New York en voiture pour aller l'entendre.

Derek Lamb

(ANNA)

Au début des années 1960, Derek Lamb, un cinéaste d'animation originaire de Grande-Bretagne, travaillait à l'ONF à Montréal. En 1963, il a scénarisé et dessiné *The Great Toy Robbery* de Jeff Hale, une parodie sur l'attaque du train postal Glascow-Londres qui avait fait les manchettes quelques mois auparavant. Le film d'animation raconte comment des malfaiteurs à cheval tendent une embuscade et volent le père Noël le 24 décembre. Les méchants s'enfuient en emportant des oursons en peluche. L'année suivante, il réalise *I Know an Old Lady Who Swallowed a Fly* en collaboration avec l'animateur danois Kaj Pindal, un film basé sur une chanson d'Alan Mills au sujet d'une vieille dame et de son appétit insatiable, qui finit par mourir après avoir avalé un cheval. Le soir, on pouvait voir Derek dans les cafés du centre-ville de Montréal où il chantait, de sa voix caressante et douce, son répertoire puisé dans le music-hall britannique. Le Trio Canadien l'a connu à La Poubelle, rue Guy, et Kate a décrit cette rencontre en chanson en 2005* :

> *Every night when the sun went down*
> *They left the Town where they did dwell*
> *With their guitars they headed downtown*
> *Kate and Anna and Michèle.*
>
> *It was hootenanny night at La Poubelle*
> *Up stepped a bold, young British swell*
> *With a voice so sweet, tongue in his cheek*
> *He sang the songs of the Music Hall.*

---

* Il s'agit de quelques lignes de la chanson que Kate a écrite au sujet de sa rencontre avec cet homme charmant et talentueux. Kate et moi l'avons chantée lors de la cérémonie commémorative organisée à Montréal, en 2005, à la suite du décès de Derek.

Tous les soirs au coucher du soleil
Elles quittaient TMR où elles habitaient
Pour aller en ville avec leurs guitares
Kate, Anna et Michèle.

C'était un concert improvisé à La Poubelle
Sur scène est monté un jeune Britannique audacieux et huppé
Avec sa voix si douce et son humour ironique
Il chantait les chansons de music-hall.

Nos chemins se sont croisés sur les plans professionnel et personnel au cours des ans. Après avoir enseigné le cinéma d'animation à Harvard, puis à New York, Derek est revenu à Montréal en 1976 pour diriger le studio d'animation anglais de l'Office national du film où travaillait le cinéaste John Weldon. Le film *Log Driver's Waltz* (*La valse du maître draveur*), une interprétation dynamique de la chanson de Wade Hemsworth, a été réalisé trois ans plus tard. C'était une collaboration importante pour tous ceux qui y ont pris part. John Weldon a dessiné le draveur aux pieds agiles avec sa collègue Eunice Macaulay*. Kate, moi et les MC4 avons fait la bande sonore et Derek Lamb a produit ce court métrage, le plus connu de la série Canada Vignettes qui a été diffusée au réseau anglais de Radio-Canada dans les années 1980.

When the drive's nearly over,
I like to go down
And watch all the lads as they work on the river.
I know that come evening
They'll be in the town,
And we all like to dance with a log driver.

Quand la drave est presque finie,
J'aime descendre à la rivière
Et regarder les gars travailler.

---

* En 1978, John Weldon et Eunice Macaulay ont remporté un oscar pour leur film *Livraison spéciale*.

Je sais que le soir
Ils seront en ville
Et nous aimons toutes danser avec un draveur.

En 1981, Derek et la réalisatrice Caroline Leaf (à qui l'on doit le court métrage d'animation *La rue* inspiré d'une nouvelle de Mordecai Richler) ont pointé leurs caméras dans notre direction pour tourner le documentaire *Kate and Anna McGarrigle : A Portrait.*

Dane

(ANNA)

Le 13 octobre, c'est l'anniversaire de naissance de mon père et ce jour-là, en 1963, deux garçons chevauchant un scooter Lambretta rouge et blanc sont arrivés à l'improviste à Saint-Sauveur. Ils étaient partis de Montréal pour rendre visite à notre amie Nina Hinds, mais elle était absente. Sa mère leur a suggéré de venir chez nous au cas où Nina y serait.

Kate avait connu John Weldon et Dane Lanken à McGill. John était le cousin de Peter Weldon, un des membres fondateurs des Mountain City Four avec qui Kate et moi chantions. À l'époque, Kate fréquentait Chris, le jeune frère de Peter, qui étudiait comme lui à McGill. Dane, un grand type aux cheveux frisés auburn, était le propriétaire du scooter. Les deux amis, qui se connaissaient depuis la maternelle et se taquinaient constamment, vivaient à Montréal-Ouest. D'un naturel joyeux, ils s'interpellaient par leurs noms de famille, comme le font les professeurs : « Hé, Weldon ! Hé, Lanken ! » Ils étaient complètement différents des gars de mon entourage qui se faisaient un point d'honneur de se vieillir en fumant la pipe ou en portant un ascot. Ma mère les a probablement trouvés immatures, mais je me rappelle qu'ils ont plu à papa, et moi je suis tombée sous le charme de Dane. C'était la fin de semaine de l'Action de grâce, parce que Dane se souvient qu'ils étaient restés à souper et que j'avais gardé ma tuque sur la tête pendant tout le repas, ce qui avait irrité maman.

Nous avons une photo des années 1930 représentant mon père et ses amis à l'entrée du Pub de Saint-Sauveur en hiver. Ses copains ont tous l'air très *cool*, mais pas papa : il fait le pitre devant l'objectif et mange de la neige, ce qui semble amuser la femme qui l'accompagne (et qui n'était pas notre mère). Ce jour-là, je me suis sentie comme cette inconnue.

Dane rêvait d'être cinéaste, mais pas un artiste d'avant-garde «sérieux» comme c'était la mode à l'époque. Il voulait se lancer en comédie pour réaliser des films à la Buster Keaton, son héros. Il est revenu à Saint-Sauveur avec la vieille caméra huit millimètres Bell & Howell de son père. Nous sommes partis en petit groupe au terrain de golf au pied des pentes pour tourner un film satirique mettant en vedette Dane dans le rôle d'un très mauvais joueur. Le golf n'était pas le sport sexy qu'il est aujourd'hui et il n'y avait pas de jeunes athlètes comme Tiger Woods et Rory McIlroy. Il s'agissait plutôt d'un passe-temps guindé pratiqué par des gens âgés et conservateurs affublés de bermudas et de chapeaux blancs ridicules. Je me souviens des regards désapprobateurs des membres du club à la vue de Dane dans son manteau long qui tenait le bâton de manière efféminée, les petits doigts en l'air, et tentait à maintes reprises de frapper la balle.

À qui les p'tits cœurs après neuf heures ?

(ANNA)

La rue Milton s'étire du boulevard Saint-Laurent à la rue University, juste au nord de Sherbrooke Ouest. Il y avait un va-et-vient constant sur cette artère qui reliait le campus de McGill à l'École des beaux-arts. Un soir, certains d'entre nous étaient allés voir une répétition de la troupe de théâtre étudiante, le McGill Players' Club, avec John Weldon. Je ne me souviens plus du titre de la pièce, mais comme il y avait un passage qui ressemblait à de la danse, ce devait être une création récente, peut-être même celle d'un étudiant. Un des acteurs, qui se déplaçait maladroitement sur la scène les bras ouverts en déclamant ses répliques d'un air très intimidé, était le nouveau colocataire de John, Philippe Tatartcheff. Ils partageaient un appartement au sous-sol d'un immeuble sur la rue Towers près de Sainte-Catherine Ouest, un secteur lugubre du centre-ville entre Guy et Atwater que ma mère avait l'habitude d'appeler la « Vallée des cœurs brisés ».

On était loin de Genève en Suisse où était né Philippe. Sa famille était arrivée à Montréal au début des années 1950 avant de s'établir à Timmins, une ville minière du nord de l'Ontario, où son père pratiquait la médecine.

Country Bar, Northern Star, extrait
(chanson de Philippe Tatartcheff)

Step out on Main St. where the town and the forest meet
There's plenty of gold around, but it's four thousand feet underground.

Je sors sur la rue Principale où se rencontrent la ville et la forêt
Il y a plein d'or ici, mais il est quatre mille pieds sous terre.

Avant de venir étudier à McGill, Philippe avait fréquenté un collège classique de langue française du nord de l'Ontario dirigé par les Frères des écoles chrétiennes. Je ne pense pas qu'il a été élevé dans une famille catholique, mais il avait reçu une bonne éducation religieuse traditionnelle, comme Kate et moi. Il était donc, bien entendu, anticlérical.

Kate et moi nous sommes liées d'amitié avec lui. À l'époque, au début de 1968, j'habitais avec ma sœur dans un appartement sur Côte-Sainte-Catherine près de l'avenue du Mont-Royal. Il existe de vieilles photos en noir et blanc d'un voyage que nous avons fait tous les trois à Rivière-du-Loup dans la Peugeot 403 de maman. Nous avions insisté pour qu'elle s'achète cette voiture après la mort de papa, mais elle n'avait jamais vraiment appris à conduire parce que c'était une transmission manuelle. Cette expédition ressemble beaucoup à celle qu'a décrite Kate dans sa chanson *Matapedia*, notamment la course pour attraper le traversier qui nous mènerait à Saint-Siméon sur la rive nord du Saint-Laurent.

60 minutes 60 miles, 30 minutes 30 miles...
But I could not slow down, no I could not slow down.

60 minutes 60 milles, 30 minutes 30 milles...
Mais je ne pouvais pas ralentir, non je ne pouvais pas.

Contrairement à la chanson, nous nous sommes arrêtés au retour au sanctuaire de Sainte-Anne-de-Beaupré pour allumer des lampions dans la chapelle avant de faire des sottises dans le cimetière. Ainsi, nous ne prenions pas trop de risques en nous moquant de la mort.

À l'automne 1968, il y a eu trois grèves aux Beaux-Arts : les étudiants ont d'abord occupé les lieux, les professeurs ont quitté le travail suivis par les concierges, ce qui a entraîné la fermeture de l'école. Ces événements avaient lieu dans la foulée des gigantesques grèves et manifestations étudiantes à Paris en mai 1968 qui ont paralysé l'économie française. L'école était toujours fermée en janvier, j'ai donc trouvé un emploi et je n'y suis jamais retournée pour obtenir mon diplôme.

Kate et Chaim Tannenbaum avaient travaillé quelques chansons de Ma Rainey et les avaient jouées au café Yellow Door dans le ghetto

McGill. Roma Baran, la guitariste de l'artiste folk montréalaise Penny Lang, qui avait assisté à l'un de leurs spectacles, a demandé par la suite à Kate d'accompagner le groupe de Penny au piano. Chaim est allé poursuivre ses études de philosophie à l'Université de Londres et Philippe a pris la direction de Paris pour obtenir une maîtrise en littérature française. En 1969, Kate et Roma ont interrompu leurs cours, quitté le *band* de Penny Lang et sont parties explorer la scène musicale new-yorkaise. Elles formaient un duo: Kate au piano et Roma à la guitare. Devenues de très bonnes interprètes de blues country, elles s'inspiraient des artistes noirs américains Leroy Carr (pianiste) et Scrapper Blackwell (guitariste) et se donnaient les noms de Catherine Carr et Roma Blackwell, femmes spirituelles de ces deux légendes du blues. Cherchant toujours à enrichir leur répertoire, les filles y ajoutèrent les deux chansons de Ma Rainey que Kate et Chaim avaient travaillées, *Oh Papa* et *Barrelhouse Blues*. Le duo partageait son temps entre Saratoga Springs et New York.

Vers la même époque, Kate m'a téléphoné à Saint-Sauveur, où j'étais allée me réfugier pour soigner un cœur brisé et réfléchir à mon avenir auprès de ma mère. Elle a mentionné en passant que les nouveaux musiciens qu'elles avaient vus dans les clubs folk de Greenwich Village, le Gaslight et Gerde's Folk City, chantaient leurs propres compositions. Un de ces jeunes «auteurs-compositeurs», comme on les appelait dorénavant, était Loudon Wainwright III, qui avait particulièrement impressionné Kate par son originalité, son débit rapide et son jeu de guitare énergique. Loudon, qui venait de signer un contrat avec Atlantic Records, s'inspirait de la vie dans les rues de Boston où il habitait. Il ne respectait aucunement la rectitude politique et, lorsque nécessaire, il appelait un chat un chat.

Black Uncle Remus, he moans and sings
His tears have rusted his banjo strings.
You may call for Jesus or your mama maybe
When your life's gummed up in the old tar baby*

* Paroles de *Black Uncle Remus*, extrait du premier album éponyme de Loudon Wainwright III, paru en 1970 sur étiquette Atlantic.

Black Uncle Remus, il chante et gémit
Ses larmes ont rouillé les cordes de son banjo.
Tu peux réclamer Jésus ou bien ta mère
Quand ta vie est embourbée dans le goudron.

Ou

Mary Maguire and Big Frank Clark got drunk again last night
I was waiting for my bus when they happened along
Man, it was a beautiful sight*.

Mary Maguire et Big Frank Clark se sont encore soûlé la gueule hier soir
J'attendais l'autobus quand je les ai croisés
Oh, que c'était beau à voir.

Le processus de composition d'une chanson m'intriguait. Maman était partie jouer au bridge chez Ma Wilkins et j'étais seule à la maison. Je me suis assise au vieux piano droit Steinway dans le salon faiblement éclairé et j'ai composé ma première chanson : *A Heart Is Like a Wheel***.

They say that Death is a tragedy
It comes once, and it's over.
But my only wish if for that deep dark abyss
'Cause what's the use of living with no true lover.

On dit que la Mort est une tragédie
Elle vient une fois, puis c'est fini.
Mais tout ce que je souhaite, c'est cet abysse noir et profond
Parce que la vie sans amour, qu'est-ce que ça vaut?

Quelques semaines plus tard, je l'ai interprétée devant Kate et Roma qui se trouvaient à Saint-Sauveur. C'était rudimentaire, puisque je n'avais pas vraiment touché au piano depuis ma septième année,

---

* Extrait de *Central Square Song* sur le même disque.
** En 1974, Linda Ronstadt l'a reprise en abrégeant le titre, *Heart Like a Wheel*, sur son album du même nom qui a remporté un prix Grammy.

mais je me rappelais où étaient les notes et je connaissais pas mal d'accords. Elles ont adapté ma composition pour le piano et la viole de gambe, puis Roma est passée au violoncelle. L'effet d'ensemble était austère et d'une beauté sinistre. Elles en ont fait une de leurs chansons fétiches sur le circuit folk de la côte Est où elles devenaient de plus en plus populaires. Alors amoureux, Kate et Loudon se sont installés à Saratoga.

Au début des années 1970, après une longue relation par inter-mittence qui avait commencé après l'anniversaire de papa en 1963, j'ai emménagé avec Dane au dernier étage d'une maison en grès rouge sur Sherbrooke Ouest, près de Saint-Marc. Nous vivions dans une relative harmonie. Il était chroniqueur culturel et signait des critiques de films et de spectacles musicaux pour la *Gazette* de Mont-réal. Comme le journal paraissait le matin, la rédaction et la mise en pages se faisaient la nuit et nous nous croisions sur le pas de la porte à huit heures, quand il rentrait du journal et que je partais pour le travail.

Pour occuper mes soirées, qui étaient habituellement libres, je me suis mise à composer des chansons avec des amis. Je n'avais jamais aimé écrire des paroles, mais certains dans mon entourage avaient beaucoup de talent pour ça. Quand les Canadiens de Montréal ont remporté la coupe Stanley à la fin du printemps 1973, j'ai écrit avec Richard Baker, un jeune musicien de la Colombie-Britannique (qui est par la suite devenu guitariste pour Doug and the Slugs), une chanson en français sur Henri Richard en m'accompagnant à l'accor-déon. Elle implorait le capitaine bien-aimé de l'équipe de revenir sur sa décision de prendre sa retraite l'année suivante : « Henri Richard, prenez pas votre retraite ! » Richard l'a jouée à André Perry, le produc-teur montréalais devenu célèbre après avoir enregistré *Give Peace a Chance* de John Lennon et Yoko Ono à l'hôtel Reine Elizabeth en 1969. Je dois préciser ici qu'à titre de journaliste, Dane avait été in-vité à leur *bed-in* pour la paix mondiale et je l'avais accompagné en prétendant être photographe. Paralysée d'admiration, je n'ai pas pensé à appuyer sur le déclencheur*.

---

* John a toujours été mon Beatle préféré. Je m'étais procuré ses deux petits livres d'histoires et de dessins, *In His Own Write* (ainsi que son adaptation française *En flagrant délire*) et *A Spaniard in the Works*.

L'hiver suivant, André nous a proposé d'enregistrer un simple avec la chanson sur Henri Richard dans l'intention de le sortir à temps pour les séries éliminatoires de 1974. Comme nous avions besoin d'un autre titre pour la face B, j'ai demandé à Philippe (qui était rentré à Montréal) de m'aider à composer quelque chose. Nous avons écrit *Complainte pour Ste-Catherine*. Ça nous a pris un gros vingt minutes. André avait un studio à la fine pointe de la technologie dans une ancienne synagogue au square Amherst, mais pour une raison quelconque, le quarante-cinq tours a été enregistré au studio Marko, celui où Michèle Forest, Kate et moi avions fait notre démo en 1962, maintenant installé sur De La Gauchetière Est. Une joyeuse bande de copains m'ont accompagnée pour jouer et chanter avec moi – Philippe, Chaim, Dane, Peter Weldon et Michèle – tandis qu'André a demandé à son ami, le musicien montréalais Lewis Furey, de jouer du violon à la cajun sur la *Complainte*.

Le disque a été lancé, mais, quelques jours plus tard, le Canadien a été éliminé en quart de finale, ce qui a écourté la carrière de ma chanson. J'avais tout de même participé à une émission de la télévision francophone destinée aux adolescents où j'avais chanté en synchro. Personne ne savait qui était cette fille à l'air ahuri qui s'accompagnait sur un accordéon rouge, même pas moi… Mais qui étais-je donc ? La plupart des gens qui se lancent dans le show-business ont une certaine idée de l'image qu'ils veulent projeter. Pas moi. J'adorais le processus de création, qui convenait à ma personnalité, mais je n'avais jamais aimé me retrouver sur scène. Pourtant, les jeunes dans le studio m'ont applaudie avec enthousiasme au signal du régisseur et j'ai consciencieusement embrassé l'animateur hautement populaire, dont je n'avais jamais entendu parler. Mon amie Deborah Adler m'avait accompagnée pour me soutenir. Après, je disais en riant qu'elle aurait très bien pu s'exécuter à ma place, ni vu ni connu. Deborah, qui avait dansé pour Les Feux-follets, avait beaucoup plus de verve et de charisme sur scène que moi. Elle m'a inspiré la chanson *Dancer with Bruised Knees*, que j'ai composée plus tard :

> *For years we had been one with the stars*
> A pas de deux *of renown*

I'd leap and he'd catch me on the fly
But once I came crashing down.

Durant des années, nous ne faisions qu'un avec les étoiles
Un pas de deux célèbre
Je sautais et il me rattrapait en plein vol
Mais un jour, je me suis écrasée au sol.

Tout n'était pas perdu, malgré la défaite des Canadiens et la chanson sur Henri Richard tombée en désuétude. La plupart de ceux qui avaient entendu *Complainte pour Ste-Catherine* l'avaient aimée et, lorsque Kate et moi avons signé un contrat avec Warner Brothers quelque temps plus tard, notre producteur Joe Boyd a voulu qu'on la réenregistre.

Caroline Holland avait étudié à McGill avec Kate. Nous étions devenues de bonnes amies à la fin des années 1960. Nous avons fait quelques voyages en Virginie et en Caroline du Nord dans l'auto de sa mère après l'année scolaire. Nous aimions les mêmes chansons pop et nous pouvions écouter en boucle Harry Nilsson gémir *Without You*, complètement captivées. Notre première création commune a été *You Tell Me That I'm Falling Down*, que Linda Ronstadt a repris plus tard. J'écrivais aussi des chansons avec Audrey Bean, une autre amie qui sortait avec Peter, le frère de Dane. Maria Muldaur a inclus *Cool River*, notre première composition, dans son répertoire.

Je possédais un vieux piano droit, une guitare, un accordéon et un magnétophone Sony muni d'un micro stéréophonique. Il ne permettait pas l'enregistrement son sur son, mais on pouvait mixer les deux bandes sur un cassettophone Sony et transférer le tout sur une seule piste du magnétophone Sony, ce qui libérait une piste pour ajouter des harmonies. Audrey avait une jolie voix et nous avons réalisé de beaux morceaux, dont un démo de *Cool River*. Encouragés par notre première expérience couronnée de succès avec *Complainte pour Ste-Catherine*, Philippe et moi avons écrit d'autres chansons en français sur une base régulière dans l'intention de les présenter aux artistes québécois de l'heure. L'appartement du 1832, rue Sherbrooke Ouest est devenu une «Tin Pan Alley» du Nord.

Je puisais parfois mon inspiration dans l'actualité. Le jour, je travaillais pour les Friends of St. Ann's (que Jane surnommait les « Fraudes de St. Ann's ») et Philippe était traducteur pour la Commission scolaire protestante de Montréal. Fondé à Pointe-Saint-Charles, cet organisme communautaire avait déménagé à Côte-des-Neiges près du chemin Queen-Mary, juste à côté de l'oratoire Saint-Joseph, ce haut lieu de pèlerinage sur le versant nord du mont Royal où les infirmes du monde entier affluent dans l'espoir d'une guérison miraculeuse.

L'Oratoire a vu le jour grâce à Alfred Bessette, l'humble portier du collège Notre-Dame. Mieux connu sous le nom de frère André, le petit homme avait surmonté ses craintes nocturnes du démon en invoquant saint Joseph*. Canonisé en 2010, le frère André avait une dévotion particulière pour ce saint et, pendant sa longue vie au collège, il a développé le don de guérir les malades. Il a toujours attribué le mérite de ses miracles à saint Joseph et a promis d'ériger une basilique en son honneur. La construction, qui a débuté dans les années 1920, n'était pas terminée à la mort du frère André en 1937, à l'âge de quatre-vingt-onze ans. À son décès, sa réputation de thaumaturge avait franchi les limites du pays. Sa dépouille a été exposée dans la crypte, la seule partie achevée, et un demi-million de pèlerins ont accouru de partout pour lui rendre hommage. Parmi eux, il y avait Gaby et trois de ses amies, qui avaient été prendre un verre après le travail. Elles étaient déjà bien éméchées quand elles ont spontanément sauté dans un tramway pour faire la queue durant des heures au pied du futur temple. Ma mère se rappelle qu'il régnait une atmosphère de cirque. C'était l'endroit où il fallait être, comme un Woodstock médiéval, où les fidèles gravissaient l'escalier à genoux.

Après la mort du frère André, l'argent s'est mis à affluer de partout dans le monde, envoyé par des gens qui avaient vu leurs prières exaucées, et la construction a repris. C'était un vrai sanctuaire avec

---

* Joseph est le saint patron des mourants, mais il est également un objet de dérision au Québec. Quand on dit d'un homme qu'il est un « saint Joseph », il s'agit habituellement d'un homme âgé marié à une femme beaucoup plus jeune qui le mène par le bout du nez. Il ne se passait pas grand-chose dans sa vie, comme c'était probablement le cas pour le saint et « beau-père » de Jésus.

de vraies reliques : le corps reposait dans un tombeau de pierre et son cœur marinait dans un pot, dans une niche en marbre. À la fin des années 1960, le sanctuaire était presque achevé. Une fois l'espace caverneux sous le dôme terminé, le grand orgue Beckerath à traction mécanique a été installé. Malheureusement pour les autorités ecclésiastiques en général, cette inauguration a coïncidé avec un désintérêt pour le catholicisme et l'effondrement de la pratique religieuse au Québec. La chapelle d'origine, dans la crypte, remplie à craquer de béquilles et de fauteuils roulants suspendus au plafond et sur les murs, qui témoignaient des miracles du saint frère André, était devenue anachronique et même plutôt honteuse dans la société moderne et de plus en plus laïque.

Par une nuit funeste de 1973, les voleurs ont pénétré dans le musée et se sont emparés du cœur du vénérable, mais ce n'était pas le premier méfait : les gens dérobaient des objets dans le sanctuaire depuis des années. À la fin des années 1960, deux étudiantes des Beaux-Arts que je connaissais se sont présentées en classe un jour en portant des soutanes de laine noire avec de minuscules boutons à l'avant. Elles les avaient piquées dans la sacristie de l'Oratoire. Le contraste entre leurs yeux très maquillés et leur tenue masculine austère était si amusant que notre professeur de dessin les a fait poser pour nous ce jour-là.

Le vol du cœur, par contre, a été une affaire plus grave. Comme l'a dit un jour Slava Egoroff, une amie de Kate d'origine russe : « Le cœur, c'est notre antenne pour rejoindre Dieu. » Voler une relique dotée de vertus miraculeuses et exiger une rançon pour sa restitution avait tout d'un canular artistique, mais cela rappelait les enlèvements perpétrés par le FLQ en 1970, qui étaient encore frais dans la mémoire collective des Montréalais. Les médias ont reçu des communiqués anonymes, il y a eu des rendez-vous clandestins au milieu de la nuit pour échanger des indices et une rançon de cinquante mille dollars a été exigée.

Cette histoire macabre nous intriguait, Philippe et moi. Puisque je travaillais pratiquement au coin de la rue, nous avons passé plusieurs de nos heures de lunch à arpenter cet étrange et sinistre endroit dans l'intention d'écrire une comédie musicale inspirée de la disparition de l'organe, intitulée *Sans cœur et sans béquille*. La connaissance des arcanes du catholicisme a bien servi Philippe, comme le démontrent ces paroles :

Quiconque fait un sacrifice
A droit à quelque récompense
Après cent ans d'injustice
Quelques siècles d'indulgences.

Au Moyen Âge, les indulgences étaient l'équivalent de cartes « sortez de prison » (mais pas tout à fait pour rien), que les aristocrates fortunés pouvaient acheter de l'Église pour écourter leur séjour au purgatoire dans l'éventualité où leurs âmes s'y retrouveraient. Ce fut l'un des irritants à l'origine de la Réforme. D'ailleurs, si vous aboutissiez en enfer, les indulgences n'étaient d'aucune utilité.

La recherche du cœur a duré plus d'un an. Comme toutes les histoires sensationnalistes, le public s'en est désintéressé au bout de quelques mois et tout le monde a fini par oublier le cœur volé assez rapidement. Pendant que j'écrivais ce qui précède, c'est la disparition mystérieuse du vol 370 de Malaysian Airlines qui faisait la manchette. Trois mois plus tard, les grandes chaînes américaines de nouvelles continues n'en parlaient plus. Ceux qui avaient consacré toutes leurs ressources à cette unique tragédie durant des semaines n'en faisaient plus aucune mention.

Puis, à la fin de 1974, le cœur est réapparu. Il a été livré, sous le sceau du secret, au bureau de Frank Shoofey, le célèbre avocat du monde interlope, qui a négocié sa restitution à l'Oratoire sans versement de rançon. Par contre, le contenant avait perdu son cachet. Certains ont soutenu que la relique exposée n'était pas du tout l'organe du saint, mais plutôt celui d'un cochon. C'était à peu près l'époque où le chirurgien cardiaque sud-africain Christiaan Barnard a transplanté un cœur de babouin dans un corps humain, où il a battu plusieurs jours. Les cœurs étaient dans l'actualité.

Philippe et moi avons perdu l'intérêt pour notre comédie musicale quand le cœur du frère André a été remis sous clé à l'Oratoire.

Les clubs montréalais après 1965

(ANNA)

En 1964, Moose Hall (la salle de réunion du Loyal Order of Moose) était très fréquentée. Il y a une rare photo d'époque où l'on me reconnaît avec Kate, Jack et Peter (les membres d'origine des Mountain City Four). Brian Merrett était allé voir d'autres artistes au concert impromptu du mercredi. Il lui restait une pose sur sa pellicule et il nous a pris en photo. Nous ne le connaissions pas à l'époque, mais Dane et lui se sont rencontrés peu après, dans les années 1970, alors qu'ils militaient pour sauver de nombreux édifices patrimoniaux du centre-ville de Montréal des pics des démolisseurs. Les anciens cinémas étaient particulièrement menacés. Brian a pris bon nombre des photos illustrant le livre *Montreal Movie Palaces* écrit par Dane (Penumbra Press, 1993).

Vers 1967, Gary Eisenkraft a inauguré le New Penelope sur Sherbrooke Ouest, à quelques rues de l'avenue du Parc. C'était une grande salle avec une vraie scène, un vrai système de son et des éclairages dignes de ce nom. Le club n'avait pas été conçu juste pour le folk, mais plutôt pour accueillir les «grands» artistes de l'extérieur, comme Frank Zappa et ses Mothers of Invention. Juste à côté du restaurant Swiss Hut, sur Sherbrooke, se trouvait le Country Palace où s'est déjà produit Bill Monroe, véritable légende du bluegrass. Les Mountain City Four n'ont jamais donné de spectacle dans ces clubs. Nous étions des amateurs confinés aux petites salles.

Face au Penelope, de l'autre côté de la rue, se trouvaient les locaux de l'Association espagnole, un club plutôt francophone où Dane et moi avons déjà vu le violoneux légendaire Philippe Gagnon et son jeune disciple, Dominique Tremblay, jouer sur des instruments en acier fabriqués par un membre de la famille Tremblay qui exploitait une tôlerie. Notre oncle Austin possédait l'usine Noorduyn, qui remettait à neuf de vieux avions Norseman, mais son principal secteur d'activité était la fabrication d'équipement de cuisine et de chariots de service en acier pour les appareils d'Air Canada. Je me rappelle lui avoir parlé des violons en acier en lui suggérant de songer à fabriquer une guitare comme la National dans son usine. On aurait pu la baptiser la Norseman.

Love Is, extrait
(chanson d'Anna, Jane et Kate McGarrigle)

Love is a steel-guitar
Love is a battle-scar.

L'amour, c'est une guitare en acier
L'amour, c'est une cicatrice de combat.

D'un océan à l'autre

(JANE)

And it's on to South Bend, Indiana,
Flat out on the western plain
Rise up over the Rockies and down on into California
Out to where but the rocks remain...

En route pour South Bend, Indiana,
Étendu là-bas sur la plaine de l'Ouest
Monte par-dessus les Rocheuses et descend en Californie
Là où il ne reste que les pierres...

La ruée vers l'or, Hollywood. Jack London et John Steinbeck... La Californie avait une aura qui exerçait un attrait puissant sur nous. Nous n'avons pas regretté notre choix lorsque Dave a été admis à l'Université de Californie à Berkeley. Jamais nous n'avons remis en doute notre décision de quitter une vie confortable pour tenter notre chance dans le Golden State. Nous étions jeunes, compétents, et c'était une belle époque. Notre enthousiasme grandissait de jour en jour.

La première étape à franchir a été d'obtenir notre statut de résident américain. Le vice-consul des États-Unis à Saint John, qui nous avait accueillis chaleureusement, nous avait offert le choix entre un visa temporaire à cinquante dollars chacun ou un visa permanent pour le double du prix. Après une minute de réflexion, nous avons ouvert nos portefeuilles pour acquérir des visas permanents, ce qui s'est avéré une bonne décision. Les droits civiques prenaient de l'ampleur au sud de la frontière et, influencé par ce mouvement, le Congrès a adopté en 1965 la loi Hart-Celler pour rééquilibrer les quotas d'immigration. En vertu de ce nouveau système, les États-Unis accueilleraient davantage d'étrangers de l'Asie et de l'Afrique, mais moins du Canada et de l'Europe occidentale. En 1968, les ressortissants canadiens et britanniques, qui jusque-là se voyaient accorder presque automatiquement la carte verte, avaient autant de difficultés à l'obtenir que les Coréens.

Au début de mai 1964, nous avons rangé des vêtements, quelques objets, des livres et des disques dans des boîtes que nous avons mises de côté pour les faire livrer dès que nous aurions une adresse permanente. Nous avons réglé nos affaires au Nouveau-Brunswick, dit adieu à nos amis et sauté dans la MGA en direction de notre première étape avant notre départ officiel, Montréal. Nous sommes allés chez les parents de Dave et avons fait nos adieux aux Dow, puis à Gaby, Kate, Anna et quelques amis du croissant Sherwood. Nous avons fait un bref aller-retour à Saint-Sauveur pour embrasser papa et quelques copains qui s'étaient réunis à la maison. Juste avant de partir, pendant que nous nous dirigions vers la voiture, mon père m'a remis un morceau de papier : un billet de vingt dollars plié tout petit, comme il le faisait chaque fois qu'il nous donnait de l'argent. « Emmène Davey à souper, une belle place. Ah, ma Janie, j'aimerais bien ça, partir avec vous. » Puis il m'a serrée dans ses bras.

Il y croyait à moitié. Un mois auparavant, il m'avait écrit : « Janie chérie, Comme je vous envie, toi et Davey, avec votre projet d'odyssée en Californie. L'avenir appartient aux jeunes. » Il poursuivait sa lettre en me racontant l'histoire de son grand-oncle, John McGahey, parti faire fortune en Californie, qui, après cinquante ans de silence, s'était mis à poster régulièrement des chèques de mille dollars à grand-mère McGarrigle. Pas étonnant que papa aime autant la Californie. Un autre grand-oncle du côté paternel, Philip Conway, avait pris la même direction à l'époque de la ruée vers l'or de 1849. Malheureusement, grand-mère McGarrigle n'a reçu qu'un portrait coloré, réalisé dans un studio de San Francisco.

Dave et moi avons pressé mon père de venir nous rejoindre. « On verra », nous a-t-il répondu.

Au début, notre itinéraire était peu contraignant. Nous avons bifurqué par la colline du Parlement à Ottawa pour saluer Jim Regan, un ami du Nouveau-Brunswick embauché dans le cabinet du premier ministre Lester B. Pearson. Le Canada était sur le point de se doter de son propre drapeau. Plusieurs propositions avaient été étudiées et il restait quelques prototypes conservés dans un coffre-fort du bureau de Pearson en attente du verdict final. Jim nous a montré des photos en nous indiquant son choix personnel. En partant, Dave lui a suggéré ceci : « Hissez le drapeau et regardez qui fera le salut. »

Nous avons contourné la baie Georgienne pour saluer d'autres personnes. Après quelques jours de repos dans un chalet à Muskoka, nous sommes allés à London où nous avons passé une nuit, puis avons officiellement traversé la frontière américaine à Port Huron, au Michigan. On nous a remis nos papiers d'immigrants reçus en nous donnant l'instruction d'informer le ministère de la Justice de notre adresse tous les mois de janvier. Nous nous installions au pays de la bannière étoilée quelques jours seulement après avoir eu la primeur du nouveau drapeau canadien.

Notre itinéraire passait par Flint, au Michigan, où se trouvaient les usines de la Buick et de la Chevrolet de GM en cet âge d'or de l'industrie automobile américaine. C'était une ville dure et poussiéreuse, comme son nom l'indique. À notre arrivée en début d'après-midi, j'ai été décontenancée par la densité de la circulation. Je n'avais jamais vu autant d'autos au même endroit et le bruit était assourdissant. Cernés de toutes parts dans notre petite voiture sport britannique par des mastodontes de GM, nous nous sentions comme dans une chaloupe au milieu d'une flotte de torpilleurs.

Flint avait peut-être des facettes plus agréables, mais nous n'avons pas pris le temps de les découvrir et avons poursuivi notre route jusqu'à Chicago. Nous sommes restés quelques jours pour visiter cette belle ville du Midwest et nous nous sommes offert un délicieux souper avec le vingt dollars de papa.

Après avoir filé à travers l'Iowa et le Nebraska, et fait escale à Denver, nous avons suivi la montée abrupte et tortueuse de la route 6 jusqu'à Loveland Pass, à trois mille six cents mètres d'altitude, pour franchir les Rocheuses. Nous avons fait une pause au belvédère situé sur la ligne continentale de partage des eaux. Le relief qui creuse le paysage lorsqu'on regarde vers l'ouest force l'admiration. En rétrospective, c'était un moment hautement symbolique pour nous, les aventuriers, qui partions explorer l'Ouest. Mais, ce jour-là, nous nous sommes contentés d'admirer cette vaste beauté, avant de poursuivre notre expédition en descendant lentement le versant ouest du col, sur plus de deux mille mètres de virages en épingle en pleine tempête de neige – nous étions le 5 juin – jusqu'à notre arrivée à Vail, au Colorado. Nous avons poussé jusqu'à Salt Lake City pour visiter le temple mormon, puis jusqu'à Reno, mondialement reconnue pour être la capitale des divorces de stars et le paradis des jeux de hasard.

Le lendemain au déjeuner, nous avons entendu le propriétaire du café expliquer à un client qu'un des habitués ne viendrait pas ce matin-là parce qu'il avait été abattu la veille dans un bar voisin. Nous avions l'impression d'avoir reculé dans le temps, à l'époque du Far West, une bonne préparation pour l'étape suivante : Virginia City, au Nevada, une ville fantôme qui avait été un lieu névralgique à l'époque de l'exploitation du Comstock Lode, le plus important gisement d'argent de l'histoire des États-Unis. Le bureau du *Territorial Enterprise*, un journal pour lequel Mark Twain avait écrit dans les années 1860, est devenu un lieu historique accessible aux visiteurs.

Après avoir traversé les Rocheuses et le désert du Grand Lac Salé, nous allions enfin franchir la Sierra Nevada à deux mille mètres d'altitude avant de descendre en Californie, «*down on into California*» comme le chantait Kate. L'autoroute passait par la Donner Pass, nommée ainsi pour commémorer le Donner Party qui avait quitté Independence, au Missouri, en avril 1846, dans un convoi de chariots à destination de la Californie. Les pionniers devaient traverser la Sierra avant que l'hiver s'installe, mais pour une foule de raisons, ils n'ont pas réussi. Plus de la moitié des membres de l'expédition ont péri de froid ou de faim du mauvais côté des sommets de trois mille mètres. Les survivants ont été rescapés vers la fin de l'hiver 1847.

Toutefois, le destin de ces pauvres pionniers était loin de nos pensées ce jour-là. Nous avions le cœur léger en savourant la lente descente vers le *Gold Country*, au pied de la Sierra. À une trentaine de kilomètres de la frontière du Nevada, nous nous sommes arrêtés à un poste d'inspection du ministère de l'Agriculture de la Californie, où un agent dans la guérite confisquait les fruits et légumes frais provenant des autres États pour éviter la contamination par les insectes nuisibles non californiens. Nous avons dû lui remettre quelques oranges. Quand il nous a lancé «Bienvenue en Californie!», nous avons su que nous étions bel et bien à destination!

Cent soixante kilomètres plus loin, après avoir contourné Sacramento, nous sommes arrivés à proximité de Berkeley. Le long du dernier tronçon de cent trente kilomètres, le terre-plein central était planté de lauriers-roses et, de chaque côté de l'autoroute, il y avait des hectares de vergers et de cultures de toutes sortes à perte de vue. Comme on nous l'avait promis, notre terre d'accueil était luxuriante et généreuse.

Puisque Dave allait fréquenter l'Université de Californie à Berkeley, nous avons cru préférable d'habiter dans le secteur East Bay. Impatients de nous installer après de longues journées sur la route, nous avons loué le premier appartement que nous avons visité. Petit, il était adjacent à la maison des propriétaires sur l'avenue College, à Oakland, aux limites de la ville de Berkeley. Bien que vaguement lugubre à cause des rideaux lourds, des meubles rembourrés en velours foncé et des napperons crochetés sur toutes les tables, il faisait l'affaire et le prix nous convenait. Nous nous sommes rendu compte trop tard que nos proprios, un couple de personnes âgées, étaient pour le moins étranges. Ils portaient tous deux des lunettes de soleil en plastique vert et sentaient le «vieux», le moisi. Tandis qu'ils apportaient les draps et les couvertures, ils se critiquaient sans arrêt et nous aboyaient de faire attention à leurs affaires. Après une consultation discrète, Dave et moi avons décidé de supporter ça un mois, puisque nous avions déjà payé et que nous n'avions pas de travail ni d'autre endroit où poser nos valises.

Nous avons entrepris nos recherches dès le lendemain à San Francisco. Bechtel Engineering a embauché Dave sur-le-champ, mais je me suis présentée à plusieurs entrevues avant de trouver l'emploi idéal. Je me suis permis d'être sélective, car on m'avait dit que les Canadiens et les Britanniques étaient prisés à San Francisco pour leur intelligence et leur cœur à l'ouvrage. J'ai répondu à une annonce invitante parue dans le *San Francisco Chronicle* pour un poste de secrétaire principale dans un petit bureau de promoteurs immobiliers. Ma rencontre avec Barbara Sutton, la fille que j'allais remplacer, m'a laissé une impression très favorable et j'ai été encore plus convaincue quand j'ai vu avec quel respect ses collègues de travail la traitaient. J'avais été très gâtée au bureau de Bill Duffie, mais j'avais le pressentiment que Barton Development serait à la hauteur. Un des associés,

Peter Salz, m'a dit quelques mots en français après avoir lu mon curriculum vitæ, puis il a donné son accord à Barbara. La connaissance du français n'était nullement nécessaire pour l'emploi, mais Peter aimait l'idée d'engager quelqu'un avec qui discuter dans cette langue. Il était né en Europe et avait une personnalité cosmopolite. Mon bureau se trouvait au vingt-troisième étage de l'immeuble Russ sur Montgomery, l'adresse la plus huppée du quartier financier. J'ai commencé à travailler le lendemain.

Nos conditions de logement étaient cauchemardesques. La propriétaire, madame Y, entrait dans l'appartement en notre absence et se permettait ensuite de nous critiquer effrontément à cause du lit défait ou de la vaisselle sale dans l'évier. Le soir, nous entendions à travers les murs les vieux schnocks se disputer jusqu'aux petites heures. Un jour, au retour du travail, madame Y nous attendait chez nous pour nous annoncer qu'elle avait transmis au FBI un paquet que nous avions reçu. Quand nous lui avons demandé de quel droit elle avait agi ainsi, elle nous a dit que l'adresse de l'expéditeur était une case postale à Sacramento, la capitale de l'État, et qu'il y avait sur l'enveloppe la mention de ne pas faire suivre le courrier. Elle en avait donc conclu que nous étions des espions canadiens. Madame Y a ajouté, d'un ton morne et inquiétant, qu'elle n'avait jamais oublié les Rosenberg, ce qui n'avait aucun rapport, à moins qu'elle ait voulu laisser entendre que nous étions juifs. Étrangement, beaucoup de gens, à San Francisco, ont eu cette impression en faisant notre connaissance.

Tous les soirs, nous retardions l'heure du retour. Nous nous faisions de nouveaux amis chaque jour et, après le travail, nous allions prendre un verre dans des bars qui servaient gratuitement du spaghetti, des hot-dogs ou autres à l'heure de l'apéritif. Souvent, nous nous retrouvions chez Paoli's pour les bâtons de courgettes frits et les boulettes de viande. Deux fois par semaine au moins, nous nous donnions rendez-vous au bar Admiral Duncan qui offrait, pour quinze cents, un martini à la vodka accompagné d'un buffet de fromages et de charcuteries. Nous allions aussi au restaurant pour prendre un vrai souper. En fait, nous faisions n'importe quoi, mais, tôt ou tard, il nous fallait nous résoudre à traverser le pont jusqu'à East Bay pour rentrer chez nous à contrecœur.

Un soir, nous sommes revenus particulièrement tard et nous avons surpris monsieur et madame Y, portant leurs sempiternelles lunettes de soleil en plastique vert, dans notre appartement en train de démonter une chaufferette encastrée. Le vieux était agenouillé et farfouillait sous le plancher pendant que sa femme, penchée au-dessus de lui, lui donnait des conseils qu'il ne voulait pas entendre. Il répliquait avec hargne : «Ferme-la, vieille *bitch*! Qu'est-ce que tu connais là-dedans de toute façon?» Elle lui répondait en criant.

Le lendemain, nous sommes retournés visiter un appartement d'une chambre que nous avions vu au 1457, rue Jones, entre Washington et Jackson, dans le quartier Nob Hill. Par la fenêtre du salon, nous avions un petit bout de vue sur la baie de San Francisco. En fait, c'est ce que nous voulions croire. Il était légèrement plus cher que ce que nous souhaitions payer, mais l'emplacement était idéal et le propriétaire nous semblait parfaitement sain d'esprit. Nous avons signé le bail et nous nous sommes installés peu après.

Je m'attendais à ce que le FBI nous convoque à tout moment. J'imaginais de sombres scénarios de déportation. Je me suis confiée à Peter Salz, mon nouveau patron. Ancien officier du renseignement américain pendant la Seconde Guerre mondiale, il connaissait quelqu'un qui pouvait s'informer auprès du bureau régional du FBI. Bonne nouvelle : l'ami de Peter lui a assuré que nous n'avions pas à nous inquiéter et que le FBI était habitué à traiter avec les hurluber-lus. Et nous avons fini par recevoir l'envoi que madame Y avait inter-cepté : il s'agissait d'une enveloppe du California Department of Motor Vehicles contenant nos nouveaux permis de conduire.

À l'automne, Dave a quitté son emploi chez Bechtel pour com-mencer ses cours en informatique. Un mois plus tard, Mario Savio a lancé le Free Speech Movement et tout a dégénéré à Berkeley. Dave était conscient de ce qui se passait autour de lui, mais il ne s'en mêlait pas. Nous avions des opinions politiques libérales sans être des mili-tants à proprement parler, mais nous n'hésitions pas à manifester notre opposition à la guerre du Vietnam, ce qui nous a parfois mis dans de beaux draps avec les personnes que nous rencontrions pour la première fois. Bon nombre de gens étaient liés à l'armée, soit parce qu'ils avaient déjà fait leur service militaire, soit parce qu'ils en fai-saient encore partie et accomplissaient leur service obligatoire au

Presidio de San Francisco ou à Fort Ord à Monterey. À quelques reprises, on nous a dit: «Retournez donc d'où vous venez si c'est ça que vous pensez.» Comme convenu, Dave s'est présenté au comité de recrutement dès notre arrivée. Il a obtenu un sursis (il était à la fois étudiant et marié) et on l'a classé 1-Y.

Quelques jours plus tard, nous nous sentions comme de vrais San-Franciscains, une impression partagée par presque tous ceux qui s'établissent dans cette ville. Même si ses origines remontent aux années 1770, elle est vraiment née avec la ruée vers l'or. Elle a toujours ouvert les bras aux nouveaux venus de tout type. Son histoire est imprégnée de tolérance et d'acceptation. Ce n'est pas un hasard si elle se trouvait à l'épicentre du rock et des autres phénomènes culturels des années 1960 et si elle a vu naître le mouvement gai.

La mobilité des citoyens entre strates sociales et groupes ethniques était rafraîchissante. Au Canada, on se sentait engoncé dans les limites imposées par le statut des vieilles familles et des travailleurs (col blanc ou col bleu), sans oublier la division entre les langues si particulière à ma ville. Même si leurs enfants pouvaient étudier n'importe où, mon patron Peter Salz et sa femme Élise – des Juifs laïcs fortunés – ont envoyé leur aîné à l'Université Gonzaga à Spokane, dans l'État de Washington, un établissement jésuite, afin qu'il apprenne «à penser», m'a expliqué Peter. Cela m'a ouvert les yeux: les enfants des Juifs montréalais ne fréquentaient pas les collèges catholiques.

La fin de semaine du Memorial Day 1975 coïncidait avec le premier anniversaire de notre déménagement aux États-Unis. Nous avons profité de notre congé du lundi, le 31 mai, pour louer un voilier Rhodes 19 avec des amis et faire une excursion dans la baie de San Francisco. Nous avons navigué jusque chez Sam's, un restaurant au bord de l'eau dans le comté de Marin, où on pouvait attacher son bateau au quai pour quelques heures et déguster le brunch en buvant un Ramos Fizz.

Nous sommes partis de chez Sam's pour rentrer vers la ville en louvoyant. Nous admirions les multiples collines qui se détachaient de la brume et cherchions notre appartement avec des jumelles. Tout à coup, nous avons aperçu de la fumée à l'endroit où devait se trouver notre immeuble. Nous avons écourté notre sortie pour voir ce qu'il en était. Heureusement, il était intact, mais il y avait un message de mon collègue Don Zimmerman punaisé sur la porte de notre logement : « Jane, s'il te plaît, appelle ta sœur Kate immédiatement. » Il devait s'agir d'une très mauvaise nouvelle pour qu'il fasse le long trajet et traverse le Golden Gate un jour de congé.

C'était la pire de toutes : les poumons usés de mon pauvre père avaient fini par lâcher. Il avait poussé son dernier soupir, lui pour qui l'air était si précieux et qui s'était battu si longtemps pour respirer.

J'ai eu un choc terrible. Il m'avait écrit peu avant notre départ de Fredericton en mentionnant qu'il avait attrapé froid en travaillant à l'extérieur à Saint-Sauveur, alors qu'il « ne portait pas grand vêtements ». Je pense que ce fut un jalon important du déclin général de sa santé, qui avait commencé lorsque nous nous étions installés à TMR. Je songeais à cette lettre en bouclant mes valises pour aller aux funérailles et je pleurais amèrement, regrettant de ne pas avoir fait plus attention à lui, d'être partie et de l'avoir laissé.

J'ai pris l'avion seule, puisque Dave devait passer ses examens finaux, et j'ai sangloté sans arrêt d'un aéroport à l'autre. Oncle Lorne est venu me chercher pour me reconduire à l'appartement sur Sherwood où m'attendaient Kate, Anna, maman et quelques amis. J'ai avalé des tranquillisants offerts par un copain qui ont provoqué chez moi des réactions extrêmes : je pleurais hystériquement ou bien je riais comme une cinglée.

Je garde un souvenir confus de la semaine qui a suivi, à l'exception de deux événements précis. Le jour même de mon arrivée, j'ai passé environ une heure seule dans la pièce du salon funéraire où reposait mon père pendant que tout le monde était sorti prendre une bouchée. L'atmosphère était trouble et inquiétante et je sentais un malaise, des picotements dans tout mon corps. J'ai dû résister très fort à l'envie de m'enfuir. Je me demandais si c'était l'œuvre de son âme qui n'était pas encore installée à sa place dans l'éternité. J'ai tenu bon et je suis restée à côté de mon père, mais j'ai éprouvé un immense soulagement quand quelqu'un est venu une heure plus tard pour me relayer.

L'autre souvenir est celui d'une soirée après les funérailles, lorsque Gaby, Kate, Anna et moi sommes allées à Saint-Sauveur ensemble. Quelques personnes sont passées nous voir ce soir-là. Peut-être oncle

Austin, qui habitait au village, et des voisins. Nous étions tous dans le salon, en train d'écouter tante Anna jouer du piano et de chanter avec elle, lorsque nous avons entendu la sonnerie forte et insistante du téléphone près du salon. Maman a demandé à tante Anna d'arrêter de jouer pour éviter que notre interlocuteur soit choqué par notre manque de respect à l'égard de Frank, nous qui faisions de la musique alors que nous devions être en plein deuil. Il y a eu une discussion animée sur ce que papa aurait voulu ou ce qu'il aurait fait en pareilles circonstances pendant que le téléphone continuait à sonner. Nous nous sommes tus et quelqu'un est allé répondre, mais je suis sûre que Frank n'aurait pas arrêté de jouer et de chanter. La mort n'aurait pas eu l'avantage sur la musique.

Il m'a fallu beaucoup de temps avant de pouvoir penser à mon père sans éclater en sanglots. Et aujourd'hui encore, cinquante ans plus tard, certains souvenirs me font toujours pleurer. Kate, Anna et moi sommes tellement semblables à lui. Nous transportons nos émotions et nos superstitions irrationnelles jusqu'à la surface, nous nous laissons si facilement emporter par les rêves et la fantaisie. Ce maître rêveur caressait de grandes ambitions pour nous. Il est infiniment triste qu'il n'ait pas vécu assez longtemps pour voir à quel point Kate et Anna sont allées loin avec la musique, sa passion. Pour ce qui est de moi, je ne suis devenue ni pianiste concertiste ni diplomate, comme il le souhaitait, mais j'ai choisi un bon mari, ce qui lui importait beaucoup quand il était question des femmes de sa tribu, et je suis allée en Californie pour faire pousser une nouvelle branche de notre arbre généalogique.

Le triste mois de mai

(ANNA)

À la mi-avril 1965, Kate est partie pour la Survey School, un cours d'un mois donné à McGill aux étudiants de génie de deuxième année pour les familiariser avec les outils et les techniques d'arpentage. Ils choisissaient leur spécialisation en troisième année seulement, mais l'arpentage pouvait servir tant aux ingénieurs civils qu'aux architectes. Le cours avait lieu à Saint-Gabriel-de-Brandon, dans les Laurentides, à une heure et demie au nord-est de Montréal. Les étudiants, en majorité des garçons (il n'y avait que six filles en deuxième année), logeaient dans des motels à raison de deux par chambre.

Sur le campus du centre-ville, les étudiants en génie s'habillaient comme les professionnels qu'ils allaient bientôt devenir. Avec leur règle à calcul et leur équerre en T sortant de leur sac, ils semblaient investis d'une mission plus importante que, disons, les étudiants en arts débraillés qui se baladaient avec un recueil de poésie aux pages écornées à la main. La Survey School donnait l'occasion à ces jeunes ingénieurs de se défouler un peu et de se promener en jeans et en shorts effilochés, sous le soleil et sous la pluie, avec leur fil à plomb et leur théodolite.

Kate avait apporté sa guitare et, quand elle ne faisait pas de travaux scolaires, elle interprétait probablement les airs du guitariste bahamien Joseph Spence qu'elle avait appris à jouer toute seule en écoutant un disque Folkways. Pendant des années, la seule personne, à part Kate, que j'ai entendue jouer ces mélodies complexes avec ce *picking* syncopé particulier fut le guitariste virtuose américain Ry Cooder. Beaucoup de Canadiens connaissent l'adaptation que ce dernier a réalisée de la chanson *Happy Meeting in Glory* de Spence, puisqu'il s'agit du thème musical accrocheur de la populaire émission de radio *Vinyl Café* de Stuart McLean, diffusée à la CBC au Canada et à NPR aux États-Unis.

Pendant le séjour, Kate s'était liée d'amitié avec Caroline Holland. À la fin du stage, à la mi-mai, Caroline a déposé ma sœur à Saint-Sauveur. Elle poursuivait sa route jusqu'au chalet de ses parents, au Lac-des-Seize-Îles, à environ une demi-heure de chez nous. Pendant qu'elles déchargeaient la voiture, elles ont découvert que l'une d'elles avait pris par erreur un postiche appartenant à l'une de leurs compagnes. Cette fille, la seule qui ne considérait pas la Survey School comme une occasion de s'habiller relax, avait porté un pantalon fuseau avec des talons hauts et augmenté le volume de sa coiffure élaborée avec ce postiche pendant tout le stage. L'incident a bien fait rire mes parents, heureux de retrouver Kate.

Je venais de terminer ma première année à temps plein aux Beaux-Arts et je travaillais déjà comme secrétaire pour l'été. Kate devait se trouver un emploi et elle prenait le train de banlieue avec moi pour voir si McGill offrait des jobs sur le campus pour ses étudiants.

Le 30 mai en soirée, notre père est venu nous rejoindre en voiture à Montréal. Nous étions plutôt surprises de le voir arriver puisque la grosse saison touristique commençait, mais il ne se sentait pas bien et recherchait probablement le réconfort et la sécurité de sa famille. Il s'est allongé dans la petite alcôve, près du salon. Nous lui avons apporté une tasse de thé et avons baissé le ton, mais nous ne lui avons pas accordé beaucoup d'attention. Avec du recul, je me souviens qu'il avait le visage plus gris, mais il ne manifestait aucun signe de douleur.

Le lendemain matin, quand Kate et moi sommes allées l'embrasser avant de prendre le train, il nous a donné cinq dollars en nous demandant de lui acheter une flasque de rhum Demerara au centre-ville. Il ne lui en restait plus. «C'est ça qui me tient en vie», disait-il souvent. Maman serait restée avec lui jusqu'à ce qu'elle parte travailler chez Marconi, après le dîner.

Kate m'a rejointe à la sortie du bureau, à cinq heures, et, après être allées chercher le rhum de papa dans une Commission des liqueurs, nous nous sommes dirigées vers la gare Centrale en coupant par le rez-de-chaussée du magasin Eaton. C'est alors que le fond du sac en papier que tenait Kate s'est déchiré et que la bouteille s'est cassée sur le sol. Nous ne sommes pas retournées en acheter une autre parce que nous risquions de manquer le train.

À notre arrivée, nous avons aperçu un mot sur la porte de notre appartement nous demandant de sonner chez la voisine, de l'autre côté du couloir. Elle nous a raconté que papa avait téléphoné à maman au travail pour lui demander de rentrer immédiatement. Une ambulance a été appelée et, comme notre père ne parvenait pas à respirer en position allongée, il s'est assis à côté du chauffeur, ce qui ne laissait pas de place pour maman. Les ambulanciers lui ont dit de prendre un taxi jusqu'au Queen-Mary Veterans Hospital sur le chemin du même nom, légèrement à l'ouest de Côte-des-Neiges, où mon père était suivi en externe. Nous avons appris par la suite que maman avait eu de la difficulté à trouver un taxi, ce qui a retardé son arrivée à l'urgence. Une fois sur place, elle ne s'est pas rendu compte tout de suite que l'homme inconscient affalé sur un fauteuil roulant était son mari. Une préposée à l'admission interrogeait papa, parce qu'il n'avait pas de pièces d'identité sur lui et que, sans son nom, elle ne pouvait pas récupérer son dossier. Maman était affolée : « Vous ne voyez pas qu'il est en train de mourir ? » Notre pauvre papa est mort là, dans un fauteuil roulant.

Kate et moi attendions anxieusement des nouvelles de notre mère. Il a fallu quelque temps avant d'entendre le bruit familier de la lourde porte du hall. Optimistes de nature, ni Kate ni moi n'étions prêtes pour ce qui a suivi. Nous nous sommes précipitées sur le palier et avons vu notre maman en larmes, qui gravissait l'escalier jusqu'au premier en agrippant la rampe. Notre oncle Lorne, qui était allé la soutenir à l'hôpital, était avec elle. Elle nous a regardées droit dans les yeux et nous a annoncé d'un air dramatique : « C'est fini. » Elle a lancé ces mots comme s'il s'agissait de la dernière scène d'un film triste.

S'il avait eu son rhum, aurait-il survécu comme il le prétendait toujours ? Du moins un peu plus longtemps ? L'esprit de papa a-t-il quitté son corps au moment où la bouteille de rhum s'est cassée, libérant les vapeurs d'alcool sucrées qui l'aidaient à vivre ? Plus tard, Kate et moi sommes restées convaincues de cette possibilité paranormale.

Maman a mis beaucoup de temps à se pardonner. Elle avait des « remords de conscience », comme elle disait, pour avoir traité la maladie de notre père à la légère. Je pense que nous avons toutes éprouvé un sentiment de culpabilité, surtout pour les dernières années, lorsque Kate et moi avons commencé à nous détacher du cocon familial pour faire nos vies à nous, des vies qui n'incluaient pas nos parents.

Comme maman n'aimait pas annoncer les mauvaises nouvelles, elle a chargé Kate de prévenir Jane à San Francisco. Ensuite, il a fallu appeler un directeur de funérailles. Notre mère s'est souvenue que le beau-frère du meilleur ami de notre père travaillait dans un salon funéraire. Le fait qu'il connaissait notre famille nous a réconfortées. Dans ce temps-là, ces entreprises étaient spécialisées en fonction de la religion et de la langue, comme les paroisses, et la sienne servait les catholiques irlandais, comme papa. Ma mère m'a demandé de choisir les vêtements dans lesquels on allait l'enterrer. Le printemps était doux, mais en 1965 la mort était encore quelque chose de très sombre. Il aurait été inconcevable de lui faire porter un complet pâle. Puisqu'il fallait l'habiller pour l'éternité, j'ai arrêté mon choix sur un habit milleraie marine et gris avec un veston croisé qui, selon moi, lui donnerait une apparence digne, comme l'ancien premier ministre britannique Sir Anthony Eden, même s'il était démodé.

Quand on meurt, les pieds pointent vers le bas, comme les pattes des oiseaux morts. Le ballet classique se serait-il inspiré des cygnes agonisants que les danseuses incarnent si souvent ? Quoi qu'il en soit, papa n'avait pas besoin de chaussures. Le directeur de funérailles est passé à la maison le lendemain matin pour prendre les vêtements et nous a dit que notre père serait prêt pour l'exposition le soir même. Tous mes cauchemars sur la mort de papa se réalisaient.

Jane est arrivée de San Francisco en soirée. Des amis, nos amoureux anciens et actuels et les membres de la famille sont venus nous soutenir, et nous sommes passées à travers. La maquilleuse qui travaillait avec l'embaumeur avait cru bon de mettre un peu de teinture brune dans la chevelure blanche de papa pour le rajeunir, ce qui a suscité des commentaires admiratifs de certaines dames sur son apparence. J'ai été très touchée par la visite de mon ancien patron, celui qui avait les cheveux couleur d'argent, et de la standardiste de la firme de courtage, toujours avec son chapeau à voilette. Il y avait plus d'un an que je les avais vus. Les funérailles ont été célébrées à l'église catholique anglophone que nous fréquentions, à Ville Mont-Royal, celle que nous trouvions tous un peu fade. Nous avons demandé à l'organiste d'interpréter son air préféré, une chansonnette au sujet d'un petit oiseau brun qu'il avait l'habitude de jouer au piano le soir et que nous écoutions, allongées dans «les petits lits de notre enfance, en comptant les étoiles à travers le verre ondulant des vieilles doubles-fenêtres*».

Pour des raisons pratiques, on a enterré papa dans le lot de la famille Côté au cimetière Notre-Dame-des-Neiges, là où sont inhumés les grands-parents maternels de Gaby (Édouard Côté et Catherine Bannon), ainsi que leur fille aînée, Dora Côté-Vaillancourt, morte en couches à l'âge de dix-sept ans. Notre mère et ses sœurs avaient accès au lot par succession matrilinéaire et maman nous avait souvent dit que, quand son heure viendrait, c'est là qu'elle voulait aller. Il allait de soi que Frank y repose aussi.

Après la mort de papa, pendant longtemps, j'ai fait un rêve récurrent. Je marchais dans une rue achalandée, Saint-Jacques peut-être, et je le voyais devant moi vêtu d'un pardessus gris, mais sans chapeau, ce qui est étrange parce qu'il en portait constamment un, même dans la maison. Je l'appelais et il se retournait pour m'attendre. Je regardais ses yeux noisette, cerclés de rouge, et je lui demandais, pleine d'espoir: «Alors, tu n'es pas mort, finalement?» Il ne répondait jamais et se contentait de me fixer avec un sourire énigmatique au coin des lèvres. Je me réveillais toujours triste, habitée par un sentiment de grand vide.

The Brown Bird Song

All through the night there's a little brown bird singing,
Singing in the hush of the darkness and the dew,
Sweeter songs of love than the brown bird ever knew.
Would that the song of my heart could go a-winging,
Could go a-winging to you, to you.

---

* Tiré de *Counting Stars*, paroles de Ian Vincent Dow, le fils de Jane. La chanson figure sur le disque *The McGarrigle Christmas Hour* (2005).

La chanson de l'oiseau brun

Durant toute la nuit, il y a un petit oiseau brun qui chante,
Il chante dans le silence de l'obscurité et de la rosée,
Des chansons d'amour plus douces que celles que l'oiseau connaît.
La chanson de mon cœur pourrait s'envoler à tire-d'aile,
S'envoler à tire-d'aile vers toi, vers toi.

Kate à bord du traversier reliant Rivière-du-Loup à Saint-Siméon en 1968. Elle l'évoque dans sa chanson *Matapedia*.

Philippe Tatartcheff et Kate à bord du traversier en 1968. Pendant de nombreuses années, Philippe a composé des chansons avec Kate et Anna.

Gaby et Kate
à la gare Val-Royal,
à Ville Saint-Laurent,
en 1968.

Caroline Holland sur les marches du Capitole, à Washington, à la
fin des années 1960. Caroline et Kate étudiaient toutes deux en génie. Anna
et Caroline ont écrit ensemble la chanson *You Tell Me That I'm Falling Down*
qui a été enregistrée par Linda Ronstadt en 1975.

Kate et Roma Baran, alias Catherine Carr et Roma Blackwell (épouses spirituelles du pianiste Leroy Carr et du guitariste Scrapper Blackwell qui formaient un duo de blues légendaire), à Saratoga Springs, dans l'État de New York, en 1970. (Photo : Dane Lanken.)

Vinnie, Anna, Dave Dow et Janie chez eux à San Carlos, en Californie, en 1973.

Gaby et Vinnie, le fils de Jane, à Saint-Sauveur au début des années 1970.

Anna et Audrey Bean à Montréal, s'apprêtant à aller jouer au hockey avec des amis. Elles ont écrit *Cool River*, enregistrée par Maria Muldaur, et *Louis the Cat* qui figure sur l'album *Odditties* de Kate et Anna. (Photo : Dane Lanken.)

Uffe et Gudda Lanken dans la boutique de fleurs familiale, Chas. J. Hill à Westmount, au début des années 1970. C'est à peu près à cette époque qu'une bombe du FLQ a endommagé l'arrière de leur magasin. (Photo : Dane Lanken.)

Kate et Loudon chantent assis dans l'herbe peu après la naissance de Rufus, en 1973. (Photo : Dane Lanken.)

Dane et Anna à la ferme à Alexandria, en Ontario, au début des années 1970. Anna porte le fameux chandail de laine de Barry Black qui a ensuite été adopté par les enfants de Kate. (Photo : John Fretz.)

Rufus Wainwright sur les genoux de son grand-père Loudon Wainwright fils, vers 1978. (Photo : grand-maman Martha Wainwright.)

Gaby et bébé Martha dans l'appartement d'Anna et de Dane, au 4378, boulevard De Maisonneuve Ouest à Westmount, en 1976. (Photo : Dane Lanken.)

Oncle Austin avec la petite Anna (la fille de Jane) en 1974.

Gaby et Sylvan à côté de l'enseigne de Gardencourt que notre mère détestait tant. Lorsqu'un chauffard ivre l'a renversée, Dane l'a réinstallée sur la propriété en l'honneur de notre père. (Photo : Dane Lanken.)

Rufus, Sylvan, Lily et Martha à Venise-en-Québec en mars 1980, un peu tôt pour la baignade. (Photo: Randy Saharuni.)

Sylvan et Lily Lanken patinent
sur l'étang à la ferme à Alexandria
dans les années 1980.
(Photos : Dane Lanken.)

Kate, Gaby et Anna lors du festival Mariposa Folk, sur les îles de Toronto, en 1975. (Photo : Gail Kenney.)

Kate et Anna au festival Mariposa Folk en 1975. Cette photo ornait la pochette de notre premier disque paru chez Warner. (Photo : Gail Kenney.)

Jane se repose sur la plage de Carmel, en Californie, lors de la fin de semaine du Memorial Day en mai 1974.

Deborah Adler, alias Dancer with Bruised Knees, avec Kate, Anna et Andrew Cowan à la billetterie de l'aéroport Mirabel avant leur départ pour Londres à l'été 1976. (Photo : Dane Lanken.)

La Skigirl de Kate, inspirée par la fois où elle a dû rentrer seule en skis à la nuit tombée. Son dessin est reproduit sur sa stèle en pierre blanche dans le cimetière de Saint-Sauveur.

Une vue de Gardencourt, la propriété de Saint-Sauveur. Kathleen Weldon a offert ce dessin à Martha Wainwright et Brad Albetta à l'occasion de leur mariage, le 2 septembre 2007. (Dessin : Kathleen Weldon.)

Bob Dylan

(ANNA)

À l'été 1965, Dane et moi avons enfourché le scooter pour aller voir Bob Dylan en spectacle à Newport, au Rhode Island. John Weldon et Bruce MacKay, un autre gars de «Mo'West» qui avait une Lambretta, nous accompagnaient. Dane avait apporté une caméra huit millimètres pour documenter notre voyage, en prenant soin de se garder quelques mètres de pellicule vierge pour filmer Dylan. À notre arrivée, il régnait une grande fébrilité sur les lieux du festival. Nous devions nous hâter parce que Mike Bloomfield était sur scène et que Dylan allait suivre immédiatement après. Les gens cherchaient désespérément à mettre la main sur des billets. Dane en avait deux de trop qu'il avait achetés pour des amis qui n'étaient pas venus. Un type à l'entrée l'a imploré et Dane les a cédés au prix coûtant. Toutefois, quand nous sommes arrivés à nos places, ce n'était pas lui qui se trouvait à côté de nous : Dane avait généreusement vendu ses billets à un *scalper*...

Après avoir joué quelques pièces acoustiques, Dylan a empoigné une guitare électrique et a fait monter ses musiciens sur scène. Les spectateurs étaient debout ou juchés sur des chaises et Dane a dû me soulever pour que je voie quelque chose. Nous étions parmi ceux qui étaient ravis d'entendre ses chansons enveloppées de guitares électriques et relevées de basse et de batterie. Il paraît que ceux qui aimaient leur Dylan nature ont hué, mais ni Dane ni moi ne nous en souvenons. Nous étions trop loin pour filmer quoi que ce soit, mais Dane a capté quelques images de BD lorsqu'il est revenu faire un rappel, une minuscule silhouette noire montant un escalier menant à la scène délavée sous la lumière rouge. Il ressemblait au Diable en personne qui émerge des enfers. Je suis sûre que ses fans les plus mécontents étaient d'accord avec cette description.

Au début de 1967, Dane avait acheté une vieille caméra Bolex seize millimètres pour tourner un film qu'il souhaitait soumettre à un concours pour jeunes cinéastes organisé à l'occasion d'Expo 67, l'exposition universelle Terre des hommes à Montréal. Intitulé *Athlone and Aspidistra*, le court métrage a été présenté comme une production Athlone Stinson, le pseudonyme de Dane. Il s'était inspiré des noms figurant sur le panneau de signalisation de la sortie de la Métropolitaine menant au siège social de l'ONF et à Ville Mont-Royal. L'histoire d'amour mettait en vedette Dane et moi dans une série de scènes extérieures, notamment un pique-nique dans un champ de marguerites. Kate et John Weldon étaient à la caméra pendant que Dane et moi chassions les mouches noires de juin. Nous avons fait la postproduction dans la chambre de son frère, à Montréal-Ouest (Peter était parti étudier l'architecture à Édimbourg). Pendant que Dane coupait la pellicule – il y avait des centaines de bandes de pellicule noir et blanc suspendues aux étagères –, je dessinais des motifs Art nouveau sur les cartons de dialogues, que nous avons ensuite filmés, développés et insérés entre les scènes. C'était un film muet, mais, comme la chanson *A Whiter Shade of Pale* de Procol Harum tournait en boucle à la radio, je vais toujours associer ce succès musical psychédélique à *Athlone and Aspidistra*.

Le film a été livré à temps et, même s'il n'a pas remporté le premier ni le deuxième prix, il a obtenu une mention honorable. Je me souviens aussi que c'est le seul qui a fait rire les spectateurs lors de la projection organisée plus tard, cet été-là. Étrangement, c'est John Weldon, et non Dane, qui a fait carrière au cinéma. Il est devenu un cinéaste d'animation reconnu grâce au court métrage *Log Driver's Waltz* de l'ONF, dont j'ai parlé précédemment. Dane a été journaliste, chroniqueur culturel pour le quotidien *The Gazette* pendant dix ans, puis auteur pour le *Canadian Geographic Magazine*.

Du bel art

(JANE)

Et la vie continue… Je suis retournée à San Francisco. Dave a obtenu sa maîtrise, puis a été recruté directement sur le campus par IBM. Nous avons déménagé à Russian Hill, dans un appartement niché au fond d'une petite allée pavée près de Hyde Street, là où circule le célèbre *cable car* reliant la rue Powell à Fisherman's Wharf. Nous avions une chambre d'amis, une cheminée dans le salon et un espace pour garer notre nouvelle Mustang décapotable.

Il y a eu des changements au travail, une séparation à l'amiable, et Peter Salz m'a emmenée dans un immeuble de bureaux de huit étages sur la rue Sansome, qu'il avait acquis avec des associés. Nous partagions un bureau avec Don Zimmerman et sa secrétaire, Lee Cieski, qui nous avaient suivis. Peter m'a promue directrice adjointe de l'édifice et m'a versé une allocation de dépenses. Il m'a confié la responsabilité des relations avec les locataires – l'aspect de la gestion immobilière qu'il détestait le plus – et m'a enseigné comment tenir les livres et interpréter un bilan. Il avait entrepris de rénover et redécorer les lieux, et il m'emmenait parfois dans les ateliers de décoration intérieure au square Jackson, à côté, pour examiner des échantillons de tapis et des catalogues de papier peint. Mon patron n'avait pas besoin de mon aide pour prendre des décisions d'ordre esthétique, c'était simplement un homme sociable qui aimait avoir de la compagnie lors de ses virées. Nous terminions souvent nos matinées attablés devant un cari et un Pimm's au restaurant India House.

Sa femme Elise s'y connaissait beaucoup en art. Elle travaillait une journée par semaine dans une galerie de la rue Union qui appartenait à un ami proctologue (une spécialité médicale très lucrative, d'après ce que je comprenais). Nous allions lui rendre visite de temps à autre, et elle nous donnait son point de vue sur les œuvres exposées.

Peu après notre déménagement au 22, rue Delgado, Dave et moi avons reçu Elise et Peter un soir chez nous. Nous voulions leur rendre la politesse, dans la mesure de nos moyens. Ils nous invitaient en excursion à bord de leur voilier, nous prêtaient leur maison à Tahoe Tavern et nous manifestaient une générosité qui allait bien au-delà du cadre des bonnes relations de travail.

À l'époque, nous avions des tableaux de toutes sortes sur les murs. Elise a fait le tour en examinant chacun attentivement. Elle n'a pas émis beaucoup de commentaires, sauf pour une œuvre qu'elle a jugée atroce – «Jane, décroche ça!» – et une deuxième qu'elle a aimée – «Ça, c'est du bel art!» Le titre: *Preparation for a Reindeer Bouillabaisse* (Préparation d'une bouillabaisse au renne), un tableau de techniques mixtes sur panneau dur mesurant soixante-seize centimètres sur cent. Il y avait des rouges, des jaunes et des bleus vifs, ainsi que quatre petits rennes peints collés sur le panneau. C'était une œuvre d'Anna McGarrigle. Les figurines provenaient de Chas. J. Hill, la boutique de fleurs appartenant aux parents de Dane Lanken, où elle allait donner un coup de main pendant les Fêtes.

Le fleuriste

(ANNA)

Dane et son frère Peter ont été élevés sur la ferme familiale de dix hectares, à l'ouest du chemin de la Côte-Saint-Luc. Leur père Uffe y cultivait des chrysanthèmes dans de longues serres vitrées pour le marché montréalais. Au milieu des années 1950, la ville de Côte-Saint-Luc s'est étendue vers l'ouest et leur propriété agricole, comme d'autres, a fait l'objet d'un dézonage pour accueillir de nombreuses habitations. Les Lanken ont vendu leur ferme en 1958 et la famille a déménagé dans une maison à paliers sur un petit terrain, pas très loin, à Montréal-Ouest. Côte-Saint-Luc avait été un endroit idyllique pour les parents et leurs deux garçons, un lieu dont ils ont conservé des souvenirs très chers. Sur des photos prises par Uffe, photographe amateur talentueux, on voit les petits garçons souriants à côté de gros pots de chrysanthèmes ou juchés sur le tracteur Farmall du paternel. Dane, qui avait à peu près treize ans lors du déménagement, a été particulièrement troublé par ce changement subit et la disparition de sa maison d'enfance. Dix ans plus tard, il a persuadé son père d'acheter une propriété de cent hectares dans l'est de l'Ontario, à environ une heure et demie de route du centre-ville de Montréal. La terre était pierreuse, mais vraiment pas chère, et il était peu probable que quiconque l'exproprie dans un avenir rapproché.

Après s'être consacré pendant une courte période à la fabrication de meubles danois, monsieur Lanken est retourné à un travail plus familier. Il a acheté avec sa femme Gudda la boutique d'un fleuriste sur Sherbrooke Ouest, à l'angle de Prince-Albert, à Westmount. Il a conservé ce commerce une quinzaine d'années. Il y avait environ sept employés réguliers, mais, à Noël et à Pâques, deux saisons très achalandées dans ce domaine d'activité, les Lanken s'attendaient à ce que Dane et son frère viennent leur prêter main-forte. Leurs fils se sont exécutés quand ils étaient aux études, mais aussi après, une fois sur le marché du travail. Je suis moi-même allée les aider à partir du milieu des années 1960, et Kate, Judy Hinds et Ron Doleman y ont tous travaillé. Si vous alliez faire un tour à la boutique simplement pour saluer les Lanken, et s'ils savaient que vous aviez un permis de conduire, Gudda pouvait très bien vous remettre les clés d'une de leurs voitures et vous demander de livrer le plus rapidement possible une couronne mortuaire à un endroit éloigné qui ne se trouvait pas sur l'itinéraire du chauffeur. Ce type d'arrangement floral est le pain et le beurre des fleuristes qui détestent voir la mention «Prière de ne pas envoyer de fleurs» dans les avis de décès. Toutefois, rien ne les irritait davantage que les marchands de fruits et légumes qui vendaient des bouquets à une fraction du prix que facturerait un fleuriste.

Une veille de Noël particulièrement froide, Dane et moi avons livré une voiture pleine de plantes vertes sur la Rive-Sud de Mont-réal, une vaste zone qui s'étend sur des kilomètres dans toutes les directions. Normalement, on vérifiait chaque adresse au préalable, mais la Rive-Sud ne figurait pas dans le gros répertoire des rues de Montréal publié par Lovell. Il était presque minuit quand nous sommes arrivés sur les lieux de notre dernière livraison, à Saint-Bruno. Une des employées de la boutique, une vieille dame char-mante, était reconnue pour mal noter les adresses et oublier un chiffre de temps en temps. C'est elle qui avait rédigé l'étiquette. Nous nous sommes rendus au sommet du mont Saint-Bruno avant de constater que l'adresse indiquée n'existait pas. Dane, dont l'amour des plantes et le talent pour les faire pousser sont légendaires, a craqué. Il a crié «SAPRISTI de mademoiselle B.», puis il a baissé la fenêtre de la Beetle et lancé le poinsettia dans un banc de neige. Je me sentais mal pour la plante, mais soulagée d'en être débarrassée.

Mademoiselle B. avait grandi sur une ferme où son père faisait l'élevage de chevaux de race et elle avait toujours joué aux courses. Je me souviens de l'avoir aperçue se faufilant à l'extérieur pour rencon-trer son preneur aux livres dans la rue. Elle lui remettait ses choix pour les courses du jour avec une grosse pile d'argent. Je pense qu'elle n'a jamais noté les mauvais numéros pour les chevaux. Ce genre de pari était illégal, mais aucun employé ne s'en était plaint. En fait, moi et certains autres participions parfois aux mises avec elle. Mais je n'ai jamais eu sa chance.

Au fond de la boutique se trouvait un petit bureau encombré où Gudda planifiait les commandes de la journée, le vieux chien Blackie assis à ses pieds, sous son bureau. Elle buvait jusqu'à douze tasses de café par jour (nous avions l'habitude de les compter), mais son pouls ne grimpait jamais à plus de soixante pulsations par minute. Il y avait des cernes partout et des tasses en Styrofoam à moitié pleines sur toutes les surfaces horizontales. Uffe abattait tout le travail lourd : il ouvrait les grosses caisses de fleurs, dépouillait les roses de leurs épines, remplissait de grands contenants d'eau pour y placer les bouquets conservés dans les réfrigérateurs à l'avant de la boutique. Il confectionnait également la plupart des arrangements funéraires volumineux qui pouvaient comprendre des glaïeuls, des chrysanthèmes géants, des œillets, des pompons et des roses de toutes les couleurs, des eucalyptus, des asparagus et des fougères de cuir. Le pauvre homme passait beaucoup de temps les mains dans l'eau froide, à tremper les blocs d'« oasis », cette mousse verte que l'on déposait au fond des paniers en papier mâché pour maintenir les tiges en place. Il avait coutume de dire que ses doigts étaient comme des carottes tant ils étaient raides. Je me souviens qu'il nous a raconté un jour un drôle de rêve : il devait confectionner à la hâte un arrangement funéraire avec un gros poisson grouillant qu'il ne parvenait pas à faire tenir droit dans le contenant. Uffe préparait régulièrement ses harengs marinés. Son muscle cérébral a probablement coupé et collé les morceaux de pellicule aux mauvais endroits.

Le commerce avait préséance sur tout. Parfois, la veille de Noël quand tout le monde travaillait, Gudda m'envoyait chez elle à Montréal-Ouest pour mettre la dinde au four. Étant Danois, ils fêtaient Noël le 24 décembre comme la plupart des Européens du Nord. Les Lanken étaient résolus à manger un repas de réveillon, même s'ils passaient à table à deux heures du matin et qu'ils étaient tous de mauvaise humeur. Noël était toujours une période folle et il était difficile de garder son cœur d'enfant pour apprécier la fête.

Dane pouvait emprunter à sa guise l'une des voitures de ses parents, à la condition de la ramener avant l'ouverture du magasin. Le stationnement de trois véhicules se trouvait à l'arrière. C'était l'époque où le Front de libération du Québec (FLQ) s'en prenait aux propriétés du fédéral en posant des bombes dans les boîtes aux lettres ou à proximité des bureaux de poste. Celui de Westmount, à l'angle de Sherbrooke Ouest et de Prince-Albert, était adjacent à la boutique. Très tard, une nuit de décembre 1971, Dane a garé la Mustang de sa mère à sa place habituelle, derrière le magasin. Moins d'une heure après, une bombe explosait dans la ruelle en détruisant la porte de service et la fenêtre arrière. L'auto a été criblée de trous, et les vitres et le pare-brise ont volé en éclats.

Il y a d'autres histoires de fleuriste qui ne peuvent pas être racontées à des gens bien, souvent à propos de jeunes employés.

Les Lanken ont vendu leur commerce en 1974 pour profiter de la vie. C'étaient d'excellents cuisiniers et ils avaient dorénavant beaucoup de temps, même à Noël, pour s'adonner à leur passion. Quand Kate est revenue s'installer à Montréal avec ses enfants Rufus et Martha, Gudda et Uffe se sont comportés presque sur-le-champ comme leurs grands-parents. Ils les ont d'ailleurs connus avant la naissance de nos enfants Sylvan (1977) et Lily (1979). Les Lanken adoraient les petits et ils les laissaient agir à leur guise dans leur maison. Le salon était toujours jonché de jeux de construction et de meubles jouets que Uffe fabriquait dans son atelier de menuiserie au sous-sol. J'avais l'esprit très tranquille de savoir Sylvan et Lily en sécurité auprès des parents de Dane quand je devais partir travailler avec lui.

Mon premier appartement
(ANNA)

J'ai quitté l'appartement de TMR à l'été 1966, un an après la mort de papa. J'avais vingt et un ans et je venais de terminer ma deuxième année aux Beaux-Arts. Maman était furieuse que je brise l'unité de notre trio familial, qui se voyait réduit à Kate et Gaby seulement. Les liens s'étaient affaiblis avec le décès de mon père et j'en ai profité pour m'échapper dans le monde. On dit que les jeunes sont cruels et j'éprouvais peu de remords. J'aurais aimé être moins insensible. Ma mère m'avait toujours donné l'impression d'être une femme indépendante, mais je pense que c'était parce qu'elle était trop fière pour demander quoi que ce soit. J'ai tenu pour acquis qu'elle continuerait sa vie, comme moi. J'étais trop centrée sur ma petite personne pour remarquer qu'elle se sentait seule sans son compagnon et face à un avenir incertain.

Je me suis dit que cela pourrait l'apaiser, et même l'intéresser, de savoir où se trouvait mon appartement. Elle a plutôt réagi avec dédain : « La rue Evans ? Tu ne vas pas t'en aller là. Nous, on était pressés d'en partir ! » Je pensais avoir découvert un quartier charmant de Montréal, hors des sentiers battus, mais par une drôle d'ironie du sort, mon nouveau chez-moi était à moins d'une rue de l'endroit où s'élevait la célèbre maison Latrémouille sur Ontario Ouest, à l'est de Saint-Urbain, le théâtre de tant d'histoires que j'avais entendues au cours des années. Il s'est avéré que je n'avais pas du tout échappé à mon passé. J'ai rappelé des souvenirs à maman en mentionnant le nom de ma rue. Elle a repris contenance et, voyant le bon côté de la chose, elle m'a dit avec mélancolie : « Je me demande si Dora Masson habite encore sur Evans ? » Je n'avais aucune idée de qui elle parlait et ma mère s'en est étonnée : « Oh, voyons Anna ! Tu la connais, j'allais à l'école avec elle. » Elle a répété plus fort : « Dora Masson ! Elle vivait là-bas avec son père. Sa mère était morte. Et il y avait un vieux cochon

qui se cachait dans la ruelle. On courait toujours pour lui échapper. »
Comme elle a ri. Elle devait avoir onze ou douze ans quand elle
jouait avec Dora, et elles savaient déjà ce qu'étaient des pervers !

À la fin des années 1960, la plupart des appartements sur notre
petite rue étaient occupés par des étudiants de l'École des beaux-arts
qui se trouvait au nord de Sherbrooke, près de Saint-Urbain*. Par
contre, il était peu probable, quoique pas impossible, que la copine
de maman y habite encore en 1966, cinquante ans plus tard. J'avais
mieux à faire que de pourchasser un fantôme du passé de ma mère.
J'imagine qu'elle se sentait mal d'avoir rompu les liens avec son amie
du quartier pauvre quand les Latrémouille avaient quitté le centre-
ville pour les pelouses vertes de Westmount. Si Gaby n'avait pas boy-
cotté mon nouvel appartement, elle aurait pu partir à la recherche de
Dora elle-même. J'ignore pourquoi, mais je suis hantée par la petite
Dora. Nous sommes en 1915 dans la ruelle Evans. Une fillette
aux tresses foncées, vêtue à la mode de l'époque d'une robe-tablier
gris pâle, de longs bas noirs et de pantoufles, court pour échapper à
quelqu'un…

Je partageais mon trois et demie, dont le loyer était de soixante
dollars par mois, avec Klara Horne, une amie qui étudiait à McGill.
L'appartement de coin était charmant avec ses fenêtres arquées, si on
oublie qu'il était infesté de coquerelles (je l'ai découvert après avoir
emménagé). On aurait dit un atelier d'artiste. Nous venions de suivre
un cours avec Albert Dumouchel, le maître des graveurs québécois,
et il nous avait expliqué que l'artiste avait la mission de travailler et,
si nécessaire, de mourir de faim dans un taudis, sans se préoccuper de
décrocher un diplôme ou un certificat, qu'il considérait comme des
signes de bourgeoisie. Il nous a peut-être conseillé d'abandonner les
études, sa théorie étant que plus tôt on le fera, plus tôt on découvrira
son identité propre d'artiste. Je n'étais pas la seule à être perplexe et à
me demander ce que je faisais à l'école.

Quoi qu'il en soit, avec le recoupement des styles et l'expression-
nisme abstrait qui résistait aux assauts du pop art, de l'op art et de
l'art conceptuel, l'École des beaux-arts était un lieu stimulant dans

---

* L'immeuble de l'École des beaux-arts abrite maintenant l'Office de la langue française
qui s'attire pas mal de moqueries de la part de la minorité anglophone mécontente.

les années 1960. Sans surprise, les étudiants, en grande majorité francophones, embrassaient la cause séparatiste. Le petit campus des Beaux-Arts comprenait l'École d'architecture, dont l'entrée donnait sur Saint-Urbain, et une ancienne remise pour voitures à chevaux convertie en atelier de sculpture.

Sur Sherbrooke Ouest, à mi-chemin entre McGill et l'École des beaux-arts, se trouvait le resto-bar Swiss Hut fréquenté par les étudiants des deux établissements. À l'époque, McGill était plutôt de gauche. Elle ne projetait pas son image actuelle d'université huppée, empruntée aux collèges américains de la Ivy League. Comme son nom l'indique, le Hut était rustique avec ses murs en billots de bois et ses longues banquettes où six ou sept personnes prenaient place. L'intérieur en bois naturel verni très foncé noircissait avec le temps et la fumée de cigarette. C'était le pendant montréalais de la Cedar Tavern, le célèbre bar d'artistes de New York. Nous accrochions nos manteaux aux gros « doigts » carrés des patères en forme d'énormes mains stylisées qui séparaient les banquettes. Il y avait deux salles : celle du fond où se tenaient surtout les francophones et la seconde à l'avant, près du bar, où s'attablaient les anglophones. Là aussi, on vivait comme « deux solitudes ». Les serveuses d'âge mûr étaient efficaces et sévères. Madeleine, dont le visage plein de cicatrices ne souriait jamais, comme une Jeanne Moreau abîmée, était notre préférée. Elle nous servait à boire et à manger tout en arbitrant nos disputes, qui portaient souvent sur la politique. Elle intervenait en disant « Aye, c't'assez là ! » pour nous éviter d'en venir aux poings. Ma fougueuse colocataire Klara, qui aimait les discussions passionnées, a déjà été bannie de l'établissement, du moins temporairement.

Un soir, un étudiant en sculpture, militant séparatiste, avec qui Kate et moi avions l'habitude de sortir, nous a confié après avoir bu un peu trop de Labatt 50 : « Si on en vient à se battre dans la rue et qu'on se retrouve dans deux camps opposés, je serai obligé de vous tirer dessus ! » Nous avons bien ri quand il a déclaré ça avec un sourire malicieux, mais je n'ai jamais oublié ses mots et, à chaque élection – comme c'est le cas au moment où j'écris ces lignes –, ils reviennent me hanter.

Maman était tellement fâchée que j'aie quitté la maison qu'elle a loué ma chambre pour s'assurer que je ne retournerais pas y vivre.

C'est un homme dans la quarantaine récemment divorcé et travaillant tout près qui a répondu à son annonce publiée dans le *Weekly Post* de TMR. Pendant son entrevue, ma mère lui a demandé s'il avait des enfants. Il lui a confié que son ex-femme n'en avait pas voulu, précisant qu'il avait subi une vasectomie. Maman a été satisfaite de son explication, même si je ne sais pas pourquoi il a éprouvé le besoin de partager ce détail de sa vie sexuelle avec elle. Ils ont conclu un marché et il s'est installé chez nous. Quelque temps plus tard, lors d'une réunion familiale, elle a raconté à ses frères et à ses belles-sœurs qu'elle avait loué mon ancienne chambre à un célibataire qu'elle ne connaissait pas. Ils ont manifesté leur inquiétude : ne craignait-elle pas pour sa sécurité et celle de Kate ? Pas du tout. Son nouveau chambreur était castré.

Il y a généralement beaucoup d'animation dans un « premier appartement », mais le mien a aussi été, à au moins une occasion, une ruche de créativité.

En 1966, Kate et Dane sont partis pour Vancouver, comme tant d'autres qui participaient à l'exode annuel des jeunes vers la côte Ouest. Ils y allaient « sur le pouce » ou au volant d'une auto qu'ils se chargeaient d'aller livrer avec deux ou trois amis. C'est ce que Dane et ma sœur avaient fait, quoique séparément. Puisqu'il y avait toujours un surplus de voitures d'occasion dans l'est du pays, les concessionnaires payaient des particuliers pour prendre la route et les livrer. C'était moins cher que le transport par train. Par contre, après avoir roulé cinq mille kilomètres avec la pédale au fond, leur transmission avait généralement besoin de réparations.

En rentrant à Montréal cet automne-là, nos deux intrépides voyageurs nous ont décrit avec enthousiasme un « *light show* » qu'ils avaient vu. Ils ont lancé l'idée de monter un spectacle son et lumière semblable à ceux qui faisaient rage sur la côte Ouest. Brian Nation, un copain de Vancouver en visite à Montréal, a voulu participer. Ils ont recruté Klara, notre amie artiste Carla Marcus et moi-même pour les aider. Comme nous n'avions jamais assisté à un tel spectacle, nous suivions les instructions de ceux qui s'y connaissaient.

La salle de la McGill Student Union a été réservée pour l'occasion. Klara a négocié la location puisqu'elle était la seule d'entre nous à avoir le statut d'étudiante en bonne et due forme (Dane et Kate avaient tous deux raté leur année, mais Kate a ensuite repris ses études). La qualité des projections était cruciale pour la réussite de ce spectacle multimédia. Dane a déniché un stroboscope et des lampes à lumière noire. On a emprunté des rétroprojecteurs au département d'audiovisuel de McGill dans l'intention de mélanger de l'huile pour bébé et des colorants alimentaires sur la plaque de verre au rythme de la musique. Kate était responsable de l'un de ces appareils et de son nettoyage par la suite.

Tous les six (Klara, Kate, Dane, Brian, Carla et moi), nous avons passé des semaines penchés sur la table à abattants de l'appartement pour peindre à la main quelques centaines de diapositives. Nous allions ensuite les glisser dans des carrousels Kodak pour les projeter sur les murs et la foule mouvante que nous nous attendions à accueillir dans la vaste salle. Sidetrack, un *band* local populaire dirigé par les frères Allan et Christopher Brown de TMR, se chargerait de la musique. Dane se joindrait à eux à la basse. Carla et moi avons cousu des minirobes en épais papier crépon argenté que nous avions trouvé au rayon des emballages chez Eaton. Elles étaient destinées à deux amies, sélectionnées pour leurs talents de danseuses à gogo, qui allaient se trémousser sur leurs plates-formes de part et d'autre de la scène.

Un soir peu avant le spectacle, nous avons fait un essai : nous avons projeté nos diapositives sur le mur de l'édifice en face de notre appartement. Nous avons probablement intrigué, peut-être ravi, les passants. Si Dora avait vécu encore dans la ruelle, elle aurait vu ce spectacle incongru.

Il ne reste plus rien de la rue Evans que j'ai connue. Le petit immeuble au 146 où j'ai habité avec Klara a été rasé il y a trente ans pour permettre l'agrandissement du central de Bell Téléphone bâti dans les années 1920… à l'endroit où se trouvait la maison de la famille de Gaby sur Ontario, avant son expropriation pour les besoins de la construction. Ça nous porte à réfléchir sur les heureux hasards, ou plutôt, comme c'est le cas ici, sur les tristes hasards. « Ma Bell » (Maman Bell) a beaucoup donné, et elle a beaucoup pris. D'innombrables jeunes femmes canadiennes, comme Gaby et Janie, ont obtenu leur premier emploi chez Bell. Ce géant des télécommunications nous a pourchassées, piétinant les vestiges de notre passé, mais il n'a jamais pu effacer nos histoires. Elles étaient bien en sécurité là-haut, dans les cieux. Du moins, c'est ce qu'on croyait avant qu'Edward Snowden révèle en 2013 l'étendue du cyberespionnage dont nous faisons l'objet.

Sisters McGarrigle

(PAR DEREK LAMB)

When first I heard the sisters sing
They were shy girls in their teens
And I was a young man in Montreal
Fresh from England, green.
Their voices in harmony sang a gentle lullaby
To entice the birds right off the bush
And spread love across the sky
Spread love across the sky.

And the first time I was invited
To play music at their home
They played piano,
Sang "Wayfaring Stranger,"
And I sang "Molly Malone."
Their mother was a fine lady
And I took a shine to their dad
He said to me, "Son, you sing so sweet,
Sure you're not an Irish lad?
Sure you're not an Irish lad?"

That was the finest compliment
Remembered to this day.
These are fond memories that do not fade away.
I found an old photograph
And I dusted off the frame
And in my mind the piano played
And the sisters sang again,
The sisters sang.

I'm just a poor, wayfarin' stranger
A-travellin' through this land of woe.
There's no sickness, toil or danger

In that great world to where I go.
I'm going home to see my mother,
I'm going there no more to roam.
I'm just a-goin' over Jordan
I'm just a-goin' to my home.

And now I wish for old times' sake,
In a reminiscing manner,
To be invited once again to sing with Kate and Anna.
Hear their voices in harmony sing a gentle lullaby
To entice the birds right off the bush
And spread love across the sky
Spread love across the sky.

***

J'ai entendu chanter les sœurs la première fois
Jeunes adolescentes timides
Et moi, jeune homme à Montréal
Frais débarqué d'Angleterre, encore vert.
Leurs voix, en harmonie, chantaient une douce berceuse
Pour attirer les oiseaux cachés dans le buisson
Et répandre de l'amour partout dans le ciel
Répandre de l'amour dans le ciel.

Et la première fois qu'elles m'ont invité
À faire de la musique chez elles,
Elles ont joué du piano
Et chanté *Wayfaring Stranger*,
Et moi j'ai chanté *Molly Malone*.
Leur mère était une femme très bien
Et leur père est devenu mon ami
Il m'a dit : « Garçon, tu chantes si bien,
Tu es sûr que tu n'es pas irlandais ?
Tu es sûr que tu n'es pas irlandais ? »

C'était le plus beau des compliments
Aujourd'hui encore, je m'en souviens.
Ces beaux souvenirs, jamais ne s'effaceront.

J'ai trouvé une vieille photo
J'ai épousseté le cadre
Et dans ma tête le piano a joué
Et les sœurs chantaient encore,
Les sœurs chantaient.

Je ne suis qu'un pauvre étranger égaré
Qui erre dans ce pays de malheur.
Aucune maladie, ni labeur ni danger
Dans ce beau monde où je m'en vais.
Je rentre chez moi revoir ma mère,
Je rentre là-bas pour ne plus errer.
Je m'en vais franchir le Jourdain
Je m'en vais rentrer chez moi.

Et maintenant je souhaite que le bon vieux temps revive,
À la manière d'un souvenir,
Être invité encore une fois à chanter avec Kate et Anna.
Entendre leurs voix en harmonie chanter une douce berceuse
Pour attirer les oiseaux cachés dans le buisson
Et répandre de l'amour partout dans le ciel
Répandre de l'amour partout dans le ciel.

Peace and Love
(JANE)

Nous avons jeté les dés et sommes tombés dans un lit de plume. C'est un accident de la nature, surtout. Dave et moi sommes respectivement nés en 1939 et 1941, pendant que des milliers d'hommes se battaient à l'autre bout de la planète plutôt que de faire une famille chez eux. Quand nous avons atteint la majorité, il y avait moins de concurrence pour tout ce que nous recherchions : entrée aux États-Unis, admission dans les bonnes écoles, emplois payants, logement abordable dans un bijou de ville.

En juin 1965, après avoir obtenu son diplôme, Dave a commencé à faire la navette jusqu'à la Silicon Valley, comme on l'appelle maintenant, pour travailler au bureau d'IBM à Palo Alto. À titre de représentant commercial, il se rendait au Stanford Linear Accelerator Center (un collisionneur d'atomes), au Stanford Research Institute et à l'hôpital Stanford, des clients qui étaient en mesure de profiter des applications scientifiques du nouvel ordinateur central 360 d'IBM. Les gens se sont beaucoup moqués du fait qu'il travaillait pour une entreprise conservatrice, connue pour son code vestimentaire très sévère : complet foncé, chemise blanche, cravate foncée unie et chaussettes assorties. Toutefois, son emploi était stimulant et il aimait ses clients. Il s'agissait principalement de physiciens et d'universitaires, un peu plus informés que les clients d'affaires habituels.

Pour me rendre au travail à notre bureau du 500, rue Sansome, au centre-ville, je marchais ou je prenais l'autobus Muni. Je faisais visiter des bureaux, rédigeais des baux, récoltais les loyers, payais les factures, préparais les états financiers, supervisais les activités quotidiennes et, bien sûr, je veillais aux précieuses relations avec les locataires. Les deux boutons d'alerte qui clignotaient le plus souvent étaient celui des services d'entretien et celui de la climatisation. C'est là que mon allocation de dépenses devenait utile. Les conversations de ce genre étaient courantes.

Locataire : « Les concierges ont encore oublié la salle du courrier la nuit dernière. »

Moi : « Oh non, encore ? On devrait aller prendre un martini pour en discuter. »

Ou bien :

Locataire : « Il fait trop chaud dans le bureau de Fred et on gèle dans le mien. Pouvez-vous arranger ça ? »

Moi : « Bien sûr. Je vous emmène luncher et on va trouver une solution. »

La solution ? Installer des thermostats « personnels » dans chaque bureau. C'étaient des faux, mais ils étaient étonnamment très efficaces. On ne peut pas dire que je sauvais l'humanité, mais j'aimais ce milieu luxueux et les à-côtés plaisants de mon poste.

Peu après son embauche, Dave a été envoyé suivre un cours à l'une des « écoles de maintien » d'IBM, à Los Angeles. C'est le surnom que l'on donnait à ces longues séances d'endoctrinement. Il s'y est rendu en avion, mais il est revenu au bout d'un mois en chevauchant la moto qu'il s'était achetée pour se déplacer en ville. C'était une Yamaha Big Bear Scrambler, une espèce d'hybride entre une moto de route et tout-terrain. Un achat fort judicieux puisqu'il pouvait aller jouer tout seul dans la boue et que je pouvais monter derrière lui sur l'autoroute ou en ville. J'adorais cette machine. De temps à autre, je louais une petite Honda 50 munie d'un démarreur à bouton-poussoir et je suivais Dave sans me presser dans les rues de la ville et les petits chemins. Mais la plupart du temps, je montais derrière lui sur la Scrambler.

Nous étions arrivés sans le savoir à un moment charnière de l'histoire de San Francisco. Pendant que nous menions notre vie de jeunes de l'*establishment*, un mouvement social puissant émergeait et il avait atteint une masse critique en un rien de temps. La musique rock, les manifestations contre la guerre et les drogues psychédéliques ont fusionné pour faire de San Francisco le cœur du *zeitgeist* des années 1960. La *beat generation* des années 1950 avait laissé des traces : une façon de parler, certaines habitudes et la présence de poètes beatniks comme Allen Ginsberg, puis, plus tard, Ken Kesey.

Ils sont devenus les vieux sages du mouvement hippie et, subitement, les parrains spirituels des enfants fleurs qui les avaient poursuivis jusqu'à San Francisco. Peu importait que l'on aime la contre-culture ou pas, il était impossible de l'ignorer, et cela donnait un contexte et un climat propices au réexamen des valeurs.

Au 500, rue Sansome travaillait un jeune avocat brillant du nom de J. Tony Serra, qui avait loué une petite suite de bureaux. Il se créait une clientèle en défendant ceux qui avaient commis des infractions en matière de drogue (les usagers et les vendeurs), ainsi que les *draft resisters*, ceux qui refusaient d'aller se battre. On a un aperçu de la philosophie sociale de Serra dans le film *True Believer* (1989) où il est incarné par James Woods. Tony, qui défendait ses propres convictions avec acharnement, m'a fait voir les drogues (et certaines autres choses) sous un jour nouveau, ce qui m'a poussée à réviser complètement mon opinion antimarijuana, même si c'était plus théorique que pratique puisque je n'avais nullement l'intention d'en fumer.

Au sujet de la conscription, le président Lyndon Johnson avait intensifié les attaques au Vietnam dans la foulée de la Résolution du golfe du Tonkin et les effectifs augmentaient sans relâche. IBM ayant obtenu pour Dave un report en raison de ses qualifications essentielles, nous avons pu respirer pendant un an, mais l'étau se resserrait et tout le monde n'a pas eu sa chance. Je me rappelle avoir vu Peter Salz partir à l'aéroport pour aller chercher les skis de son fils qui avaient été expédiés depuis Spokane. Il avait la mine très basse en rentrant au bureau. En allant les récupérer dans la zone de fret, il avait vu des dizaines de cercueils empilés, les corps de jeunes hommes tués au combat qui étaient rendus à leurs familles pour être inhumés. La différence due au statut social n'aurait pu être plus claire.

La scène culturelle devenait plus intense et plus intéressante de semaine en semaine. Les groupes de musique locaux faisaient des percées et jouaient partout en ville. Nous nous rendions en Scrambler dans les salles et sur les sites extérieurs pour voir Country Joe and the Fish, the Paul Butterfield Blues Band, Sopwith Camel, Canned Heat, Moby Grape, Big Brother and the Holding Company, tous des *bands* locaux. Nous allions aussi au Matrix, dans le quartier Cow Hollow, où Janis Joplin ainsi que Grace Slick and the Jefferson Airplane se produisaient régulièrement. C'est Marty Balin de Jefferson Airplane qui gérait la salle, mais nous l'ignorions à l'époque et, de toute façon, nous n'aurions jamais cru que des musiciens hippies puissent diriger une entreprise.

Le Golden Gate Park accueillait des concerts-bénéfice et des happenings, une forme de manifestation qui faisait rage à San Francisco au milieu des années 1960. En janvier 1967, le Human Be-In, le plus grand des happenings, a attiré des dizaines de milliers de jeunes mécontents désireux de rejeter les valeurs sociales et morales de leurs parents au profit d'un parcours plus lumineux. En véritables imposteurs, nous avons enlevé nos vêtements d'adultes conformistes et enfilé nos jeans à pattes d'éléphant, nos chemises fleuries et nos vestes à franges. Nous avons enfourché la Scrambler, regardé ce qui se passait et nous avons fait semblant de croire que nous pouvions passer incognito.

Je recevais régulièrement du courrier de la maison. J'ai conservé bon nombre de ces lettres dans une boîte et je les ai toujours gardées, malgré les déménagements successifs, jusqu'à mon retour à Montréal. Les lettres de Gaby relatent les mêmes événements que celles de mes sœurs écrites à la même époque, ce qui rend leur lecture des plus intéressantes tant d'années plus tard. Maman avait hérité de la petite entreprise de location de papa et a eu beaucoup de difficulté dans l'année qui a suivi sa mort. Des tuyaux ont gelé durant le froid hiver laurentien, des locataires se sont mal comportés, des ouvriers l'ont roulée (du moins, selon elle). Oncle Austin est souvent mentionné dans ces lettres : il envoyait des hommes de son usine pour faire des travaux de réparation ou de construction, il la transportait un peu partout ou bien il prenait un scotch avec elle le soir.

Ma pauvre mère s'inquiétait : « Pourquoi Kate n'est-elle pas plus sérieuse au travail ? » Sa lettre coïncide avec celle de ma sœur m'expliquant qu'elle a décidé de ne pas se présenter à la Banque Royale des Galeries Norgate, où elle était caissière, pour aller plutôt prendre l'autocar pour Saint-Sauveur et rendre visite à un ami.

« Pourquoi tes sœurs rejettent-elles la société ? Est-ce que c'est parce qu'elles ne supportent pas de se trouver avec des gens vieux jeu ? » (Gaby avait vu juste.) Anna me racontait qu'elle était retournée vivre à Saint-Sauveur en espérant pouvoir écrire quelques chansons, mais qu'elle avait de la difficulté à se concentrer quand « quelqu'un » l'embêtait sans cesse pour qu'elle se trouve un travail. J'aurais aimé connaître le futur pour lui répondre et la rassurer : « Ne t'inquiète pas, Ma, Kate et Anna sont sur la bonne voie. »

Dans chacune de ses lettres, Gaby mentionnait une conversation avec un courtier immobilier. Devrait-elle vendre la propriété de Saint-Sauveur ou non ? Qu'est-ce que j'en pensais ? Qu'en pensait Dave ? Qu'en pensait Peter Salz ? Quoi qu'il en soit, elle ne l'a jamais vendue et nous lui en sommes très reconnaissantes. La vieille propriété est un immense trésor de famille, même si son entretien coûte parfois cher.

En août 1966, Kate m'a écrit de Vancouver pour me raconter comment elle s'était rendue dans l'Ouest avec deux gars en allant livrer une voiture, à la Jack Kerouac, pour assister à un Trips Festival. Sa lettre venait à peine d'arriver qu'elle sonnait à ma porte. Elle avait voyagé avec des amis qui retournaient à Buffalo et avaient fait un détour de deux mille quatre cents kilomètres pour passer un peu de temps à San Francisco. Ses compagnons de voyage étaient Bobby Hogg, Kitty Katz et un magnifique terrier Bedlington bleu. Ils étaient charmants tous les trois et nous avons passé quelques heures à discuter en buvant du thé dans le salon. Bobby, qui enseignait à la State University of New York, à Buffalo, m'a donné un exemplaire de *Connexions*, son recueil de poésie que je possède toujours en souvenir de cet après-midi d'autrefois.

Kate dormait chez nous et faisait à sa guise pendant que Dave et moi allions travailler. En rentrant un après-midi, je l'ai trouvée assise dans un fauteuil du salon fixant ses mains. Ses doigts se touchaient aux extrémités en forme de clocher. Elle semblait bizarre et je lui ai demandé si elle allait bien. Elle a levé ses yeux rêveurs et dopés vers moi et m'a demandé : « Es-tu *cool* ? » Elle avait fait du pouce jusqu'à Marin County où elle avait fumé de la marijuana, puis elle était revenue en ville. J'étais *cool*, mais à un stade très embryonnaire de *coolitude*, et je ne savais pas comment réagir devant son comportement. Je savais que mon voisin, de l'autre côté du corridor, n'était pas du tout *cool*, lui, et que, s'il apprenait qu'il y avait une toxicomane dans l'immeuble, il lancerait la police à nos trousses. Je me préparais mentalement à téléphoner à Tony Serra pendant que Kate me vantait les vertus du *pot* en m'assurant que c'était parfaitement inoffensif. Elle a fini par revenir sur terre et, pour autant que je sache, elle n'a pas fumé de mari plus d'une vingtaine de fois dans sa vie.

Ses amis sont venus la chercher quelques jours plus tard pour aller à New York. Kate m'a offert une œuvre qu'elle avait achetée au Trips Festival en guise de «cadeau d'hôtesse» : une ancienne boîte photographique vidée de son mécanisme, l'intérieur et l'arrière recouverts d'un papier à imprimé délicat, transformée en vitrine grâce à une plaque de verre ambré surmonté de fausses émeraudes disposées en demi-cercle (probablement une ancienne broche). Une pierre polie était suspendue à une chaîne dorée à l'intérieur de la boîte. C'était un objet rêvé pour un drogué. Je l'ai conservé durant des années jusqu'à sa disparition lors d'un vol dans les années 1980. J'espère toujours le voir réapparaître dans une émission du *Antiques Roadshow*.

Il y avait deux épiceries sur Delgado, près de chez nous. Le Searchlight Market, à l'angle nord-est des rues Hyde et Union, était géré par un type qu'on surnommait «le Pirate» parce qu'il vendait le jus d'orange congelé avec une marge de deux cents pour cent le dimanche matin. Un jeune homme, Jimmy, était le gérant de l'autre épicerie située dans un local long et étroit dont la petite façade donnait sur le côté ouest de la rue Hyde, face à notre allée. Nous aimions Jimmy et nous nous faisions un point d'honneur de lui acheter notre lait et tout ce dont nous avions besoin, à moins que ce soit dimanche, son jour de fermeture. Nous étions alors obligés d'aller chez le Pirate. Parfois, Dave entrait avec sa moto dans l'épicerie de Jimmy pour le simple plaisir de la chose, et bavardait avec lui.

Un soir, Dave est revenu de l'épicerie avec quelque chose qui n'était pas sur ma liste : un petit sac rempli de mari. Il semble que Jimmy ne vendait pas que du lait et de la soupe en boîte. Bien sûr, j'ai été obligée de l'essayer et j'ai éprouvé une sensation très étrange et légèrement troublante. Ça ne m'a pas vraiment plu, mais j'étais contente de l'avoir enfin démystifiée.

Sur le pouce jusqu'à la côte Ouest

(ANNA)

Nous avions prévu, Dane et moi, de nous rendre jusqu'à la côte Ouest sur le pouce à la fin du mois d'août 1967, après avoir économisé suffisamment d'argent de nos emplois d'été. J'étais secrétaire et Dane travaillait à la boutique de fleurs de ses parents à Westmount. Nous devions revenir trois semaines plus tard, juste à temps pour le début de la session d'automne aux Beaux-Arts. Dane, lui, devait commencer son travail de chroniqueur culturel à la *Gazette* à peu près en même temps.

Quand le jour du départ est enfin arrivé, j'avais perdu mon enthousiasme à l'idée de faire la longue route et, comme c'est le cas habituellement quand je fais quelque chose avec Dane, nous sommes partis tard. Chargés de nos sacs, nous avons pris un taxi jusqu'à l'autoroute 2-20 à Lachine et nous sommes postés sur le bord de l'artère achalandée, le pouce levé. Le soleil se couchait à l'Ouest, et nous le suivions.

Le premier à nous faire monter était un voyageur de commerce qui nous a emmenés jusqu'à Ottawa. Il passait la nuit à Aylmer du côté québécois de la rivière des Outaouais et devait poursuivre sa route jusqu'à North Bay le lendemain matin. Nous avons convenu de descendre au même hôtel pour pouvoir repartir tôt le lendemain. C'était un endroit lugubre, ce que ma mère appelait un « hôtel commercial », tout droit sorti d'une nouvelle d'Alexander MacLeod. Les chambres donnaient sur un corridor faiblement éclairé qui puait le vieux tabac et les latrines, et qui mariait un papier peint de vieille dame fané avec des boiseries foncées masculines. Nous avons déplacé l'ancien lit de métal brun au milieu de la chambre, loin des murs qui grouillaient de gros insectes noirs, et nous avons éteint. Le voyage serait long…

Petit saut dans le temps : Dane et moi sommes devant le Big Nickel à Sudbury en Ontario, là où se trouve le siège social de Falconbridge Nickel Mines Limited. À cette époque, cette ville rappelait l'enfer avec son paysage lunaire où rien ne poussait, ses odeurs et les particules qui s'échappaient de la cheminée de la fonderie. Mais des gens y vivaient tout de même. Dane aurait dit : « C'est l'odeur de la prospérité. » Une ville était morte quand elle ne sentait plus rien. (On ne connaissait pas encore la chanson *Sudbury Saturday Night* de Stompin' Tom Connors, mais elle dépeint un portrait fidèle de la ville à cette époque.)

J'aimais le nom Falconbridge depuis que je l'avais entendu chez les courtiers. C'était une action de premier ordre dans le nickel : « Falconbridge perd un quart de point ! » Pour moi, ce mot évoque le passé, les fauconniers avec leur oiseau encagoulé perché sur leur main gantée, les reines et les rois portant des couronnes en or martelé paradant dans leur château plein de courants d'air et complotant l'assassinat d'un rival. À la fin des années 1980, quand Rufus vivait sa phase de Donjons et Dragons, Kate s'est inspirée de son passe-temps pour écrire *Mother Mother Oh Help Me* :

Get me a bird of prey
Starve it night and day
Set it loose where tyrants dwell
And make a Heaven from this Hell.

Trouve-moi un oiseau de proie
Affame-le jour et nuit
Libère-le où vivent les tyrans
Et transforme cet Enfer en Paradis.

Le nord de l'Ontario est un pays de superlatifs : le Big Nickel, le lac Supérieur, le Big Goose dans la ville de Wawa (qui signifie oie en langue ojibwée). Nous avons émis la théorie que certains mots indiens étaient en fait d'origine française et imaginé les premiers coureurs des bois en canots qui longeaient la rive nord du lac Supérieur en pointant le ciel du doigt et en criant : « Oie ! Oie ! »

Avant notre départ de Montréal, maman nous avait dit : « N'oublie pas d'appeler ton oncle Duncan quand vous serez à Winnipeg. » Sa femme Myrtle, la plus jeune sœur de ma mère, avait succombé quelques mois plus tôt à un problème cardiaque malgré une intervention à la clinique Mayo. Je me souviens de Myrt comme d'une maîtresse de maison hors pair qui nous gardait parfois lorsque maman avait à faire à Montréal. Oncle Austin nous déposait à Cartierville, puis nous prenions le tramway 17 jusqu'au terminus Garland dans le quartier Snowdon où habitait Myrt. Kate et moi nous agenouillions sur les sièges en rotin pour observer par la fenêtre les vastes champs de Ville Saint-Laurent, banlieue en pleine expansion qui abritait le siège social de Canadair. En approchant de la ville, nous nous sentions aspirées par les cours étroites des duplex où les vêtements suspendus aux cordes à linge claquaient au vent comme les drapeaux de prière des bouddhistes.

Myrt et Dunc n'avaient pas d'enfants et c'est peut-être pour cette raison que notre tante nous semblait extrêmement sévère. Leur canari Cornelius comblait leurs vies et, pour nous amuser, Myrt laissait sortir l'oiseau de sa cage afin qu'il vole dans la petite cuisine Art déco de leur maison sur l'avenue Clanranald. Dunc travaillait pour le grossiste en céréales James Richardson and Sons et, à la fin des années 1950, il a été muté au siège social de Winnipeg. Après ce déménagement, maman s'inquiétait constamment de sa pauvre petite sœur, avec son cœur faible et ses lèvres bleues, dans l'hiver implacable du Manitoba.

Très mince, Duncan mesurait un mètre quatre-vingt-quinze. Il portait des lunettes, avait une longue tête rectangulaire et fumait à la chaîne. Il était un fier membre des Shriners. Quand il portait son fez en velours, il mesurait plus de deux mètres et il imposait le respect avec son épée de cérémonie à la hanche. Mais ses beaux-frères trouvaient qu'il avait l'air ridicule et se moquaient de lui.

Arrivés à la limite est de la ville venteuse, au confluent des rivières Assiniboine et Rouge, Dane et moi cherchions une cabine téléphonique. C'était un samedi et, en composant le numéro de mon oncle, je l'imaginais seul chez lui en train de pleurer ma tante. Je redoutais cette visite, mais je me disais qu'il serait heureux de me parler. Il n'y a pas eu de réponse. Comme l'aurait dit Jane, nous l'avons échappé belle. Il n'y avait plus de raison pour nous de rester à Winnipeg et nous avons décidé de reprendre la route jusqu'à Vancouver, le joyau étincelant du Canada, à deux mille quatre cents kilomètres de là.

Nous avons hélé un taxi pour traverser la ville. À l'angle des rues Portage et Main, le trafic s'intensifiait. Par le plus grand des hasards, c'était un congrès de Shriners! Les spectateurs alignés sur les trottoirs de chaque côté lançaient des pièces de monnaie à des hommes en fez marron qui conduisaient imprudemment des voitures et des motos d'enfants pour amasser de l'argent. Les Shriners font un travail formidable pour les hôpitaux et les enfants malades, et ils viennent de déménager leur hôpital de Montréal dans un édifice tout neuf. À l'époque, je me demandais ce que penseraient des extraterrestres de ce spectacle s'ils atterrissaient sur Terre en soucoupe volante. J'ai cherché Dunc puisqu'il devait vraiment être facile à repérer, mais je ne l'ai pas vu.

À l'ouest de la ville, nous sommes montés avec deux camionneurs en congé qui se rendaient en voiture à Virden, près de trois cents kilomètres plus loin. À un certain moment, ils se sont mis à boire du gin en se passant la bouteille. Par esprit de camaraderie, nous en avons bu nous aussi, mais plus le temps passait et plus nous buvions. Ils ont commencé à être un peu trop familiers avec nous et nous ont demandé si nous souhaiterions nous joindre à leurs partouzes lorsqu'ils seraient à Montréal. Selon eux, il était difficile d'organiser quelque chose dans cette ville. Ensuite, ils nous ont fait des menaces à peine voilées. J'étais terrorisée. Nous étions coincés à l'arrière d'un coupé deux portes. Dane leur a ordonné d'arrêter.

Ils nous ont déposés dans une gare de triage près de leur ville et nous avons été soulagés de les voir partir. Nous avions le projet de sauter à bord d'un train de marchandises, mais ce n'était pas aussi facile que dans les films de Buster Keaton et nous avons passé le reste de la nuit sur un quai. Le lendemain matin, nos «amis» se sont pointés pour voir si nous étions toujours là. Ils avaient l'air d'avoir passé la nuit debout. Ils se sont excusés de nous avoir effrayés, mais nous étions sur nos gardes.

Un homme qui s'en allait livrer un autobus scolaire tout neuf dans un village reculé nous a fait monter. Cela nous a semblé passablement inoffensif: la tragédie racontée dans *The Sweet Hereafter* (*De beaux lendemains*), un film d'Atom Egoyan que j'aime vraiment beaucoup, se produirait des décennies plus tard. À vingt-deux ans, je n'avais jamais voyagé dans un autobus jaune, mais la nouveauté s'est émoussée rapidement. Le véhicule était lent et bruyant, et tournait aussi carré que le fourgon de queue d'un train. La promenade durait plusieurs centaines de kilomètres. Le chauffeur était ravi d'avoir de la compagnie, mais nous devions tous les trois crier pour nous faire entendre. Notre seule distraction était de changer de place de temps à autre pour avoir un nouveau point de vue sur le paysage, qui était passablement monotone.

Nous avons fini par arriver à Saskatoon. Peter Weldon participait à un séminaire à l'Université de la Saskatchewan et nous avons dormi dans la chambre de sa résidence. Puis, nous avons pris la route pour Edmonton, où j'ai acheté un blouson de cuir perlé pour moi et une paire de mukluks de style inuit pour Kate. À Jasper, nous avons rencontré un étudiant américain qui venait de parcourir l'autoroute de l'Alaska et avons passé la nuit dans un wagon de train vide avant de faire du pouce jusqu'à Banff. De là, Dane et moi sommes allés vers l'Ouest. Il faisait nuit noire à notre arrivée à Golden en Colombie-Britannique et des gens de la place qui nous avaient aperçus sur le bord de la route nous ont conseillé de ne pas rester dehors à cause des ours. Par miracle, un train de passagers roulant lentement est apparu. Il se rendait à Vancouver. Je ne me rappelle pas si le guichet était ouvert ni même si Golden était un arrêt prévu. J'aime croire que des anges lui avaient fait signe pour nous.

À Vancouver, nous avons dormi chez Yoav Privis et Carol Moss, deux jeunes chercheurs à UBC et collègues de Peter Weldon, dans leur bel appartement avec vue sur la baie English. Nous avons passé un certain temps à fumer de la *dope* et à écouter, dans un casque audio, le nouveau disque des Beatles : *Sgt. Pepper's Lonely Hearts Club Band*. Nous nous extasions en découvrant les innombrables couches de son et disions souvent : «Wow! Oh, wow!» Le cétologue et neuroscientifique Paul Spong, devenu célèbre grâce à ses études sur les modes de communication des épaulards et des dauphins, était un ami de Yoav et Carol. Tard un soir, alors que nous étions tous agréablement gelés, il nous a emmenés en douce à l'aquarium de Vancouver où il travaillait, au milieu du luxuriant parc Stanley. À l'aide d'un seau rempli de poissons vivants, il a fait exécuter des prouesses à un épaulard et à deux dauphins. Nous nous inquiétions de la sécurité des dauphins, plus petits, pourchassés par l'épaulard à travers le bassin.

Je me souviens qu'il nous a dit qu'ensemble, les dauphins étaient assez forts pour tuer l'épaulard. L'image de ce jeune scientifique hippie aux cheveux longs qui tentait de communiquer avec les mammifères marins, nos frères des profondeurs, incarnait en quelque sorte l'espoir qui imprégnait la culture de la côte Ouest dans les années 1960. Aujourd'hui, personne ne recevrait une subvention pour parler aux poissons, à moins d'y trouver une application commerciale.

Nous avons fait un saut à Victoria et avons loué un scooter pour aller sur une plage, une longue bande de sable désolée, jonchée d'algues vertes duveteuses et de grosses pièces de bois de grève. Je voyais le Pacifique pour la première fois. Pendant notre enfance, notre mère n'achetait jamais de poisson pêché dans cet océan à cause des effets des bombes atomiques larguées par les États-Unis sur Hiroshima et Nagasaki à la fin de la Seconde Guerre mondiale.

Le temps passait. Nous avons ensuite pris le traversier jusqu'à Seattle, puis un autobus qui descendait la côte jusqu'à San Francisco. Les rues de la ville se croisent par-dessus ses quelque sept collines abruptes en suivant un plan en damier. J'imagine que ce sont les ingénieurs de l'armée américaine qui l'ont conçu plutôt que les conquistadores espagnols. Jane et Dave habitaient dans un appartement d'«adultes» aux murs vert foncé à Russian Hill, tout près du tramway de la rue Hyde. Pendant qu'ils travaillaient, Dane et moi avons visité le quartier Haight où l'été de l'amour tirait à sa fin et nous avons vu les Byrds en spectacle au Fillmore. Jane nous a fait découvrir le magasin Cost Plus, un des premiers à importer d'Asie des objets de décoration peu coûteux. Nous avons fait le plein d'abat-jour ronds en papier de riz. Ils nous ont emmenés sur le campus de Berkeley, le temple du radicalisme des années 1960. Dane et moi étions des pacifistes et, chez nous, nous avons manifesté contre la guerre du Vietnam en défilant sur Côte-des-Neiges jusqu'au consulat des États-Unis au milieu de milliers d'autres pacifistes comme nous, en criant: «Johnson, assassin! Johnson, assassin!» Les jeunes sont des agents de changement et leur indignation est importante pour la vitalité d'une société, même s'ils semblent naïfs ou mal conseillés aux yeux de certains.

Au printemps 2012, les étudiants québécois sont descendus dans la rue pour protester contre l'augmentation des frais de scolarité en arborant des carrés rouges et en organisant des « concerts » impromptus où ils frappaient des casseroles avec des cuillers de bois. Cet été-là, Rufus présentait le concert d'ouverture du Festival international de jazz de Montréal et il est monté sur scène vêtu de rouge, un geste d'appui qui lui a valu les applaudissements de la foule. Il a lancé au public qu'il avait toujours été du côté des opprimés.

À Half Moon Bay, une heure au sud de San Francisco, Jane m'a donné son bikini : elle était enceinte de sa fille Anna et n'en aurait pas besoin dans l'immédiat. Certaines personnes avançaient dans la vie. Il était temps de rentrer à Montréal.

Dane et moi ne voyageons pas de la même façon. Quand il est au volant, il aime prendre son temps, visiter les petits musées et s'arrêter pour lire la moindre plaque commémorative. Plus l'information est régionale et obscure, mieux c'est. Il aime tellement les plaques historiques que, lorsque la petite ville de l'Est ontarien où nous habitons a commémoré son bicentenaire, il a entrepris le projet d'en concevoir, d'en fabriquer et d'en installer une douzaine pour faire connaître un peu l'histoire locale aux voyageurs qui passent par là. À un carrefour désert, il n'y a que des pierres et des arbres. Il ne reste nul vestige de l'usine de fromage prospère qui s'élevait à cet endroit. On doit se fier à lui.

Je trouve difficile d'être passagère. Ce mot évoque la passivité. Je me rappelle un voyage, au début des années 1970, pour nous rendre au Sherlburne Fiddle Championship, au nord-ouest de Toronto, dans la Beetle blanche de Dane. Il écrivait un papier sur Johnny Mooring, un violoniste de la Nouvelle-Écosse qu'il avait entendu jouer dans un bar local et qui avait remporté à quelques reprises le grand prix de Shelburne. Ce musicien itinérant était bien connu dans le comté de Glengarry, en Ontario : quand il était de passage, il logeait chez des voisins. Dane avait été médusé par sa technique ensorcelante et son charme sur scène. Avant qu'il ait la chance de l'interviewer, le pauvre homme a été battu à mort dans le terrain de stationnement d'un bar de Rivière-Beaudette au Québec, où il venait de donner un spectacle. Les assaillants ont cru que Mooring avait fait des avances à une femme avec qui ils étaient. Même si ça avait été le cas, était-ce une raison pour le tuer ?

Lors du concours de violon, j'avais utilisé un petit magnétophone portatif Sony pour enregistrer des numéros et les faire jouer dans l'auto sur le chemin du retour. Une valse complexe du violoneux québécois Lucien Ranger m'a intriguée. Je me suis entraînée dans la voiture à la jouer sur l'accordéon diatonique que j'avais emporté. J'ai fait rejouer chaque passage à répétition pour le décoder. Ce comportement antisocial a duré des centaines de kilomètres et Dane ne m'a jamais demandé d'arrêter. À notre arrivée à la maison, je pouvais interpréter cette valse à la perfection.

Nous aimons aussi chanter pour passer le temps en auto et nous avons encouragé nos enfants à le faire. Je me souviens d'un jour où Kate, Dane, moi et nos quatre enfants quittions le site du Mariposa Folk après un spectacle, dans les années 1980, à l'époque où il avait lieu à Barrie en Ontario. Il faisait nuit noire. Rufus enseignait à sa sœur et à ses cousins l'*Alabama Song* de Bertolt Brecht et Kurt Weill quand Dane s'est arrêté pour faire monter deux jeunes auto-stoppeurs qui revenaient du festival. Ils se sont tassés avec les enfants sur la banquette arrière de la camionnette que nous avions louée. Disposant d'un public captif, les quatre enfants ont augmenté le volume d'un cran. Dirigés par la voix stridente de Rufus, ils ont tourmenté les pauvres auto-stoppeurs en répétant à tue-tête : «*Show me the way to the next whisky bar. Oh, don't ask why. For if we don't find the next whisky bar, I tell you we must die. I tell you we must die.*» C'est peut-être l'origine de ma chanson *Why Must We Die?* sur notre album *Matapedia*. Pour répondre à ma propre question : on meurt quand on ne trouve pas le bar à whisky.

Altamont

(JANE)

Quand Anna et Dane sont venus nous voir sur le pouce à la fin de l'été 1967, j'étais enceinte de notre premier enfant, qui devait naître pour la Saint-Valentin 1968. J'avais failli faire une fausse couche lors d'une excursion de voilier quelques semaines auparavant. Le marin (d'eau douce) nous avait emmenés dans son Coronado 25 pour s'exercer sous l'œil attentif de Dave, le loup de mer. Il avait prévu de nous emmener à Paradise Cove dans Marin County et, quand une tempête s'est levée, il a refusé de rebrousser chemin. C'est le même sans-dessein qui vivait sur notre palier et qui s'opposait aussi durement au *pot.* Je l'entends encore me crier cette phrase quand je lui ai fait part de mes craintes : « Janie, on s'en va à Paradise Cove ! » Il a fallu qu'on repousse les bateaux qui venaient s'écraser sur nous alors que nous arrivions finalement au quai. J'ai commencé à saigner le soir même. Je suis restée alitée pendant une semaine avant que ça s'arrête, mais je me ménageais toujours pendant la visite de Dane et Anna.

Il n'y a pas eu d'autres complications, outre le retard de trois semaines de ma belle Anna Catherine, née le 4 mars 1968 plutôt que le 14 février. Peter Salz avait organisé sa version personnelle d'un shower de bébé plus tôt au début de l'année : un élégant dîner servi par un traiteur dans notre salle de conférences pour une douzaine de mes relations d'affaires. Certains étaient des associés de l'immeuble et représentaient d'énormes intérêts financiers, notamment la famille Levi-Strauss. De l'autre côté de la table étaient assis Tony Serra et un autre avocat de son cabinet, qui défendaient des citoyens d'un autre genre. San Francisco étant ce qu'elle est, il régnait une atmosphère sympathique et familière, bien que Tony a probablement lancé quelques piques à ces magnats. Cet événement à la fois très classe et décalé était typique de Peter et je suis revenue à la maison avec de beaux cadeaux.

Un mois après la naissance d'Anna, je devais voir mon gynécologue. J'avais pris rendez-vous pour le vendredi 5 avril, le jour où la femme de ménage venait et pouvait surveiller mon bébé en mon absence. Mattie, une grande Noire tout en os et en nerfs, était d'un naturel maussade, mais se montrait consciencieuse et méthodique. Elle m'avait été recommandée et venait chez nous tous les vendredis depuis trois mois.

Ce matin-là, tandis que je me préparais pour sortir seule pour la première fois depuis la naissance d'Anna, j'ai entendu à la radio que Martin Luther King avait été assassiné la veille à Memphis. À cette époque de notre vie, nous ne connaissions que six personnes de race noire. Deux travaillaient dans l'immeuble du 500, rue Sansome : le concierge Charlie et Dorothy, une jeune employée de la salle de courrier de Van Nostrand Publishing au bout du couloir. Il y avait aussi Curtis, ex-officier de l'armée et collègue de Dave chez IBM, originaire du Sud, et un couple que nous connaissions peu : Lonnie qui travaillait dans le domaine de la technologie et sa femme Gloria. Et il y avait Mattie. Nous n'avions jamais discuté avec eux du mouvement des droits civiques ni du rôle de son chef de file, Martin Luther King. Ils n'avaient jamais abordé le sujet, et nous non plus, parce que ça nous mettait tous mal à l'aise, je crois.

Alors, ce matin-là, tout en comprenant l'horreur du crime et l'impact qu'il pourrait avoir sur le mouvement, je ne me rendais pas compte à quel point il affecterait la vie personnelle des gens de couleur. J'étais davantage préoccupée par mon état de santé, une légère dépression post-partum, que par la mort du Dr King.

Quand Mattie s'est présentée chez nous avec une demi-heure de retard, et d'une humeur encore pire que d'habitude, j'ai été un peu brusque avec elle. Je lui ai laissé mes instructions et je suis sortie à la hâte pour prendre un taxi jusqu'au bureau de mon médecin, sur la rue California dans le quartier Presidio Heights, à une bonne distance de chez nous. Une fois arrivée, j'ai essayé d'appeler à l'appartement, mais il n'y avait pas de réponse. Je me suis dit que Mattie n'avait pas entendu à cause du bruit de l'aspirateur. Je me suis précipitée à la maison et j'ai trouvé Mattie affalée sur un fauteuil, les bras ballants. Elle marmonnait : « Il est parti. Il est parti. Ils l'ont fait, ils l'ont tué. » Elle était complètement ivre : elle n'avait touché à rien, sauf au bar. Le cœur battant, je me suis dirigée vers le berceau d'Anna. Elle hurlait, mais rien de plus grave. J'ai payé Mattie, puis je l'ai conduite sur Hyde, au bout de notre allée, pour héler un taxi. Quelques chauffeurs ont ralenti, mais ils ne se sont pas arrêtés quand ils l'ont vue dans cet état. Je ne savais pas quoi faire et Dave n'allait pas revenir avant des heures. Un taxi a fini par accepter d'aller la reconduire. Je lui ai payé la course et ce fut tout. Nous ne nous sommes plus jamais parlé.

J'ai fait le lien entre cet incident et la mort de King, mais je considérais ce dernier comme un politicien, sans plus. Je ne saisissais pas tout ce qu'il représentait pour le peuple noir : leurs espoirs, leur salut, la chance de faire autre chose dans la vie que le ménage chez des gens comme moi, ou du moins d'avoir le choix. J'ai fini par comprendre à quel point son meurtre avait pu être démoralisant pour elle. J'espère que Mattie a vécu assez longtemps pour voir Barack Obama, son épouse et leurs deux petites filles à la Maison-Blanche. Ce que l'on croyait impossible en 1968.

Notre bail avait une restriction concernant les enfants et, même si nous savions qu'il faudrait quitter notre appartement, nous n'aurions jamais cru y être forcés par un voisin. Notre ami d'en face – le même qui ne tolérait pas la drogue et ne savait pas naviguer – a menacé d'alerter le propriétaire si nous ne partions pas nous-mêmes. Le couple du dessus a renchéri. Ils ne voulaient pas entendre les pleurs d'un bébé. Il était temps de partir.

Nous avons commencé à chercher une maison sur la péninsule pour diminuer le temps de déplacement de Dave. Nous en avons trouvé une à San Carlos, à une quinzaine de minutes de Palo Alto. Peu de temps avant, nous avions été chez des amis à Mandeville Canyon, dans le quartier Brentwood de Los Angeles, et cela nous avait vraiment impressionnés. On se serait cru à la campagne : il n'y avait pas de trottoirs, juste des accotements de terre de chaque côté du chemin étroit et une boîte aux lettres devant chaque maison. J'ai décrit ce quartier de rêve à notre agent immobilier, qui nous a immédiatement fait visiter une maison sur Dover Court à San Carlos. Elle n'était pas aussi chic que celle de nos amis, mais elle était très jolie et avait l'allure campagnarde que nous cherchions.

Le terrain de mille mètres carrés descendait en pente à partir de la rue. Un gigantesque chêne de Californie jetait son ombre sur l'avant de la maison et du terrain. La structure originale, une maison d'artiste d'un étage, était surmontée d'un deuxième étage construit par la suite. Il comprenait une seule pièce avec une immense cheminée et des fenêtres sur trois côtés surplombant des kilomètres de terrain sauvage, qui était en fait la faille de San Andreas. La salle familiale d'origine, au rez-de-chaussée, s'ouvrait sur un jardin en terrasse traversé d'une allée de briques qui menait à une cabane de jardin au fond de la cour. La propriétaire précédente, qui avait longtemps habité les lieux, avait fait la plus grande partie des travaux d'aménagement avec amour en compagnie de sa mère. Au nord, notre maison était séparée de sa voisine par une tonnelle couverte d'une vigne. Au sud se trouvaient une écurie et un corral pour les chevaux, ainsi que trois autres maisons autour d'une cour, toutes en retrait comme la nôtre, sauf une. Pour couronner le tout et achever de nous convaincre, la rue sur laquelle se trouvait la propriété portait le même nom que celle de la maison d'enfance de Dave à Montréal : le chemin Dover. Notre offre a été acceptée, nous avons prévenu notre propriétaire sur Delgado et nous nous sommes installés environ un mois plus tard, au début de septembre selon mes souvenirs. J'ai commencé à organiser notre nouvelle maison pour notre famille qui allait s'enrichir d'un quatrième membre l'année suivante.

Lors de ma première grossesse, j'ai souffert de nausées, il y a eu l'incident en voilier, la naissance s'est longtemps fait attendre, puis Anna a enfin daigné montrer le bout de son nez au terme d'un long travail et d'un accouchement aux forceps. Le 11 juillet 1969, après une grossesse sans histoire, Vinnie a fait le plus gros du travail pour naître tout seul. Quand j'ai senti les premières contractions, j'ai appelé Dave, qui s'est précipité à la maison et m'a trouvée en train de laver le plancher. C'était mon instinct de nidification qui était à l'œuvre. Nous avons déposé Anna chez notre amie Laura Vitlacil et nous nous sommes rendus au petit hôpital privé de Redwood City où pratiquait mon médecin. Une infirmière m'a examinée puis, après avoir consulté mon médecin au téléphone, elle m'a administré un médicament, probablement de l'ocytocine, pour activer un peu les choses. Le travail s'est soudainement accéléré et il n'y avait plus rien à faire, sauf attendre la naissance. Il n'y avait aucun médecin sur place et Ian Vincent Russell est venu au monde avec l'aide d'une infirmière qui avait été sage-femme en Irlande. Je n'étais pas préparée à un accouchement naturel, mais, après quelques instructions données à la hâte sur la respiration et les poussées (un peu comme les petits mouvements de l'avant à l'arrière pour dégager une auto d'un banc de neige), Vinnie est apparu. Il était déjà dans son incubateur quand l'anesthésiste est arrivée tout droit du terrain de golf et a entrepris de m'administrer de l'oxygène. Le médecin derrière elle s'apprêtait à recueillir mon placenta. Vinnie et moi allions très bien. En fait, nous étions en pleine forme. J'aurais pu rentrer chez moi sur-le-champ et finir mes planchers, mais l'hôpital m'a gardée près d'une semaine, comme c'était l'habitude à l'époque.

Comme nous vivions dorénavant en banlieue avec deux bambins, nous ne sortions pas aussi souvent, mais après avoir vu *Easy Rider*, nous avons eu l'envie folle d'enfourcher la Scrambler et de partir. Nous avons engagé une gardienne, puis ressorti nos vestes à franges pour assister au concert extérieur gratuit des Rolling Stones prévu pour le 6 décembre. Il y avait d'autres bons groupes au programme et le «Woodstock de l'Ouest» promettait d'être le happening des happenings. Tout ce qui manquait, c'était un endroit pour l'organiser.

Le Golden Gate Park avait finalement refusé d'accueillir le concert, alors le circuit de vitesse Altamont, à Tracy, a été choisi à la dernière minute puisque c'était le seul lieu disponible à si brève échéance. D'ailleurs, le nouveau site a été confirmé deux jours seulement avant la date prévue. Même si le concert avait été largement annoncé et était très attendu, on ignorait combien de jeunes allaient se rendre jusqu'à Tracy, à plus de cent cinquante kilomètres au sud-est de San Francisco. Le grand Human Be-In avait attiré environ trente mille personnes au Golden Gate Park et les organisateurs s'attendaient à en accueillir au moins autant à Altamont. Certains allaient même jusqu'à prédire cent mille spectateurs. Ni l'équipe des Stones ni la direction d'Altamont n'avaient prévu d'installations adéquates pour recevoir les quelque *trois cent mille personnes* qui ont finalement convergé à cet endroit le 6 décembre 1969.

Les Hells Angels de Californie ont été embauchés pour assurer la sécurité autour de la scène, une idée qui semble aujourd'hui contraire au bon sens, mais qui s'inscrivait dans le courant de la contre-culture des années 1960. Comme le relate Tom Wolfe dans son livre *The Electric Kool-Aid Acid Test*, Ken Kesey (un des inspirateurs du mouvement psychédélique) entretenait certaines relations avec les Hells. Après l'été de l'amour et la conscientisation qu'il a entraînée, les gens étaient plus ouverts, moins craintifs devant le risque. Ils étaient plus enclins à accepter l'«autre», et même à l'approcher. Pour leur part, les Hells avaient lancé une opération charme et on pouvait voir leurs membres aider les petites vieilles à traverser la rue ou s'arrêter sur l'autoroute pour prêter main-forte aux conducteurs en panne. On racontait de plus en plus d'histoires de ces automobilistes qui demandaient grâce au motard qu'ils voyaient avancer vers eux, puis finissaient par le remercier chaleureusement quand ils découvraient que le motard poilu sur sa Harley était un bon Samaritain.

Lorsque Dave et moi sommes arrivés à Altamont en moto, nous avons passé devant des centaines d'autos abandonnées sur le côté de la route et des milliers de personnes à pied. Nous avions l'impression que la capacité avait été atteinte depuis longtemps et que nous serions refoulés à l'entrée. À ce moment-là, une bande de quelques douzaines de Hells Angels sont arrivés derrière nous et nous ont fait signe de nous joindre à eux. Ils nous ont escortés pour passer l'entrée avant de se disperser. Nous devions nous trouver une place au milieu de cette mer de monde dans les champs, loin de la scène.

Nous nous sommes installés sur une butte où il y avait d'autres motocyclistes et des gens qui pique-niquaient. Nous étions bien trop loin pour profiter du concert et ignorions les troubles violents qui se déroulaient près de la scène, mais nous avons été témoins de quelques incidents inquiétants.

Peu après notre arrivée, un groupe de motards en état d'ébriété ont fendu la foule en titubant dans notre direction. Ils soutenaient leur copain, un homme visiblement troublé qui portait une veste «ornée» de couteaux de chasse et s'agitait dans tous les sens, un poignard dans chaque main. Nous sommes restés parfaitement immobiles en fixant le sol, jusqu'à ce qu'ils se soient éloignés de nous.

Après notre pique-nique, des heures plus tard, Dave a abordé un autre motocycliste qui se trouvait à quelques mètres de nous. Je pense qu'il voulait du feu. Le type, accroupi dos à nous, tripotait sa moto. Il s'est retourné très lentement, toujours dans la même position, son visage caché derrière un horrible masque du Joker, son pénis exposé à l'air libre (rien pour écrire à sa mère, par contre). Oh boy… Au diable l'allumette. Nous avons remballé nos choses dans mon sac à dos et avons changé de place. Il n'y a pas eu d'autres incidents. Nous avons appris le meurtre et la pagaille qui a suivi aux nouvelles le lendemain seulement. L'événement tragique est bien raconté dans le film *Gimme Shelter* des Rolling Stones, sorti en 1970.

Caffè Lena

(ANNA)

À la fin des années 1960 et au début des années 1970, l'autocar de nuit Greyhound qui reliait Montréal et New York faisait un arrêt vers trois heures et demie du matin à Saratoga Springs. La plupart des passagers associaient cette ville au Spa City Diner, le boui-boui où l'on pouvait prendre un sandwich et utiliser les toilettes. Sous la lumière crue des néons illuminant les revêtements en acier inoxydable, derrière le comptoir, l'homme au visage olivâtre et variolé, mince et sérieux, portait une veste de cuisinier tachée et un calot d'employé de snack-bar. Il réussissait je ne sais trop comment à prendre toutes les commandes et à servir la nourriture en moins de trente minutes. Tout le monde se fichait de Saratoga Springs et de ce qui se tapissait dans l'obscurité, derrière la fenêtre : c'est à Manhattan que nous allions.

J'ai constaté, lors de ma première véritable visite à Saratoga Springs pour aller voir Kate et Roma Baran, à la fin de 1969 ou au début de l'année suivante, qu'il y avait beaucoup à découvrir là-bas. Selon Kate, Saratoga serait un mot iroquoien signifiant «écume sur l'eau». Même si Wikipédia omet cette étymologie peu ragoûtante, il y a beaucoup de théories sur l'origine de ce nom qui sont toutes contestées. Puisque la ville est reconnue pour ses sources d'eau minérale, «écume sur l'eau» me semble raisonnable.

À compter des années 1860, cet endroit était un lieu de villégiature populaire en été auprès des plus fortunés. Ils se construisaient des villas d'été vastes et cossues dans une variété de styles, chacune plus extravagante que la suivante. Bâti à cette époque, le célèbre hippodrome aurait été la première installation sportive d'envergure aux États-Unis. En arrivant de l'est sur la route 9P, on aperçoit sur des kilomètres des clôtures à chevaux blanches, d'écuries et de paddocks de part et d'autre d'une tribune spectaculaire.

En 1970, le centre-ville de Saratoga Springs était délabré. On voyait des chariots d'épicerie abandonnés partout – couchés dans les parcs, enfoncés dans les haies –, un signe manifeste d'abandon.

Kate et Roma habitaient dans une cabane inachevée sur la rue Phila, derrière le Caffè Lena, du nom de sa propriétaire, l'actrice Lena Spencer. C'était une scène folk qui attirait les nombreux artistes en tournée dans la région, comme Roma et ma sœur. Quand je leur ai rendu visite pour la première fois, nous étions en plein hiver et on gelait dans leur cahute, presque autant que si on était dehors. Un mur la séparait du Caffè, une grande salle meublée de tables rondes et de chaises *bentwood* orientées vers une petite scène où trônait un piano droit. Sur la gauche en haut de l'escalier se trouvait une petite salle avec des gradins qui faisait office de théâtre. C'est là que Lena montait ses pièces. Le Caffè Lena était renommé pour la musique comme pour le théâtre, mais aussi pour les délicieux desserts. Quand Kate et Roma allaient à New York, elles rapportaient la commande hebdomadaire de coquilles de cannolis d'une *pasticceria* de Little Italy. Dans la cuisine, derrière une cloison, Lena garnissait les cannolis de sa crème pâtissière maison et préparait les gâteaux aux noisettes qui faisaient la renommée de son établissement. Outre le collège huppé Skidmore, qui était à l'époque dans la ville même, il y avait dans la région de nombreux collèges privés et publics qui fournissaient une main-d'œuvre jeune et abondante pour servir aux tables ou se poster à la porte.

Saratoga recevait la Saratoga Cup, la quatrième course en importance aux États-Unis après le Derby, le Preakness et la Belmont. L'un des bons amis de Lena était un vieux monsieur appelé Tom, un grand Américain d'origine irlandaise, qui avait belle allure mais de mauvaises manières. Il avait passé sa vie à déterminer les cotes des paris pour les courses de chevaux avant l'avènement des machines de pari mutuel. Il était venu prendre sa retraite à Saratoga. Tom avait la clé du café et venait chaque matin lire son journal et le bulletin de courses dans la pièce vide. Kate m'a raconté que, de leur cabane, Roma et elle pouvaient entendre le vieux Tom gravir l'escalier abrupt en jurant. Une fois assis, il prenait une rasade de gnôle dans une bouteille qu'il gardait cachée et son humeur s'améliorait sur-le-champ. « *Hellooo pussycat* », disait-il, saluant affectueusement l'un des nombreux chats de Lena qui avait élu domicile dans le Caffè.

Lena habitait au-dessus d'un commerce sur Main Street, dans un immeuble décrépit de deux étages dont les murs étaient tapissés d'un papier à motif floral qui tombait en lambeaux. Même si elle avait un lit, elle avait la drôle d'habitude de dormir assise toute droite sur une chaise, les jambes étendues sur une autre chaise. Quand elle s'installait pour la nuit, les chats sautaient sur elle un par un, jusqu'à ce qu'ils ensevelissent complètement la petite femme ronde. Elle adoptait peut-être cette position pour éviter de mourir étouffée par ses amis félins. Étant gravement allergique aux chats, je ne pouvais pas rester chez elle plus de quelques minutes pour éviter de faire une crise d'asthme.

En plus des chats, Lena hébergeait des humains : des chanteurs folk venus de la côte Ouest qui avaient décidé de rester. Un été, la poète et chanteuse Rosalie Sorrels, originaire de l'Idaho, est venue pour un spectacle. Elle est arrivée avec plusieurs de ses enfants et Lena les a tous logés. À l'automne, ils étaient toujours là, alors les enfants ont été inscrits à l'école à Saratoga.

Je lis sur la page Web du Caffè qu'il est « sans alcool et sans fumée », ce qui n'était certainement pas le cas autrefois. Lena fumait à la chaîne, des Pall Mall si mon souvenir est bon, mais elle ne buvait pas et ne servait pas d'alcool dans son établissement. Toutefois, à la porte d'à côté, l'Executive Bar and Restaurant avait son permis et les artistes s'y rendaient entre deux *sets* pour se préparer pour le suivant. Les propriétaires, un jeune couple sympathique, nommaient parfois un sandwich en l'honneur des artistes du Caffè qui étaient aussi leurs habitués.

Durant son séjour, Kate a composé *Saratoga Summer Song* qui célèbre l'atmosphère de liberté qui régnait là-bas. On pouvait rester dans un des nombreux bars de la ville jusqu'au petit matin, comme le Tin and Lint Pub sur la rue Caroline, puis aller au *deli* Four Sons pour déjeuner avant de rentrer se coucher. « *We danced and played some tennis / Made love with Fred or Dennis* » (On dansait et on jouait au tennis / On faisait l'amour à Fred ou à Dennis), chantait Kate. Fred et Dennis étaient les deux beaux jeunes hommes qui dirigeaient le Tin and Lint Pub.

Frank Wakefield était un autre musicien installé depuis longtemps à Saratoga avec sa famille. Ce gars du Sud était un virtuose de la mandoline et un ex-membre des Greenbriar Boys. Lena l'aimait beaucoup, mais pas quand il buvait. Elle s'organisait pour faire disparaître l'alcool quand il devait monter sur scène. Kate m'a raconté qu'un jour Lena avait loué un studio dans la ville voisine afin de permettre à Frank d'enregistrer ses œuvres pour la mandoline, qui portaient toutes le titre *Jesus Loves this Mandolin-Player*, suivi des numéros 1 à 158 – le même système que Bach, en fin de compte. Wakefield était très prolifique et Lena l'avait prévenu qu'il ne pourrait pas boire pendant la séance d'enregistrement : il devait travailler. D'après Kate, ce mandoliniste si aimé de Jésus s'est pointé le matin au studio en arborant un immense sombrero et son sourire coutumier aux dents serrées. Frank semblait de plus en plus saoul après chaque prise. Lena a enfin compris et elle lui a arraché le sombrero, faisant tomber la bouteille de gin, presque vide, qu'il y avait cachée. Si vous étiez une femme et que Frank vous aimait, il vous appelait sa « *ol'nigger lady* », qu'il considérait comme un terme affectueux. Lena était sa « *ol'nigger lady* » préférée.

Un autre personnage coloré de cette ville historique en décrépitude était l'acteur de théâtre d'origine galloise John Wynne-Evans. Il était probablement dans la fin de la quarantaine quand j'ai jeté mon premier regard perplexe sur lui. Créature excentrique, il avait de longs cheveux blonds peroxydés, portait toujours une toge en velours frappé noir et le visage maquillé, prêt à monter sur scène. La vieille ville qui tombait en ruine avec panache était sa scène et l'action le suivait pendant qu'il arpentait les rues secondaires les soirs d'été. Il dégageait une odeur étrange, un mélange de sueur alcoolisée douceâtre et de boules à mites, qui n'était pas désagréable. Je le trouvais follement charmant.

Lena avait ouvert le Caffè avec son mari qui enseignait au prestigieux collège pour filles Skidmore en ville. Quand Kate et Roma s'y sont installées, le mari s'était enfui avec une étudiante et les Spencer avaient divorcé. « *Skidmore girls come back to town / All the freaks head underground* » (Les filles de Skidmore reviennent en ville / Tous les *freaks* se terrent).

Lena m'a raconté que Bob Dylan était venu passer une audition au Caffè en 1961, mais elle avait trouvé qu'il n'avait aucun talent. Son mari, toutefois, aimait le troubadour au visage enfantin et l'a engagé. Elle nous a montré la photo que son mari avait prise de Bob et de sa petite amie de l'époque, Suze Rotolo, assis à une table ronde du Caffè à contre-jour. Parce qu'elle s'était trompée au sujet de Dylan, Lena a décidé de se trouver un protégé. Il s'agissait de Bruce, un grand ado maigre et gentil comme tout, qui venait de Schenectady, la ville ouvrière où se trouvait le siège social de General Electric. Kurt Vonnegut a exploité ce décor avec énormément de brio dans ses romans campés dans la ville fictive d'Ilium ou à proximité. Bruce, un rouquin, jouait de la guitare et composait des chansons, et Lena le considérait comme un diamant brut. Il était le fils qu'elle n'avait jamais eu et elle lui a trouvé toutes sortes d'occasions de montrer son talent, en première partie des artistes qui passaient par Saratoga. Je devrais préciser, pour rectifier le tir, que Lena a eu du flair avec Don McLean, un autre musicien originaire de Tri-City qu'elle a engagé au Caffè et qui, un an plus tard, a eu un grand succès grâce à *The Day the Music Died* (*Bye Bye, Miss American Pie*).

En juillet, le New York City Ballet de George Balanchine, installé en résidence à Saratoga, s'est produit au Arts Centre. Kate a écrit : «*And the New York City Ballet dancers / Danced while all the neighbourhood Cancers / Celebrated their birthdays in the sun*» (Et les danseurs du New York City Ballet / Dansaient pendant que tous les Cancers du quartier / Célébraient leurs anniversaires au soleil). En août, les chevaux de course sont arrivés avec l'énorme escorte qui les accompagne généralement. Tous ceux qui sont allés à Saratoga ont pu remarquer à quel point la piste, les gradins, les paddocks et les écuries sont vastes et élégants. Une Noire, ancienne bonne dans une des grandes villas, possédait une petite maison juste à côté de la piste et exploitait dans son salon un bar sélect pour les clients les plus fortunés de l'hippodrome. Elle venait d'acheter un piano et avait dit à Lena qu'elle voulait engager quelqu'un qui jouerait de la musique d'ambiance et serait payé en pourboires. Kate a auditionné et, pour l'appâter, la femme lui a dit : «Si tu joues *Raindrops Keep Fallin' on My Head* quand monsieur Whitney entre, il te donnera cinq dollars!» Ma sœur jouait du piano barrelhouse, la musique qu'on entendait dans les bordels et les bars du Sud dans les années 1920. Elle lui a présenté un échantillon de son cru, mais la patronne a jugé que c'était trop grossier pour son établissement élégant. Kate n'a pas pris la place. Aurait-elle réussi à jouer *Raindrops* en gardant son sérieux ? Se sentait-elle coincée dans un cul-de-sac musical où elle devrait se limiter à jouer des standards, l'industrie de la musique comme papa l'avait imaginée ? Une cigale qui chante la sérénade aux fourmis, tel Alan, l'accordéoniste perdu dont l'instrument se trouvait encore dans notre armoire à Saint-Sauveur ?

Après le vent de liberté qui y soufflait cet été-là, Saratoga Springs a commencé à perdre son attrait. La liberté n'était pas l'objectif final. « *This crazy summer is past now / Sunrise to sunset is fading fast now / And all I want is to see the rope on that tree* » (Cet été de fou est fini / Tout disparaît vite maintenant entre le lever et le coucher du soleil / Tout ce que je veux, c'est revoir la corde à cet arbre).

Kate n'était pas tout à fait prête à rentrer. À l'été 1970, elle vivait avec Loudon dans un appartement du 4, square Franklin, un édifice de style néoclassique doté de colonnes doriques très hautes et menacé de démolition. C'est dans cet appartement qu'il a fracassé sa guitare Gibson rouge (une Hummingbird, si je me souviens bien), qu'il y a mis le feu dans l'élégante cheminée en marbre du salon, puis qu'il en a fait une chanson : « *It burned until all that was left was six pegs and six strings / Kate she said, "You are a fool, you've done a foolish thing."* » (Elle a brûlé et il ne restait plus que six chevilles et six cordes / Kate a dit : « Tu es fou. Tu as fait une folie. ») Au diable les conséquences. Peu importait ce que vous faisiez ou votre mauvais comportement, pourvu que vous en fassiez une bonne chanson. C'est une de mes préférées.

La résidence du 4, square Franklin a connu un meilleur sort que la Gibson. Elle a obtenu un statut spécial en 1972 et a été complètement restaurée.

Saratoga Summer Song
(paroles de Kate McGarrigle)

We were nice young adults
We proved ourselves, we showed results
Like cats and dogs who'd undergone a fix
Fashionably cynical
And love to us was clinical
Long ago we gave up getting our kicks

But summer sun came down on all
And it was fun to feel and fun to fall
Into a sloppy teenage scene
Gossiping and having crushes
Dimming lights to hide the blushes
My God, I thought I was sixteen

All those happy hours
Turned green buds into flowers

This crazy summer is over
No more bees, no more clover
And the rope at the swimming hole swings by the weight of the wind
Skidmore girls come back to town
All the freaks head underground
And we who are free swing like the rope from that tree

We danced and played some tennis
Made love with Fred or Dennis
We drank lots of beer and ate a whole lot of food
We put our bodies to the sun
For God to see and everyone
We swam dressed and we swam nude

And the New York City Ballet dancers
Danced while all the neighbourhood Cancers
Celebrated their birthdays in the sun
And all that sun brought dope and lust
We weren't too smart, and we had a bust
But nobody slept alone

Night turned into day
And summer went away

This crazy summer is past now
Sunrise to sunset is fading fast now
And all I want is to see the rope on that tree
So bring back the bagels, bring back the lox
Let's have another vernal equinox
Bring back the laughs, bring back the tears,
Bring back the beers, bring back the dope and the rope.

***

On était de beaux jeunes adultes
On avait fait nos preuves, on obtenait des résultats
Comme des chats et des chiens qu'on a stérilisés
Cyniques pour être à la mode
Et pour nous, l'amour c'était clinique
Il y a longtemps on a abandonné l'idée d'avoir un *kick*

Mais le soleil d'été s'est couché sur tout
C'était amusant de ressentir et amusant de retomber
Dans une scène d'adolescence débraillée
Où on racontait des potins et on tombait amoureux
On baissait la lumière pour cacher notre gêne
Mon Dieu, je pensais que j'avais seize ans

Tous ces bons moments
Ont transformé des bourgeons verts en fleurs

Cet été complètement fou est fini
Plus d'abeilles, plus de trèfles
Et la corde pour se jeter dans l'étang se balance au vent
Les filles de Skidmore reviennent en ville
Tous les *freaks* se terrent
Et, nous qui sommes libres, on se balance comme la corde à cet arbre

On dansait et on jouait au tennis
On faisait l'amour à Fred ou à Dennis
On a bu beaucoup de bière et mangé beaucoup aussi
On étalait nos corps au soleil
Pour que Dieu voie tout ça, et tout le monde aussi
On se baignait habillés et on se baignait nus

Et les danseurs du New York City Ballet
Dansaient pendant que tous les Cancers du quartier
Célébraient leurs anniversaires au soleil
Et tout ce soleil amenait de la *dope* et du désir
On n'était pas fins fins et on s'est fait prendre dans une descente
Mais personne ne dormait seul

La nuit est devenue le jour
Et l'été s'en est allé

Cet été de fou est fini
Tout disparaît vite maintenant entre le lever et le coucher du soleil
Tout ce que je veux, c'est revoir la corde à cet arbre
Alors rapporte les bagels, rapporte le saumon fumé
Vivons un autre équinoxe de printemps
Ramène les rires, ramène les larmes
Rapporte la bière, rapporte la *dope*, rapporte la corde.

Roma

(JANE)

Sur la côte Est, Kate et Roma s'étaient installées au Caffè Lena et suivaient le circuit folk dans la région de New York, aussi loin qu'Ann Arbor et Denver. J'ai reçu une lettre très comique de Kate qui commençait comme suit : « Saint-Sauveur, samedi soir. » Pas de jour, de mois ni d'année, mais ce devait être le printemps 1970. Elle avait hâte de se produire au Philadelphia Folk Festival qui recevait vingt-cinq mille visiteurs, et c'était grâce à son ami Bruce Phillips (aussi connu sous le nom de U. Utah Phillips, la Voix d'or du grand Sud-Ouest). Sa lettre continue comme suit : « L'hiver dernier, on jouait au poker ensemble dans la cuisine de Lena devant huit ou dix personnes quand on a manqué tous les deux d'argent. Alors, bien sûr, il a fallu jouer nos ceintures, nos bottes, etc. Nous jouions à sept cartes, sans cartes communes, donc les enjeux étaient élevés. Inutile de dire qu'en deux mains nous avons tout perdu, c'est-à-dire nos vêtements, pendant que tout le monde buvait du café et nous regardait, interloqué. » Elle cite le directeur du festival – « quiconque peut jouer au *strip poker* avec Utah mérite de jouer au Phila » – et précise qu'il a donné à Roma et Kate un des meilleurs endroits.

Quelques mois plus tard, Roma est arrivée à San Francisco et m'a appelée. Le duo avait reçu une offre de Vanguard Records, mais Kate refusait de la signer. Elles se sont quittées plutôt en mauvais termes. Anna croit que Kate attendait une meilleure offre parce qu'elle savait ce qu'on avait offert à Loudon. Kate m'a dit plus tard qu'elle pensait que Joan Baez, l'artiste vedette de Vanguard, accaparerait toute l'attention. Quoi qu'il en soit, Roma était très déçue et je comprenais son point de vue. Elles avaient beaucoup travaillé pour obtenir un contrat et Kate l'avait refusé.

Je connaissais Roma de réputation, mais je l'ai vue pour la première fois à San Francisco. C'est une personne formidable et j'ai été contente d'apprendre à la connaître en dehors de la scène. Je me souviens qu'elle faisait du bénévolat pour un organisme qui jumelait des animaux abandonnés à des personnes âgées vivant seules. Je l'ai accompagnée un jour alors qu'elle devait aller chercher un chien pour le porter à son nouveau maître. C'était un vieux chien qui allait chez une vieille dame, et ils ont semblé très bien s'entendre.

Roma a fini par retourner à New York. Plus tard, elle a produit le succès de Laurie Anderson, *O Superman.* Ensuite, elle a décidé de faire son droit. Elle est devenue avocate de la défense criminelle et travaille à renverser les verdicts de peine de mort. Pour la citer : « Je travaille avec les gens les plus dangereux de la société et j'ai vu plus d'humanité dans le couloir de la mort que dans le milieu de la musique. »

Les noces de Kate et Loudon

JANE : Kate et Loudon se sont unis en janvier 1971 à la maison des parents de Loudon à Bedford Village dans l'État de New York. J'ai pris l'avion vers l'Est avec ma fille Anna, puis j'ai conduit avec Dane, ma sœur Anna, la petite Anna et Gaby jusque chez les Wainwright qui nous hébergeaient. Nous avons reçu un accueil chaleureux de Loudon père et de sa mère Martha. Nous nous sommes liés avec ses sœurs Teddy et Sloan et son frère Andrew.

Le mariage était une petite cérémonie réunissant la famille et les bons amis. Je me souviens que Loudon s'est marié dans un costume qu'il a emprunté à son témoin. Kate était magnifique dans une robe de couturier brune et noire très stylée. Anna portait un chandail ajusté noir avec une jupe froncée qu'elle avait fabriquée dans un tissu imprimé foncé et soyeux. Nous avons mangé, bu, chanté et dansé. Je vois encore Anna faire une danse mystique de son cru. Kate au piano et Loudon à la guitare ont chanté *Oh Poppa*. C'était une soirée merveilleuse dont nous avons parlé au déjeuner le lendemain avant de reprendre la route pour Montréal.

ANNA : Kate était enceinte. Elle vivait avec Loudon dans un chalet pas très loin. Je me souviens que Loudon venait d'acheter pour ses invités un lit d'hôpital en métal gris d'une autre époque. J'associais ce meuble froid à sa chanson *Hospital Lady,* au sujet d'un séjour de sa mère à l'hôpital, qui a figuré sur son premier disque (Atlantic, 1970). Quand j'y repense, cet objet inanimé sinistre a été un présage.

Quelques mois plus tard, ils partaient pour Londres. Ils ont d'abord habité dans un appartement à Kennington, puis sur Holland Park près de Notting Hill. Ensuite, ils ont rejoint Chaim Tannenbaum, qui faisait des études supérieures en philosophie à l'Université de Londres. Les trois jouaient dans la rue, sur Portobello. Cela m'a toujours amusée que Loudon, un jeune artiste prometteur qui avait signé un contrat avec une grande compagnie de disque, chante dans la rue par choix.

Au printemps, Kate a fait un court voyage à Saint-Sauveur pour voir Gaby. Elle était radieuse dans sa nouvelle robe en tricot lavande lisérée de suède naturel aux manches et le long de la patte de boutonnage. Elle était enceinte d'un peu plus de cinq mois et ça commençait à paraître. Kate a offert à maman une robe en lin rose et un chapeau de paille noir qu'elle avait achetés chez Harrods. Pâques approchait et Gaby était ravie du cadeau. Elle a mis le chapeau et a chanté *Alice Blue Gown* en faisant les gestes de la tête et des mains. Nous avons beaucoup ri. « *I was both proud and shy, as I felt every eye / And in every shop window I primped passing by* » (J'étais fière et timide en sentant tous les regards / Et je me pomponnais devant chaque vitrine).

Quelques semaines après son retour à Londres, Kate est entrée en travail prématurément et elle a donné naissance à un garçon qui, malheureusement, n'a vécu que quelques heures. L'infirmière irlandaise catholique de l'hôpital privé où elle était lui a demandé si elle pouvait baptiser l'enfant pour éviter qu'il passe l'éternité dans les limbes. Cette marque de gentillesse a beaucoup touché Kate. Loudon et elle l'ont nommé James. Kate m'a raconté que le pauvre papa a dû aller acheter un petit cercueil pour son fils.

Par une drôle de coïncidence, en novembre 2009, alors que Kate n'avait plus que deux mois à vivre, Martha a donné naissance prématurément à son premier fils, Arcangelo, à Londres. Elle était en pleine tournée avec son mari Brad pour présenter son spectacle hommage à Piaf, *Sans fusils, ni souliers, à Paris*. Son accouchement a connu un dénouement beaucoup plus heureux, en grande partie grâce aux excellents soins qu'on lui a prodigués au London's University College Women's Hospital.

JANE : Vers le début de l'été 1971, j'ai reçu une lettre de Kate, juste après qu'elle a perdu son bébé à cinq mois et demi de gestation. Le nouveau-né avait poussé un petit cri, puis on l'a emmené. Elle ne l'a pas vraiment vu. Le ton de sa lettre était triste, mais résigné. C'était un contraste déchirant avec sa missive précédente où elle me parlait de son examen de suivi (elle était « en parfaite santé ») et de la nouvelle robe de maternité qu'elle venait de s'acheter. Elle était enceinte d'exactement cinq mois et demi lors de l'examen. En lisant cette correspondance quarante-quatre ans plus tard, Anna et moi nous demandons si le médecin n'aurait pas manqué quelque chose, ou même perturbé le bébé d'une quelconque façon, ce qui aurait causé sa naissance prématurée. Nous ne le saurons jamais. Kate et Loudon ont rompu et ont quitté Londres.

De notre côté, les choses n'allaient pas bien non plus. Debbie, la jeune sœur de Dave, avait contracté une mystérieuse maladie pendant une randonnée dans l'Himalaya. On a cru au départ qu'il s'agissait d'une hépatite. Elle est rentrée à Montréal où on lui a diagnostiqué la maladie de Hodgkin, à un stade déjà avancé.

ANNA : C'est Loudon qui a choisi de rompre après l'événement malheureux à Londres et Kate était terrassée. Comme ma sœur n'a jamais aimé être la porteuse de mauvaises nouvelles, elle m'a toujours demandé de le faire pour elle. Elle me disait : « Anna, peux-tu faire ça pour moi ? Tu es plus vieille, plus responsable*. » Les paroles de sa chanson *Tell My Sister* écrites à cette époque évoquent cet aspect de notre relation : « *Tell my sister to tell my mother / I'm coming home, home alone* » (Dis à ma sœur de le dire à ma mère / Je rentre à la maison, je rentre seule).

Elle est retournée vivre avec Gaby à Saint-Sauveur et a passé le début de l'été 1971 à récupérer en se reposant au soleil et en tricotant. Toutefois, son état ne s'améliorait pas et maman l'a emmenée consulter un médecin qui a diagnostiqué une péritonite. Elle a pris des antibiotiques, puis on lui a fait une radiographie quelque temps plus tard qui a révélé que ses trompes de Fallope s'étaient bouchées à cause de l'infection. Le médecin nous a pris à part, ma mère et moi, pour nous annoncer qu'elle n'aurait probablement jamais d'enfants, puis il est allé le lui expliquer. Nous sommes sorties de son cabinet en larmes. Toutefois, la péritonite et la fièvre qu'elle avait depuis des mois avaient disparu et elle a commencé à reprendre des forces.

---

* J'avais un an de plus qu'elle, mais je n'étais certainement pas plus responsable.

Le violon

(ANNA)

Loudon avait laissé à Kate la Volvo familiale qu'il avait achetée quand ils s'étaient mariés. Un genre de prix de consolation. Kate a repris la route. Au cours de leur brève union, Loudon lui avait aussi offert un banjo Vega Tu-ba-Phone dont elle a appris à jouer toute seule (dans le style *clawhammer*) en consultant la méthode de Pete Seeger, ainsi qu'un très beau violon ancien. Elle a emporté ces instruments quand elle est repartie à Saratoga pour retrouver le confort de la scène du Caffè Lena. Roma faisait encore la navette entre Saratoga et New York. Kate parle d'elle dans *Come a Long Way* :

> *Oh we come a long way since we last shook hands*
> *Still got a long way to go.*
> *Couldn't see the flowers when we last shook hands*
> *Couldn't see the flowers on account of the snow.*
> *...*
> *All my life I wanted to roam*
> *To go to the ends of the Earth*
> *But the Earth really ends where you started to roam*
> *And you and I know what a circle is worth.*

> Oh, on en a fait du chemin depuis qu'on s'est serré la main
> J'ai encore une longue route devant moi.
> Je ne pouvais pas voir les fleurs quand on s'est serré la main
> Je ne pouvais pas voir les fleurs à cause de la neige.
> ...
> Toute ma vie j'ai voulu vagabonder de par le monde
> Aller au bout de la terre
> Mais la terre finit là où tu as commencé à marcher
> Et toi et moi, on sait ce que vaut un cercle.

L'une des personnes qui séjournaient chez Lena au début de l'automne 1971 s'appelait George «Smoke» Dawson, violoneux et joueur de cornemuse établi sur la côte Ouest. Kate et lui se sont liés et ce fut le début d'une relation bénéfique pour les deux. Il habitait à Mendocino en Californie, où il était pêcheur. Il devait d'ailleurs y retourner pour la saison de pêche. Et elle avait une voiture.

And the trees grow high in New York State
And they shine like gold in autumn.
Never had the blues from whence I came
But in New York State I caught 'em.
Talk to me of Mendocino
Closing my eyes I hear the sea.
Must I wait? Must I follow?
Won't you say, "Come with me?"

Et les arbres poussent haut dans l'État de New York
Et ils brillent comme de l'or en automne.
Je n'ai jamais eu les *blues* de là où je viens
Mais dans l'État de New York, je les ai attrapés.
Parle-moi de Mendocino
En fermant les yeux, j'entends la mer.
Dois-je attendre? Dois-je continuer?
Vas-tu dire: «Viendras-tu?»

Quand elles étaient encore ensemble et que Roma jouait du violoncelle, Kate prenait le violon de Gaby, l'instrument que notre mère avait fait grincer dans le Bell Tel Orchestra. Smoke l'a aidée à mettre au point une méthode rudimentaire, mais très efficace, en désaccordant certaines cordes pour obtenir un bourdonnement avec un jeu en double corde. Le violoniste folk Alan Stowell, qui vivait aussi à Saratoga, lui a probablement donné des conseils*. Elle tenait son instrument contre sa poitrine plutôt que sous son menton. Ainsi, elle pouvait mieux voir le manche pour positionner ses doigts, sans oublier que cette posture rustique lui convenait mieux.

---

* Je me souviens qu'elle desserrait les crins de son archet et qu'elle glissait le violon entre les crins et le bois de l'archet. L'accordage ouvert d'un violon permet aussi d'obtenir l'effet de bourdonnement propre au style suédois.

Kate et Loudon

(JANE)

Le 26 octobre 1971, Kate m'a écrit une lettre dans un café de Mendocino. Elle racontait sa traversée du pays avec Smoke Dawson et mentionnait qu'ils prévoyaient de venir à San Francisco à un moment ou à un autre.

Ils sont arrivés chez nous à San Carlos environ une semaine plus tard et se sont installés indéfiniment dans notre chambre d'amis. Ils avaient l'intention de rester dans la Bay Area quelque temps pour donner des spectacles et revoir des amis. Peu après, cependant, Smoke a été expulsé de la chambre d'amis pour céder sa place à Loudon dont l'arrivée était imminente. Nous avons fait les valises du pauvre Smoke et l'avons raccompagné à Mendocino. Il n'était pas très heureux, mais il a réagi en bon soldat.

J'ai à peine eu le temps de changer les draps avant que Loudon se pointe à la porte. De nouveau ensemble, Kate et Loudon se sont installés dans la chambre d'amis, mais j'avais l'impression que tout n'était pas revenu au beau fixe.

Pour des raisons qui m'échappent aujourd'hui, nous avions élaboré un plan tordu pour Noël : Dave se rendrait à Montréal en avion avec Vinnie tandis que Kate, petite Anna et moi allions essayer de faire le trajet en auto. Nous voyagions avec des skis, une douzaine d'instruments de musique dans leurs étuis et une multitude de sacs. La petite Anna était dans son siège d'auto avec ses cahiers à colorier et d'autres passe-temps. Il fallait traverser des zones de blizzard, franchir des chaînes de montagnes dans une Oldsmobile décapotable mal isolée et nous avons abandonné à Denver. Nous avons confié l'auto à un ami et avons fait le reste du voyage en avion. Cette dépense n'était pas prévue dans notre budget, mais j'avais une idée.

En 1971, j'avais trente ans, Kate, vingt-cinq, et la petite Anna, presque quatre ans. J'ai photocopié le certificat de baptême de Kate, avec lequel elle voyageait en guise de preuve d'âge, et j'ai changé son année de naissance pour 1950. Elle s'était transformée en mineure et voyageait à moitié prix. J'avais fait la même chose pour Anna quand elle était venue me rendre visite avec Dane à San Francisco en 1967. Nous avons dit à l'agent que la petite Anna avait deux ans et n'avait pas besoin de billet. Nous l'avions emmaillotée dans une couverture de façon à cacher ses longues jambes et nous lui avions dit de sucer son pouce. Ensuite, il a fallu régler le cas des bagages. Nous avions au moins dix bagages de trop. Kate s'est lancée dans une longue explication et l'agent, qui en avait déjà assez de nous, a simplement mis des étiquettes sur tous nos paquets et nous a laissées tout emporter sans frais supplémentaires. C'était le bon temps!

Loudon est resté à San Carlos quelques semaines, puis est retourné à New York et s'est réconcilié avec Kate. Le diagnostic d'infertilité s'est avéré erroné et Rufus est né le 22 juillet 1973.

Changer le mal de place

(JANE)

Dave et moi devions à nouveau déménager. La maison voisine avait été vendue par nos merveilleux voisins, les Hammond, à un jeune couple qui n'était vraiment pas agréable. Ils conduisaient leur Corvette trop vite, faisaient jouer leur chaîne stéréo dernier cri trop fort et n'attachaient pas leur doberman féroce. La bête venait souvent se poster entre moi et mon auto en grognant et en montrant ses dents. Chaque fois, je devais rentrer à la maison avec les enfants et attendre que l'intrus disparaisse. Les voisins se moquaient de moi : « Ah vraiment ? Killer est encore allé vous déranger ? » Nous avons été chassés de chez nous.

Je détestais l'idée de devoir partir. Nous avions fait beaucoup de travaux : une belle terrasse avec vue sur le canyon, une nouvelle cuisine et une chambre d'amis avec salle de bain attenante. Dans cette maison, j'avais des souvenirs des membres de la famille venus nous rendre visite. Nous avions reçu beaucoup de gens à San Carlos au fil des ans, parfois pour des vacances, parfois pour prendre un répit et oublier les problèmes de la maison. Tout le monde adorait l'endroit et beaucoup nous ont conseillé de ne pas vendre la maison, mais nous n'avions pas le courage de mener une bataille rangée avec les imbéciles d'à côté, alors nous avons commencé nos recherches.

Nous avons trouvé une maison qui nous plaisait à Woodside Hills, encore plus près du bureau de Dave à Palo Alto, et nous y avons emménagé quelques jours avant Noël 1974. C'était une demeure de style ranch californien sur un terrain de quatre mille mètres carrés où poussaient des arbres fruitiers. Il y avait aussi une piscine de douze mètres sur six. Construit en forme de U autour de la piscine, le bâtiment était muni de portes-fenêtres sur trois côtés. Une famille de serpents lampropeltis a élu domicile dans les herbes à une extrémité de la terrasse et ils sortaient une fois de temps en temps pour prendre le soleil ou s'enrouler sous les pommiers à l'arrière. Considérés comme des constrictors, ce sont les prédateurs naturels des crotales, ce qui en fait des animaux utiles. On ne peut pas manquer ces grosses créatures quand elles glissent dans l'herbe, mais nous appréciions leur présence et essayions de ne pas les déranger.

Les vendeurs mettaient du temps à libérer la maison, alors que nos acheteurs nous pressaient pour prendre possession des lieux. Ils ont même commencé à livrer des boîtes avant que nous soyons vraiment prêts. Nous avons donc emménagé au 1790, chemin Fernside le 21 décembre et il a fallu se démener pour préparer une belle fête de Noël pour Anna et Vinnie. Monter un sapin avant même d'avoir ouvert nos boîtes, convaincre les commerces de rester ouverts un peu plus longtemps pour que nous puissions acheter quelques cadeaux, organiser un souper de Noël... C'était épuisant, mais nous étions heureux dans notre nouvelle maison. J'ai été ravie de découvrir une deuxième terrasse, plus petite, près de la cuisine. Elle se trouvait du côté nord de la maison et il y avait des agrumes et une glycine en fleurs le long de la clôture. J'ai commencé à leur mettre de l'engrais dans la semaine qui a suivi notre déménagement. Nous avions hâte de manger nos propres oranges, citrons et kumquats.

Pendant ce temps, à Montréal, l'état de Debbie empirait et ses parents étaient anxieux. La santé de Don s'est mise à décliner aussi. En fait, cet homme fort et stoïque sombrait. Quand Debbie a été admise à l'hôpital à Pâques, Don a subi une série de légers AVC et il a dû être hospitalisé à son tour. Les deux établissements se trouvaient loin l'un de l'autre, ce qui compliquait la tâche d'Irene et de Joan, qui passaient un maximum de temps à leur chevet. Debbie n'est jamais sortie et est morte le 22 mai 1975. Dave est allé à ses funérailles, puis il est rentré en Californie une semaine plus tard. Il n'avait pas encore défait sa valise lorsqu'il a reçu un appel l'informant du décès de son père, terrassé par la maladie et la mort de sa petite fille. Dave est reparti à Montréal pour enterrer son père et aider à régler les affaires de famille. Je suis restée avec les enfants qui fréquentaient l'école. Irene et Joan sont venues habiter avec nous quelques semaines pour échapper à la tristesse et passer du temps avec la famille qui leur restait.

The Work Song

ANNA : En 1973, les choses se sont mises à aller vite, du moins pour Kate. Déjouant les pronostics des médecins, Rufus était né en juillet. Maria Muldaur avait enregistré *The Work Song*, composée par Kate, pour son premier disque solo chez Warner, où l'on trouve également *Midnight at the Oasis* de David Nichtern, une chanson déjantée qui a été un succès à la radio. La *Work Song*, aux allures de gospel, comporte cette phrase accrocheuse « *You couldn't call it soul, you had to call it heart* », « Tu ne pouvais pas appeler ça de la *soul*, tu appelais ça du cœur ». C'est Greg Prestopino, en quête de nouveau matériel, qui avait proposé à son amie Maria d'inclure cette chanson sur son disque. Greg avait rencontré Kate en 1971, lorsqu'elle vivait avec Loudon à Boston. Il l'avait invitée à venir jouer du piano un soir et était tombé sous le charme de ses chansons. Quant à nous, nous connaissions Maria grâce à Peter Weldon qui nous l'avait fait écouter alors qu'elle était une chanteuse coquette et violoniste occasionnelle avec le Jim Kweskin Jug Band, un groupe dont faisait aussi partie son mari, le guitariste Geof Muldaur… qui était un bon ami du producteur Joe Boyd. Kate venait de se lancer dans le métier, mais elle constatait déjà que l'important, c'était les gens que l'on connaissait.

Au printemps 1974, Maria Muldaur préparait un autre disque intitulé *Waitress in a Donut Shop* et Greg a de nouveau fait appel à Kate, qui lui a envoyé une cassette à Los Angeles. Joe Boyd, qui produisait le disque avec Lenny Waronker, vice-président chez Warner, a appelé Kate pour l'informer qu'ils allaient inclure une autre de ses chansons. Il lui a demandé de prendre l'avion pour venir la travailler. À son arrivée, elle a dit : « Ce n'est pas moi qui l'ai écrite, c'est ma sœur ! » Elle avait ajouté la chanson *Cool River* que j'avais composée avec mon amie Audrey Bean sur sa cassette. C'était à mon tour d'être convoquée à L.A.

J'ai cru que Kate avait organisé tout ça. Quoi qu'il en soit, je voyais l'avenir avec optimisme. J'ai laissé mon emploi aux Friends of St. Anne's et j'ai sauté dans un avion le lendemain avec mon accordéon rouge. L'agent d'immigration américain à l'aéroport de Detroit m'a demandé en souriant : «Vous êtes capable d'en jouer ?» Je lui ai interprété un petit air et il m'a laissée passer. J'étais sur un nuage.

Dans le studio de L.A., Spooner Oldham (rendu célèbre pour avoir joué de l'orgue sur *When a Man Loves a Woman* de Percy Sledge) interprétait ma chanson au piano de ses mains fines et frémissantes. Entre deux doigts de sa main droite, il laissait se consumer une cigarette sans secouer la cendre. La chanson comportait beaucoup d'accords, certains sortant de nulle part, et même moi j'avais encore de la difficulté à les réussir. Pourtant, Spooner n'a pas hésité une seule fois. Kate et moi accompagnions Maria aux harmonies vocales et David Grisman ajoutait de la mandoline.

Greg, un musicien et compositeur qui s'était installé pour de bon à Los Angeles, a prié Lenny de lui laisser du temps en studio pour profiter de notre présence et faire un démo avec ma sœur et moi. C'est ce démo qui nous a permis de décrocher un contrat avec Warner.

JANE : En 1974, pendant leur séjour à Los Angeles pour enregistrer un démo, Kate et Anna étaient descendues au Chateau Marmont et m'ont invitée à me joindre à elles. Après avoir trouvé une gardienne pour les enfants, j'ai pris la route 101. J'ai toujours aimé la 101 et la façon dont elle change de nom sur certains tronçons : Bayshore dans la Bay Area, Ventura Freeway en Californie du Sud, Hollywood Freeway à West Hollywood.

Le Chateau Marmont n'était pas l'hôtel luxueux qu'il est devenu, mais il avait un cachet particulier malgré ses prix raisonnables et ses chambres légèrement défraîchies. L'immeuble, sur Sunset, près de La Cienaga, est magnifique, discrètement niché au fond d'une allée. Parmi les hôtes, il y avait surtout des musiciens et des acteurs, des «gens du spectacle», comme aurait dit papa. Il y avait aussi quelques résidents permanents, comme Maximilian Schell que je voyais parfois se glisser dans l'ombre du stationnement souterrain. L'hôtel avait des suites d'une ou de deux chambres à coucher et des cuisines. Mes sœurs avaient chacune leur suite. Je me suis installée avec Anna.

Quand Kate et Anna ont terminé l'enregistrement, nous avons sauté dans ma voiture (encore une décapotable Oldsmobile) en direction de Malibu pour déposer Kate chez son amie Libby Titus. The Band y possédait un domaine et Libby était la femme de Levon Helm. Nous l'avons vu, tout comme Rick Danko, puisque nous avons repris la route tard pour le nord de la Californie. Nous étions le samedi 25 mai, la fin de semaine du Memorial Day. Comme nous voulions nous rendre à San Carlos sans nous arrêter, nous n'avions réservé nulle part. Il y avait beaucoup de circulation et nous pensions avoir six heures de route.

Quelques heures plus tard, au nord de Santa Barbara, nous avons décidé de nous arrêter parce que nous étions crevées. Je pensais pouvoir trouver un hôtel vers San Luis Obispo, mais le Madonna Inn illuminé et invitant au sommet d'une colline était complet. Le commis à l'accueil a fait des appels pour nous, mais personne n'avait de chambre libre. Nous avons évoqué la possibilité d'approcher les agents de police locaux pour qu'ils nous préparent deux petits lits dans une cellule, mais nous avons rejeté cette idée. Nous avons donc acheté du café et repris la route.

Nous avons roulé jusqu'à ce que je ne puisse plus garder les yeux ouverts. Nous sommes sorties à San Ardo et avons pris la direction de la côte jusqu'à une clairière au milieu de nulle part où nous nous sommes arrêtées pour faire une sieste, Anna recroquevillée sur la banquette arrière et moi, à l'avant. Nous étions près de la forêt nationale Los Padres. Il faut rappeler que la Californie avait connu une vague de meurtres gratuits dans les années 1960 et 1970. Et, comme de fait, quelques jours plus tard on a appris que tous les membres d'une famille avaient été brutalement assassinés par un déséquilibré sur un terrain de camping, non loin de l'endroit où nous nous étions arrêtées.

Nous avons pourtant survécu et, au réveil, nous grelottions de froid, mais le soleil brillait et les oiseaux chantaient. Nous nous sommes étirées, Anna a fait le poirier comme elle en a l'habitude tôt le matin, puis nous avons fouillé dans le coffre. Il n'y avait pas de café, alors nous avons bu quelques rasades de Jack Daniel's qui nous ont mises de bonne humeur et pris la route panoramique vers l'océan.

Sur une route secondaire traversant la forêt nationale jusqu'à la Coast Highway, nous sommes passées devant la Mission San Antonio de Padua, un lieu historique, et avons décidé de la visiter. Il y avait un énorme pot au centre de la cour et Anna m'a demandé de la prendre en photo, debout à l'intérieur. Mission accomplie. Nous avons continué sur la route 1, puis tourné vers le nord en direction de Carmel. Nous avons flâné quelques heures sur la plage, nagé et fait la sieste, et sommes rentrées ragaillardies. Anna est restée avec nous quelques jours avant de repartir pour Montréal.

ANNA : En 1974, Kate et Loudon habitaient dans un appartement sur la 115ᵉ Rue à l'angle de Broadway à Manhattan, juste en face de l'entrée de l'Université Columbia. Pendant que Kate et moi enregistrions aux A&R Studios dans le Midtown, le petit Rufus se faisait garder par la concierge de l'immeuble, une dame corpulente qui avait un peu plus de soixante-dix ans du nom d'Anna Krauck. D'origine allemande, elle ressemblait à Brunhilde et portait une de ses sempiternelles robes d'intérieur en coton qui se boutonnaient à l'avant. Ça ne se porte plus maintenant. Elle vivait dans un appartement au rez-de-chaussée à côté de Kate et Loudon avec deux grands bergers allemands et sa sœur aînée Nancy, une espèce de détraquée. Les femmes portaient toutes les deux une tuque de laine, même à l'intérieur. Ce qui était commode avec Anna, c'est qu'elle était disponible assez rapidement. La plupart du temps elle gardait Rufus chez Kate, mais elle devait parfois l'emmener chez elle. Sam, le plus agressif des deux chiens, portait une muselière en cuir lorsqu'Anna le sortait parce qu'il avait tendance à mordre les passants. Quand elle traversait le hall avec sa bête agressive, elle nous prévenait : « Éloignez-vous ! J'entre avec Sam ! » La nuit, Sam patrouillait la profonde tranchée en béton qui encerclait l'immeuble. Derrière s'élevait une haute clôture en acier. De chez Kate et Loudon, on pouvait entendre le gros chien traînant ses pattes sur la surface rude pendant qu'il faisait le tour de l'immeuble. Anna disait que si quelqu'un était assez stupide pour passer par-dessus la clôture, Sam allait le déchiqueter.

Kate et Loudon avaient informé la concierge qu'ils étaient inquiets de voir Rufus dans son appartement avec le chien, mais elle leur a assuré que Sam était tout ce qu'il y a de plus gentil avec le bébé d'un an et demi. Il avait même déjà mis sa main dans la gueule du chien ! C'était peut-être une fanfaronnade et Sam n'a certainement jamais mordu Rufus. Anna était opiniâtre, mais on pouvait lui faire confiance.

Nous avons commencé notre enregistrement à New York, à la fin de 1974, et l'avons terminé neuf mois plus tard à Los Angeles, avec Joe et Greg comme coproducteurs.

JANE : Quand les gens de Warner Brothers ont entendu le démo de Kate et d'Anna, ils n'ont pas perdu de temps. Ils leur ont fait signer un contrat sur-le-champ et les ont envoyées en studio peu après pour entamer le processus d'enregistrement. Certaines sessions auraient lieu à New York et d'autres à L.A. Pendant qu'elles travaillaient sur la côte Ouest, Anna m'a téléphoné pour me demander de venir quelques jours en studio pour jouer de l'orgue sur *Heart Like a Wheel*. J'étais un peu nerveuse parce que je n'avais jamais participé à un enregistrement, mais j'étais bien contente de pouvoir passer du temps avec mes sœurs et de jouer sur leur disque. Elles sont retournées au Chateau Marmont et je me suis installée dans la suite d'Anna. Ma participation a été un peu plus ardue que je l'avais d'abord cru : l'orgue était enregistré sur la piste de base sur laquelle les voix et les autres instruments étaient ajoutés et je devais exécuter le morceau à la perfection du début à la fin. Il n'était pas question d'interrompre l'enregistrement pour corriger les erreurs. C'était énervant, surtout si l'on tient compte que cette séance coûtait cent cinquante dollars de l'heure et que les ingénieurs n'étaient pas habitués à travailler avec des amateurs. Nous avons fini par obtenir une bande satisfaisante après... vingt-six prises, si ma mémoire est fidèle. Anna a ajouté quelques pistes de banjo aériennes dans un accordage non conventionnel et Kate a fait une piste de guitare pour harmoniser le tout. Kate et Anna chantaient en solo à tour de rôle et nous avons toutes fait les harmonies des chœurs. Il y a eu d'autres belles versions, entre autres celle de Linda Ronstadt, qui était sur la face B de son gros succès *You're No Good*, mais à mon avis, notre interprétation sera toujours la version définitive.

Kate avait composé *Go, Leave* au cours d'une période trouble avec Loudon, mais elle l'a enregistrée alors que les choses étaient relativement stables. Pourtant, elle a dû revivre des souvenirs pénibles parce qu'elle ravalait ses larmes vers la fin de la chanson, et quelques gouttes sont même tombées sur sa guitare. C'était une interprétation très émouvante pour les gens qui l'observaient du côté de la régie : Anna et moi, ainsi que l'équipe de production (Greg Prestopino, Joe Boyd et John Wood) qui a parfaitement saisi l'essence de ce moment.

ANNA : Kate et moi avons commencé à répéter avec un groupe à New York en vue de la tournée qui devait coïncider avec la parution de notre disque en janvier 1976. Les musiciens, tous excellents, avaient été triés sur le volet par Greg Prestopino. Ensuite, nous sommes allées à Boston pour présenter notre spectacle dans un bar de Somerville du nom de Inn-Square Men's Bar, durant deux semaines. Le jour, l'établissement était fréquenté par les cols bleus, car il ouvrait à huit heures le matin pour permettre aux ouvriers de nuit de prendre quelques bières avant de rentrer. Le soir, on y présentait des spectacles aux gens de Cambridge, où se trouve l'Université Harvard. En nous produisant à cet endroit, nous allions pouvoir prendre de l'expérience devant un public et avoir le temps de régler certains accrocs.

Avec les appareils à vingt-quatre pistes des studios d'enregistrement, la tentation était grande d'ajouter toutes sortes de choses à une chanson. Nos cinq musiciens maîtrisaient tous plus d'un instrument et chantaient les harmonies. Cette polyvalence nous permettait de donner le même «son» sur scène que sur disque. C'est ce à quoi s'attendaient les spectateurs, à l'époque du moins. C'était tout le contraire de la mode *unplugged* (acoustique) qui arriverait dans les années 1990, conséquence directe de la surproduction.

Une styliste a été engagée pour nous rendre présentables. Elle nous a proposé des jupes longues et des chemises à volants. Nous avons plutôt opté pour une tenue moins formelle. Pendant le jour, cette grande femme blonde, ex-mannequin, fouillait dans les boutiques de Harvard Square et nous rapportait des vêtements à essayer. Je nous trouvais jolies. Tout notre entourage, même Jane et notre avocate Judy Berger, habitait dans un hôtel de Cambridge.

Peter Weldon et Chaim se sont pointés au club un soir, complètement harassés. Ils arrivaient de Montréal en voiture. Il y avait des partys tous les soirs dans les chambres. Warner payait tout ça, et allait se rembourser plus tard avec les redevances. Lorsque Greg est retourné à L.A., son ami Bill Elliot l'a remplacé comme superviseur de la musique. Il a enregistré les deux derniers spectacles que nous avions présentés au Inn-Square Men's Bar et nous nous sommes donné rendez-vous après les vacances de Noël pour réécouter le tout.

En janvier 1976, Bill a apporté les bandes à l'appartement de Kate sur la 115ᵉ Rue. Il était très enthousiaste et brûlait de nous les faire entendre. À son avis, Kate et moi nous mêlions très bien avec le *band*, mais après avoir écouté le tout, ma sœur et moi n'étions pas du même avis. Comparativement au son harmonieux de notre nouveau disque que nous avions beaucoup écouté pendant les vacances, nous avions l'impression que nos prestations dans le bar étaient crues.

Nous avons pensé que partir en tournée avec un son pareil nous ferait plus de mal que de bien. Kate, qui était enceinte de six mois, était assise les pieds en l'air et les chevilles enflées.

JANE: Une tournée avait été prévue à la suite du lancement du disque et la compagnie avait réuni toute une équipe autour de mes sœurs pour les préparer. Comme cela se passait à Boston, elles m'ont appelée pour m'inviter à venir les rejoindre. En fait, elles m'ont envoyé le billet d'avion. J'ai mis quelques vêtements d'hiver dans une valise et je suis retournée dans l'Est pour une semaine.

J'avais commencé à apprendre à jouer du banjo toute seule pendant la crise du pétrole de 1974, alors qu'on attendait parfois plus d'une heure à la station-service pour acheter quelques dollars d'essence. Dave devait rendre visite à ses clients partout dans la Bay Area et j'avais la tâche de maintenir le plein de nos véhicules. Je m'amusais avec un banjo Vega Whyte Laydie qu'on m'avait prêté et je l'apportais quand j'allais faire le plein. Avec les deux enfants attachés dans leurs sièges à l'arrière, et le manuel *How to Play the 5-String Banjo* ouvert sur mes genoux (un truc de Kate), j'ai appris à jouer *Old Joe Clark* et d'autres airs simples. Je m'interrompais seulement lorsqu'il fallait avancer la voiture de quelques mètres dans la file. Je me suis ensuite offert un instrument, un Vega Tu-ba-Phone, et j'ai décidé à la dernière minute de l'apporter à Boston en me disant qu'il y aurait peut-être des *jams* après les répétitions. Mais je rêvais en couleurs: les musiciens étaient complètement concentrés sur les spectacles. J'ai tout de même passé quelques heures avec Peter Weldon, un expert, qui a eu la patience de m'endurer et de me donner quelques trucs.

Quand les filles McGarrigle se réunissent, elles trouvent toujours le temps de faire des achats. Nous avons déniché une boutique Marimekko où j'ai fait le plein de carpettes et de couvre-lits de designer finnois que j'ai fait livrer chez moi. Nous nous sommes aussi acheté des vêtements (sans l'aide de la styliste), notamment une chemise Norma Kamali rouge vif et un pantalon en laine.

Kate et Anna ont fait leurs débuts officiels sur la scène avec le nouveau groupe sous la direction de Greg Prestopino. Je me souviens qu'il était très sévère et que tout le monde était nerveux. Moi, une admiratrice inconditionnelle, je les trouvais formidables, mais Kate et Anna n'étaient pas satisfaites et elles ont renvoyé tout le monde.

Je suis retournée en Californie et je me suis préparée à fêter un Noël plus tranquille que l'année précédente, maintenant que nous étions bien installés dans notre nouvelle maison et que les crises familiales étaient derrière nous.

Kitty, Come Home

ANNA : Le disque a été lancé à temps et il était prévu que la tournée démarre six semaines plus tard. Kate, qui devait donner naissance à Martha au début de mai 1976, commençait à faire de l'œdème et son médecin lui avait recommandé d'éviter d'être debout. Musiciennes échaudées et chevilles enflées : nous avons annulé la tournée, résignées à notre suicide professionnel.

Kate et moi avons respecté certaines obligations à l'endroit de notre compagnie de disque : nous avons participé à toutes les rencontres de presse et les émissions de radio qui étaient prévues. Gaby nous a accompagnées pour prendre soin de Rufus, de même que notre amie Deborah Adler (alias The Dancer with Bruised Knees). Par contre, à cause de l'annulation de la tournée, le disque dormait dans les entrepôts.

Martha est née le 8 mai. Kate et Loudon vivaient alors à Waccabuc, dans le comté de Westchester, État de New York. J'ai gardé Rufus pendant que Kate était à l'hôpital. Nous ne pensions pas beaucoup au disque et la vie continuait. Au début de l'été 1976, Kate a entendu dire par son ami Peter Philbin qui travaillait pour Columbia, une étiquette concurrente, que notre disque recevait de bonnes critiques au Royaume-Uni (d'ailleurs, la revue *Melody Maker* de Londres l'avait déclaré le meilleur album pop de 1976). Ces éloges, jumelés au fait que la seule chanson en français, *Complainte pour Ste-Catherine*, figurait déjà au palmarès en Hollande et tournait en Europe du Nord, justifiaient l'organisation d'une petite tournée dans cette région du monde. L'industrie de la musique est comme n'importe quelle autre : on va où les gens veulent bien de nous. Après avoir confié Martha et Rufus aux soins de Gaby et de quelques jeunes filles à Saint-Sauveur, Kate et moi sommes parties pour la Grande-Bretagne et la Hollande en compagnie d'un petit groupe de musiciens. Chaim, qui était retourné à Londres, a rejoint le groupe.

JANE: Au cours des mois qui ont suivi, je parlais souvent avec Kate au téléphone. Nous nous échangions des recettes et nous faisions même les mots croisés du *New York Times* du dimanche ensemble. Alors, quand elle m'a appelée le jour de l'Action de grâce 1976, je ne m'attendais pas à l'entendre pleurer. Elle m'a dit : «Wainwright est parti. J'ai une dinde au four, mais il est parti et il ne reviendra pas.» Ma sœur était complètement abattue.

ANNA: À l'automne 1976, Loudon et Kate avaient rompu à nouveau. Loudon est demeuré dans la maison de campagne ensoleillée de Waccabuc où Kate avait installé le piano à queue Yamaha qu'elle s'était offert avec l'avance de Warner. Il n'y aurait pas de réconciliation : il fréquentait déjà Suzzy Roche. Kate s'est repliée dans le sombre appartement de New York avec les enfants. Elle songeait à déménager à Los Angeles et m'a demandé de l'accompagner. Ma mère l'a persuadée de revenir à Montréal, pour un temps du moins, et nous sommes allées chercher Kate et les enfants en voiture toutes les deux à New York. Peu après, j'ai composé : *Kitty Come Home*.

> *The birds in the trees call your name,*
> *Nothing's changed, all's the same*
> *Home, come home, home, Kitty come home.*

> Les oiseaux dans les arbres te réclament
> Rien n'a changé, tout est pareil
> Reviens, Kitty, reviens à la maison.

Nous l'avons aidée à trouver un appartement à l'angle de Clarke et du boulevard De Maisonneuve à Westmount, à quelques rues de l'endroit où j'habitais avec Dane. C'était une nouvelle ère pour elle. Pour nous tous, en fait.

Épilogue

En écrivant ces souvenirs de famille, nous nous sentons comme Hoïchi-sans-oreilles, un personnage de la mythologie japonaise qui a fait l'objet de nombreux livres, histoires et pièces de théâtre, notamment *Kwaidan: Stories and Studies of Strange Things* de Lafcadio Hearn. Hoïchi le chanteur aveugle a l'habitude de jouer de la *biwa* (un genre de luth) dans un cimetière local. Là-bas, les fantômes lui réclament la saga de leur clan, autrefois glorieux, une pièce que Hoïchi connaît très bien. Il ne se rend pas compte qu'il joue de la *biwa* pour des esprits et il parle du public très attentif pour lequel il joue à son gardien, un prêtre du temple où il habite. Après tout, il est aveugle.

Curieux de savoir qui sont les spectateurs de Hoïchi, le prêtre du temple le surveille quand il se rend au cimetière. Craignant que les esprits prennent possession de Hoïchi, le prêtre fait une cérémonie élaborée et couvre le corps du joueur de *biwa* de textes sacrés, pour le rendre invisible aux fantômes. Malheureusement, dans sa hâte de protéger le musicien, le prêtre a oublié de couvrir ses oreilles des textes sacrés. Quand Hoïchi retourne au cimetière le lendemain soir, un samouraï effrayant au service du clan disparu depuis longtemps lui coupe les oreilles.

Nous espérons qu'en rédigeant nos histoires de famille, nous serons protégées de nos fantômes.

Remerciements

Pour Kate, qui n'avait peur de rien.

Merci à l'équipe de Random House Canada, particulièrement à Louise Dennys et Anne Collins, et à notre éditrice d'une patience infinie, Amanda Lewis, qui nous a permis de franchir la ligne d'arrivée. Également, pour la version française, à Louise Loiselle, Marie-Claude Barrière, Anne-Saskia Barthe et l'équipe de Flammarion Québec, ainsi qu'à la traductrice, Rachel Martinez.

ANNA : À ma famille, Dane, Sylvan et Lily, et à celle de Kate, Rufus, Martha, Arcangelo, Viva et Francis Valentine : je vous remercie tous, grands et petits.

J'adresse des remerciements plus particuliers à Kathleen Weldon pour son joli dessin de Gardencourt ; à Dane Lanken et Gail Kenney pour leurs inestimables photographies qui agrémentent ce livre ; à Brian Merrett pour son cliché des Mountain City Four de 1964 ; à Randy Saharuni pour la photo de couverture (je savais bien qu'on l'utiliserait un jour) ; à Vanessa Bonneau pour son talent avec les mots ; à Jörn Weisbrodt grâce à qui tout a commencé ; à Brad Albetta qui a nourri une auteure affamée ; à Deborah Adler pour son aide avec le Fonds Kate McGarrigle ; à Caroline Holland pour les billets d'opéra et les conseils juridiques ; à Campbell Hendery et GCT qui m'ont transportée aux sens propre et figuré ; à Michael Ondaatje et Tom Mennier pour leurs esprits éclairés.

Et surtout, je voudrais remercier Janie, ma sœur, ma grande amie. Nos séances d'écriture près de la douce chaleur de ton poêle Jøtul, nos lunchs hebdomadaires chez Lester's sur la rue Bernard et nos expéditions chez Jean Coutu pour acheter du rouge à lèvres me manquent déjà.

JANE: Merci à mes enfants chéris, Anna Catherine et Ian Vincent Dow, et à leurs conjoints, Bob McMillan et Kathleen Weldon, pour leur soutien, leur amour et leurs encouragements ; à Dave Dow pour sa mémoire quasi parfaite de nos souvenirs communs, rappelés avec humour ; à Peter Weldon, lecteur fidèle, qui m'a donné avec tact de précieux conseils ; à Caroline Holland pour son appui et son oreille attentive lors de ce projet et de tous ceux que nous avons eus au cours des années ; à mon ami et ancien collègue André Béraud qui, en entendant les histoires de ma jeunesse à Saint-Sauveur, m'a encouragée à les écrire ; et à Tara Johns qui a été mon mentor au début de cette aventure.

J'adresse des remerciements particuliers à nos cousins Claudette Latrémouille, Patricia Burns Latrémouille, Earl Latrémouille et Jules Fauteux ; à Joan Carmichael, Ronnie Booth, Dean Booth et Joan Green Ortiz pour leurs souvenirs et les recherches qu'ils ont menées pour nous ; à Sylvan Lanken pour sa maîtrise de la technologie et son soutien dans tous les domaines ; à Lily Lanken, femme de tous les talents, qui a réuni nos photos de famille ; aux enfants de Kate, Rufus et Martha Wainwright, qui demeurent une source d'inspiration et de fierté pour toute la tribu.

Mais, plus que tout, j'exprime ma plus vive gratitude à ma sœur Anna qui m'a invitée à prendre part à ce projet. J'ai eu un plaisir fou à revivre les hauts et les bas de notre vie, les joies et les peines de notre clan. Dans cet esprit de continuité, je dédie ma portion de ce livre à mes petites-filles Gabrielle et Islay McMillan.

Autorisations

Nous avons fait tous les efforts possibles pour communiquer avec les détenteurs des droits d'auteur des textes reproduits dans les pages précédentes. Nous vous prions de communiquer avec l'éditeur pour souligner toute erreur ou omission de notre part et vous assurons qu'elles sont involontaires. Nous exprimons notre gratitude à tous ceux qui nous ont autorisées à reproduire les paroles de chansons suivantes :

The Black Fly et *The Story of the* I'm Alone. Paroles de Wade Hemsworth.

Country Bar, Northern Star et *Sans cœur et sans béquilles*. Paroles de Philippe Tatartcheff.

Black Uncle Remus. Paroles et musique de Loudon Wainwright III.
© 1970, 1972 (renouvelé) Frank Music Corp.
Tous droits réservés
Usage autorisé
Reproduit avec l'aimable autorisation de Hal Leonard Corporation.

Central Square Song. Paroles et musique de Loudon Wainwright III.
© 1970 (renouvelé) Frank Music Corp.
Tous droits réservés
Usage autorisé
Reproduit avec l'aimable autorisation de Hal Leonard Corporation.

Red Guitar. Paroles et musique de Loudon Wainwright III.
© 1972 (renouvelé) Frank Music Corp.
Tous droits réservés
Usage autorisé
Reproduit avec l'aimable autorisation de Hal Leonard Corporation.

Table des matières

Arbre généalogique 6
Avant-propos 9
Introduction : I am a Diamond 11

Première partie : Les ancêtres
Saint John et Montréal

Les enfants du paradis 17 • Le chapelier fou : un portrait de Jim McGarrigle 20 • Un tramway nommé Désir 23 • Les fréquentations de Frank et Gaby 27 • Papa chez les bolcheviques 28

Deuxième partie : La vie à la campagne
Saint-Sauveur

Pouvez-vous bien me dire qu'est-ce qu'on fait ici ? 37 • La vie à la campagne 41 • École Marie-Rose 46 • Les visites aux morts 51 • Au village 54 • Gaby 55 • La carrière de papa après la guerre 60 • Madame Pagé 62 • Le Club Crackpot 66 • Nos amis de Saint-Sauveur 69 • Le lac des Turcot 79 • Vie domestique 81 • Papa : artiste du quotidien, amoureux des Maritimes 83 • Spectacle amateur 85 • Plaisir de lire 93 • Frankenflynn 100 • Rebus 105 • Les camps 112 • Les locataires 114 • La baronne 116 • Pas dans ma cour 119 • Saint-Sauveur aujourd'hui 122 • Le bon vieux temps 126 • Des étrangers à Sainte-Angèle 128 • École St. Mary's à Combermere 131 • Orgues-anisée 142 • Mon année de tous les dangers 148 • La teinture de benjoin 153 • Les délinquantes 157

Troisième partie : Retour en ville
Montréal, Fredericton, San Francisco, Saratoga Springs, Londres, New York

Les McG arrivent en ville 167 • Coup de tête 173 • Éducation permanente 176 • Gaby s'en va-t-au travail 181 • Nos dimanches en ville 184 • Skigirl 189 • Parlez-nous d'amour 194 • Nos premières guitares 201 • Le Trio Canadien 203 • Parlez-moi d'amour 212 • Une visite au Nouveau-Brunswick 220 • Téléscripteur 223 • Les Mountain City Four 228 • Derek Lamb 240 • Dane 243 • À qui les p'tits cœurs après neuf heures? 245 • Les clubs montréalais après 1965 255 • D'un océan à l'autre 257 • Le triste mois de mai 267 • Bob Dylan 273 • Du bel art 275 • Le fleuriste 277 • Mon premier appartement 281 • Sisters McGarrigle 287 • Peace and Love 290 • Sur le pouce jusqu'à la côte Ouest 296 • Altamont 304 • Caffè Lena 311 • Roma 320 • Les noces de Kate et Loudon 322 • Le violon 325 • Kate et Loudon 327 • Changer le mal de place 329 • The Work Song 331 • Kitty, Come Home 339

Épilogue 341
Remerciements 343
Autorisations 345

À propos des auteures

Jane McGarrigle, l'aînée des trois sœurs, est née à Montréal en 1941. Elle a coécrit plusieurs chansons et s'est produite avec Anna et Kate à l'occasion de divers enregistrements et en tournée. Elle fut leur imprésario de la fin des années 1970 jusqu'au milieu des années 1990. Spécialisée dans la gestion des droits musicaux, elle demeure active dans ce domaine.

Anna McGarrigle est née en 1944, à Montréal aussi, un an avant sa sœur Kate. Elle a fondé avec sa benjamine le légendaire duo folk qui a enregistré une dizaine de disques en anglais et en français. Elles ont inspiré ou collaboré avec les plus grands artistes : Emmylou Harris, Joan Baez, Linda Ronstadt, Nick Cave, Lou Reed, Robert Charlebois, Gilles Vigneault, Michel Rivard, Chloé Sainte-Marie, Cœur de pirate…

Discographie
Kate and Anna McGarrigle (1975)
Dancer with Bruised Knees (1977)
Pronto Monto (1978, nouvelle sortie en 2016)
Entre Lajeunesse et la sagesse, aussi sous le titre *French Record* (1980)
Love Over and Over (1982)
Heartbeats Accelerating (1990)
Matapedia (1996)
The McGarrigle Hour (1998)
La vache qui pleure (2003)
The McGarrigle Christmas Hour (2005)
Odditties (2010)
Tell my Sister (2011)

Depuis le décès de Kate en 2010, Anna et Jane sont remontées sur scène ensemble à diverses reprises. Jane vit à Montréal et Anna à Alexandria, en Ontario.

À propos du livre

« Une saga familiale, la jeunesse de trois femmes incroyables, des tranches de l'histoire canadienne : ce livre est un triple régal. Ajoutez la musique et l'humour, c'est formidable. Merci, *ladies*, vous vous êtes surpassées ! »

RUFUS WAINWRIGHT

« Kate et Anna McGarrigle habitaient Saint-Sauveur, mais c'est dans le Vieux-Montréal qu'on a eu nos premiers éclats de rire, autour d'un piano et d'une guitare. Je les trouvais très douées et pleines de poésie. C'est à New York que j'ai réalisé combien elles étaient uniques et *big* chez nos voisins. Mes amis écossais, dans leur maison du Maine, écoutaient les McGarrigle Sisters en boucle, autant en français qu'en anglais. "Y a longtemps qu'on fait d'la politique / Vingt ans de guerre contre les moustiques." Je crois que les enfants de Kate, Martha et Rufus, m'ont adopté comme le mononc' du village voisin. C'est un bonheur de faire partie de cette famille où règne l'amour de la musique. »

ROBERT CHARLEBOIS

« Dès que j'ai rencontré Kate, Anna et Jane, j'ai souhaité faire partie du cercle magique des McGarrigle – les chansons, les soirées, la famille, les copains de passage. Elles ont généreusement tout partagé avec moi. Ce livre, écrit avec tendresse et intelligence par Anna et Jane, raconte l'histoire charmante de leur vie et de leur famille, que tout le monde pourra désormais connaître. En réalité, c'est une histoire d'amour : hommage à une époque, à un lieu et à la complicité de trois sœurs qui ont offert au monde des mélodies uniques et incroyablement belles. »

EMMYLOU HARRIS

« Rares sont les personnalités qui peuvent figurer dans un "album de famille". Au Canada, les sœurs McGarrigle y sont parvenues. Nous avons grandi avec elles, assisté à leurs spectacles, acheté leurs disques et, aujourd'hui, nous découvrons l'incroyable talent de la génération suivante. Les entendre parler d'"harmonie" à la radio nous a donné l'impression de vivre sur une planète bien plus civilisée. En anglais et en français, leurs chansons se sont inscrites dans notre façon de parler, dans notre façon de penser. »

MICHAEL ONDAATJE